Thomas Stamm-Kuhlmann

Die Hohenzollern

Thomas Stamm-Kuhlmann

Die Hohenzollern

Siedler Verlag

Inhalt

1. Vom Fels zum Meer

Im Jahre 1830 wurde ein junger schlesischer Edelmann, Rudolf von Stillfried-Rattonitz, auf Schloß Fischbach in Schlesien dem preußischen Kronprinzen Friedrich Wilhelm, dem späteren König Friedrich Wilhelm IV., vorgestellt. Aus dieser Begegnung entwickelte sich eine lebenslange Tätigkeit Stillfrieds für das preußische Königshaus.

Stillfried war ein Amateurhistoriker, der durch die Begegnung mit Friedrich Wilhelm zu seiner Lebensaufgabe fand. 1833 erhielt er die preußische Kammerherrenwürde. Friedrich Wilhelm IV. ernannte ihn sodann 1853 zum Oberzeremonienmeister und 1855 zum Vorsteher des Heroldsamts. 1852 schon war Stillfried der Gründer und erste Direktor des Brandenburg-Preußischen Hausarchivs in Charlottenburg geworden, das heute einen Teil des Geheimen Staatsarchivs Preußischer Kulturbesitz in Berlin-Dahlem bildet.

Der schlesische Baron hatte es sich zur Aufgabe gemacht, den mittelalterlichen Wurzeln des Hauses Brandenburg-Preußen nachzuspüren. Die alte Überlieferung besagte, daß die Dynastie von der Burg Zollern stamme, die vier Kilometer von der Stadt Hechingen am Nordabhang der schwäbischen Alb entfernt liegt. In Erbverträgen hatten deshalb die Grafen und – seit 1623 – Reichsfürsten von Hohenzollern ihre Beziehungen zu dem in Brandenburg und Preußen regierenden Fürstenhaus aufgefrischt. Mehrfach war vereinbart worden (1695, 1707, 1821), daß die Fürstentümer Hohenzollern-Hechingen und Hohenzollern-Sigmaringen im Fall eines Aussterbens im Mannesstamm in den Besitz des preußischen Hauses übergehen sollten. Solche Abmachungen (»Erbverbrüderungen«), die auch in anderen Fürstenhäusern, etwa zwischen den pfälzischen und den bayerischen Wittelsbachern, vorgekommen sind, sind nur vor dem Hintergrund eines starken Glaubens an die Gültigkeit der tradierten dynastischen Zusammenhänge denkbar.

Man wußte also von der Gemeinsamkeit der Hohenzollern, doch maß man dem Wort selbst weniger Bedeutung bei. Friedrich der Große schrieb die Geschichte seiner Dynastie als »Histoire de la maison de Brandebourg«, und noch Heinrich von Kleist, der sich der königlichen Familie mit seinen vaterländischen Dramenstoffen zu empfehlen suchte, ließ in seinem 1811 fertiggestellten »Prinz von Homburg« seine Helden nur in den Ruf ausbrechen: »In Staub mit allen Feinden Brandenburgs!«

Das änderte sich nach der Französischen Revolution und den Napoleonischen Kriegen, die Europa umpflügten. Auch die Könige, denen es gelungen war, ihre Throne zu retten, empfanden die Notwendigkeit, ihre Herrscherstellung ideologisch neu zu begründen. Eine Bewegung setzte ein, die der englische Historiker Eric Hobsbawm die »Erfindung der Tradition« genannt hat. Dabei wurde nicht frei fabuliert, aber die geschichtlichen Fakten so arrangiert, daß eine brauchbare Traditionsreihe entstand. Lücken in der Überlieferung füllte man mit Neuschöpfungen aus.

Rudolf von Stillfried war ein solcher Traditionserfinder des preußischen Königshauses. Dabei ging er, beraten von professionellen Historikern, durchaus sorgfältig vor. Gerade er war es, der in süddeutschen Archiven diejenigen schriftlichen Quellen aufspürte, die bis heute die alte Überlieferung von der Abstammung der preußischen Könige von der Zollernburg unwiderleglich abstützen. Um aber die dürren Zeugnisse der Urkunden mit Leben zu erfüllen, nahm er sich auch der mittelalterlichen Kunstüberlieferung an. Im Dienst Friedrich Wilhelms IV. schuf er sodann neue »mittelalterliche« Elemente der höfischen Repräsentation. Ihr monumentales Beispiel ist die zwischen 1846 und 1867 völlig neugebaute »mittelalterliche« Burg auf dem Zollernberg, die die preußischen Könige mit einem vorzeigbaren Stammsitz ausstatten sollte. Rudolf von Stillfried hat dazu beigetragen, den Bezug der preußischen Dynastie zu Hohenzollern mit neuem Glanz zu versehen; insofern bekommt der Name Hohenzollern für den Kenner der Neueren Geschichte einen Beigeschmack von Neugotik und 19. Jahrhundert, der durch den Figurenschmuck der »Hohenzollernbrücke« vor der Einfahrt zum Kölner Hauptbahnhof am besten illustriert wird.

Vom Fels zum Meer: In dieser Devise, die der ursprünglich von der süddeutschen Linie gestiftete hohenzollersche Hausorden 1851 durch Friedrich Wilhelm IV. erhielt, hat die Geschichte der Dynastie nachträglich eine Zielrichtung bekommen. Auf einem binnenländischen Bergrücken gepflanzt, hat sich die Dynastie, so will es die Deutung, bis an die Küsten der Ost- und Nordsee vorgearbeitet.

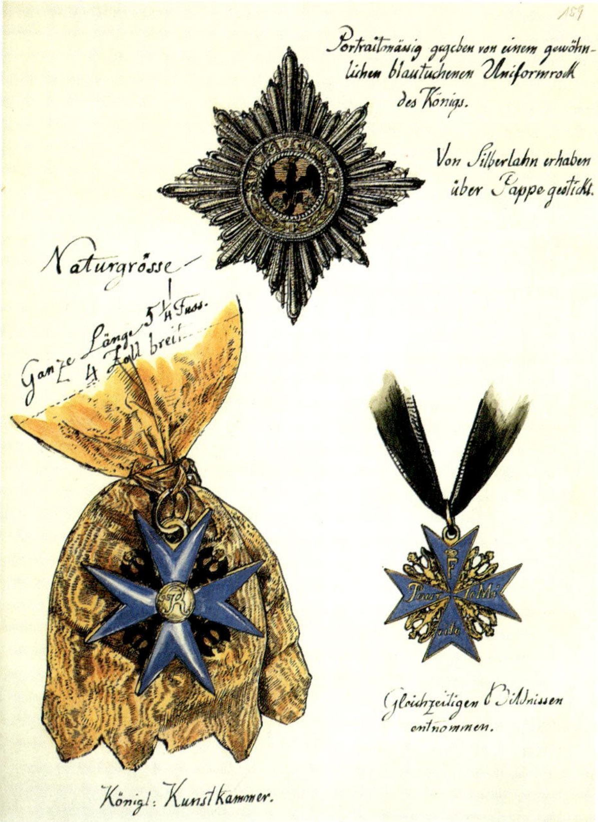

Orden wurden als unentbehrliches Requisit höfischer Repräsentation betrachtet. Zusätzlich zu dem höchsten Orden, dem bei der Gründung des Königtums gestifteten Orden vom Schwarzen Adler (hier mit Stern und Kreuz, gezeichnet von Adolf von Menzel), und dem an Offiziere verliehenen Orden Pour le mérite stiftete Friedrich Wilhelm IV. den »Pour le mérite für Wissenschaften und Künste«, dessen Kleinod in seiner Kreisform von den traditionellen Ritterkreuzen abweicht.

Über Jahrzehnte hin konnte man sich in Berlin nicht zu einem Denkmal für König Friedrich II. entschließen. Unterdessen machte der 1796 abgeschlossene Entwurf des jungen Berliners Friedrich Gilly, obwohl unausgeführt, Architekturgeschichte. Sein auf einen kolossalen gemauerten Unterbau gesetzter dorischer Tempel nimmt Monumentales aus der französischen Revolutionsarchitektur auf und Züge des 20. Jahrhunderts vorweg. Verwirklicht wurde aber das wesentlich bescheidenere Reiterstandbild von Christian Daniel Rauch, das man 1851 am Beginn der Straße »Unter den Linden« enthüllt hat.

Dieser rückwärtsgewandten Interpretation sollten andere folgen, die zusehends weniger bescheiden ausfielen. Manche entstammten der Feder berufsmäßiger Historiker, auch und gerade solcher, die zu den besten ihrer Zunft gehörten. In der Zeit enttäuschter Hoffnungen nach 1849, als unter wesentlicher Mitwirkung des Hohenzollern Friedrich Wilhelm IV. und des Habsburgers Franz Joseph die Träume von einem auf die Volkssouveränität gegründeten Deutschen Reich ruiniert worden waren, glaubten viele Liberale, eine Hoffnung für Deutschland könne nun erst recht nur noch aus Preußen kommen. Sie glaubten dies, obwohl ihnen die antikonstitutionellen Verkrampfungen der in Preußen regierenden Dynastie bestens bekannt waren. Sie glaubten es, weil sonst alles in und an Preußen zu stimmen schien: Es war das am straffsten geführte, militärisch stärkste, wirtschaftlich gesündeste, im Rheinland, in Westfalen und in Oberschlesien von Wachstumserwartungen strotzende, an deutscher Bevölkerung zahlreichste, in vielen seiner Institutionen schlicht modernste Territorium in Deutschland. Österreich, das sich von der Verflechtung seiner verschiedenen Nationalitäten nicht lösen wollte und an wirtschaftlicher Dynamik zusehends zurückfiel, schien demgegenüber nicht konkurrenzfähig. Und so pilgerten sie denn nach Berlin und wurden Historiographen des preußischen Staates: sozusagen königliche Hoflieferanten in Sachen Geschichte. Der gebürtige Pommer Johann Gustav Droysen mußte als Kieler Professor erst ein Vorkämpfer der Freiheitsrechte Schleswig-Holsteins werden, ehe er an die Universität Unter den Linden wechselte. Aus Sachsen stammte der Professor Heinrich von Treitschke. Der schon unter preußischem Zepter in Düsseldorf geborene Heinrich von Sybel hatte als Abgeordneter im preußischen Landtag den neuen Ministerpräsidenten Otto von Bismarck heftig bekämpft, bevor er, zum Staatshistoriographen ernannt, die Reichsgründung eben dieses Bismarck zu einem Werk nicht unter, sondern »durch« König Wilhelm I. verklärte. Bismarck hatte ihm den Aktenzugang ermöglicht, Bismarck aber hat auch das Manuskript durchgesehen. Einen »konservativen Whig« hat man Sybel genannt. Eine zwischendurch verbrachte Station Sybels als »Nordlicht« an der Universität München tat seiner Entwicklung keinen Abbruch, denn eher als die Staaten war schon lange das Netz der Universitäten auf den Zusammenhalt des ganzen Deutschland gerichtet gewesen.

Wenn nun aber Preußen die einzige Hoffnung der deutschen

Nation zu sein schien, so dachten diese Liberalen, mußte eine solche Funktion des preußischen Staatswesens auch in der Vergangenheit aufweisbar sein. Und so schufen sie, ihrerseits »Erfinder der Tradition«, das, was man heute verächtlich-distanziert die »borussische Legende« nennt, die Auffassung, eine innere geistige Tendenz habe schon seit dem späten Mittelalter darauf hingearbeitet, daß Deutschland durch Preußen – und zwar geführt von den Hohenzollern! – von seiner politischen Zersplitterung und außenpolitischen Ohnmacht befreit werde. Die preußischen Herrscher freilich wußten lange Zeit nichts davon, daß die Vorsehung so gewaltige Pläne mit ihnen vorhatte.

Mit den Erfolgen wuchsen die Ansprüche. Eine europäische Großmacht zu sein genügte den Kindern der Reichsgründung nicht mehr: Weltmacht wollte man werden. Weit berühmter als »Vom Fels zum Meer« wurden der Ruf nach dem »Platz an der Sonne« des Reichskanzlers von Bülow und das *»Navigare necesse est«* des Kaisers und Königs Wilhelm II. Am Meer angelangt, wollte man übers Meer, nach Agadir, Samoa und Tsingtau. Daß man sich damit übernahm, ist bekannt.

In der Zwischenzeit aber, die mit der Ablösung eines Zweiges der Hohenzollern von seinem Ursprungsfelsen beginnt, ereignet sich eine staunenerregende Erfolgsgeschichte.

Zunächst sollten die Hohenzollern als Burggrafen von Nürnberg eine achtbare, jedoch keine überragende Rolle im spätmittelalterlichen Deutschland spielen. Aus dieser Funktion verblieb der Dynastie das Erbe der Markgrafschaften Ansbach und Bayreuth, die bis 1805/1806 im Besitz des Hauses blieben, bevor sie dem bayerischen Staat einverleibt wurden. Einige der schönsten Bauten Bayreuths – die Eremitage und das Hoftheater – verdankt die Stadt der Markgräfin Wilhelmine, die, 1709 als Tochter des Königs Friedrich Wilhelm I. von Preußen geboren, 1731 an den ebenfalls aus dem Haus Hohenzollern stammenden Markgrafen Friedrich verheiratet worden war.

Das Machtzentrum der Familie aber verlagerte sich 1411 in den Norden, als der deutsche König und spätere Kaiser Sigmund den Burggrafen Friedrich VI. von Hohenzollern zum obersten Hauptmann und Verweser seiner Mark Brandenburg ernannte. Schon in den folgenden Jahren und Jahrzehnten, sagt die Legende – und sie entspricht wohl in diesem Punkt auch weitgehend der Wirklich-

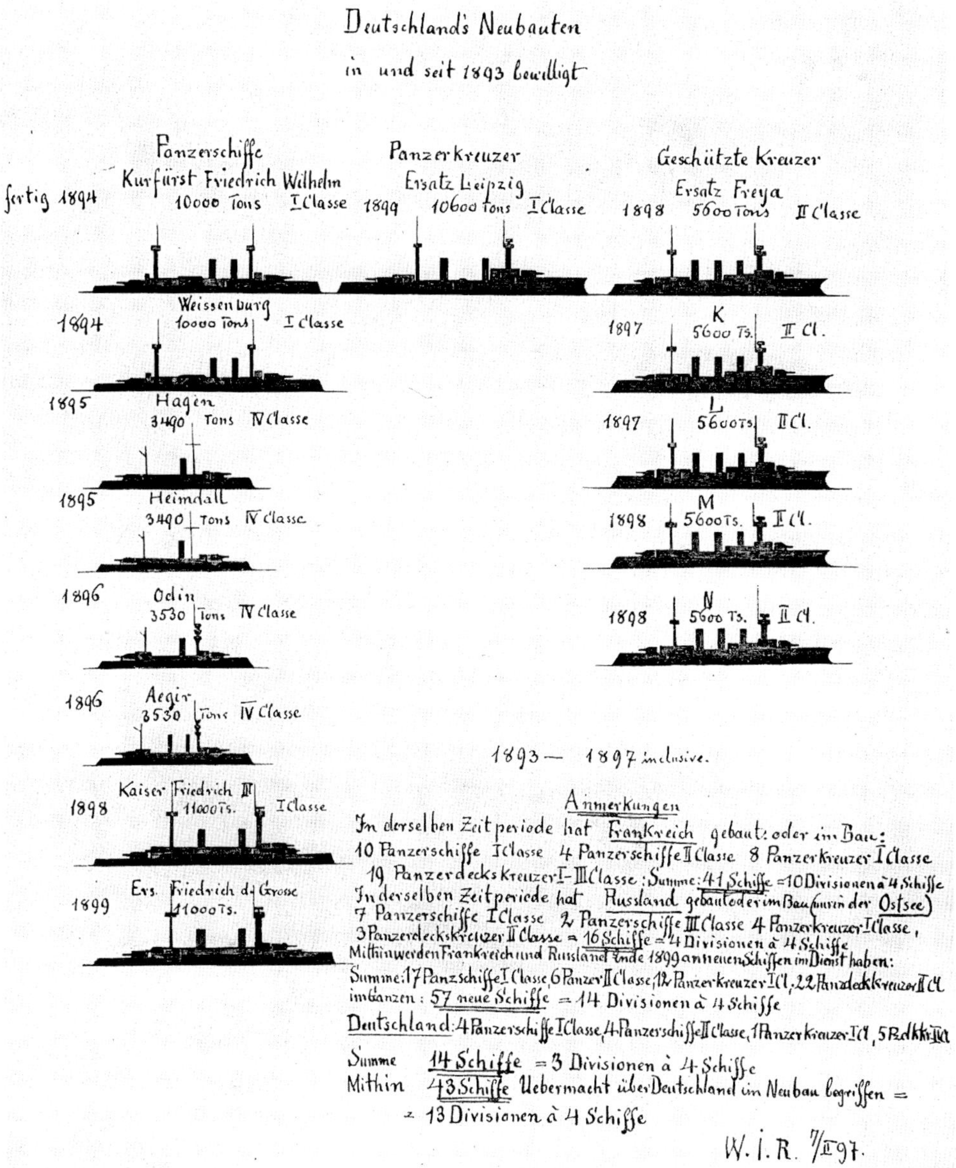

Wie Wilhelms II. eigenhändiges Tableau mit dem Hinweis auf Frankreich und Rußland hier zeigt, war der »Navalismus«, d.h. der Glaube, daß Großmacht wesentlich Seemacht sei, nicht nur in Großbritannien und in Deutschland, sondern auch bei den anderen Großmächten lebendig.

keit –, habe das Haus Hohenzollern in Brandenburg gewaltig aufgeräumt und dort einen Prozeß eingeleitet, der überall in Deutschland an der Tagesordnung war, worin Brandenburg aber besonders erfolgreich wurde: den Prozeß der inneren Befriedung des Landes und der Errichtung der landesherrlichen Souveränität. Die neuen Markgrafen – ab 1415 war ihnen diese Würde erblich verliehen, 1417 wurden sie feierlich mit der Kurwürde und dem Amt eines Erzkämmerers des Heiligen Römischen Reiches belehnt – brachen die Macht der Städte und der Ritter, die immer noch auf ihren Burgen saßen und sich dem Fehdewesen hingaben. »Und wenn es ein Jahr lang Nürnberger regnete«, so hatten die frechsten unter den Rittern, die Quitzows, gesagt, »so wollten sie ihre Schlösser (die ihnen die früheren Markgrafen zum Teil verpfändet hatten) doch wohl behalten.« Peinlich, daß etwa zur selben Zeit ein anderer Hohenzoller, der in Schwaben gebliebene Friedrich der Öttinger, auf der Stammburg des Hauses sich ebenso als Raubritter aufführte und die Burg Hohenzollern durch die vereinte Kraft von achtzehn schwäbischen Reichsstädten und mit rechtlicher Deckung durch den Kaiser Sigmund gebrochen werden mußte, damit am Rand der Schwäbischen Alb der Landfriede hergestellt werden konnte. Es war diese Zerstörung, die Rudolf von Stillfried um viele steinerne Zeugen seiner Hohenzollerngeschichte gebracht hat.

Aus dem Werk der inneren Befriedung des Landes und des sukzessiven Aufbaus der geschlossenen Landesherrschaft unter der Führung einer Reihe energischer Markgrafen hat sich die Lesart ergeben, daß die Hohenzollern eine Dynastie seien, die sich ihren Staat erst geschaffen habe, der deswegen ein besonders eigenartiges Kunstgebilde und von der Fortdauer eines energischen Herrscherwillens dieser Dynastie abhängig gewesen sei. Hiergegen ist vieles einzuwenden. Denn jeder europäische Staat ist irgendwann einmal künstlich gewesen, und daß Staaten erst durch die Vereinheitlichung eines Bündels verschiedenartig zusammengekommener Provinzen geschaffen werden mußten, ist nicht nur die deutsche, sondern die europäische Regel.

Und hatte nicht auch der König von Frankreich seine Mühe, die ritterstolzen Provenzalen davon zu überzeugen, daß sie, ebenso wie die Katalanen am Hang der Pyrenäen, die Bretonen und die Flamen am Kanal, mit seinen Franzosen eine Nation bildeten, von den erst im 18. Jahrhundert hinzugekommenen Korsen ganz zu schweigen?

Wenn Nationen durch Vergessen (nämlich der Verlierer, die nicht mehr wissen dürfen, daß sie einmal eine eigene Identität hatten) entstehen, wie Ernest Renan gesagt hat, dann beansprucht Preußen nichts anderes als die anderen auch.

Aber war Preußen denn etwa eine Nation? wird man fragen. Nun, einige Jahre lang sah es ganz danach aus, als würde Preußen eine Nation werden. Daß statt dessen der Nationbegriff exklusiv an Deutschland zu haften begann, so daß sich früher oder später die Forderung ergeben würde, Preußen müsse in Deutschland aufgehen, und gerade weil es so groß und erfolgreich, nicht etwa klein und pflegebedürftig war, dafür trägt unter anderem der russische Zar Alexander I. die Verantwortung. Er hat 1815 Preußen aus Polen herausgedrängt und auf die Aufgabe, eine ausschließlich deutsche Vormacht zu sein, verwiesen. Ein anderer Schmied des deutschen Nationalgedankens war der bayerische König Ludwig I., der in gutem Einvernehmen mit seinem Schwager, dem preußischen König Friedrich Wilhelm IV., daran gearbeitet hat, die Geschichte und ihre Denkmale, ob in Speyer oder Köln, zur Festigung des Zusammengehörigkeitsgefühls der Deutschen einzusetzen. Spätestens von den 1830er Jahren an war der Prozeß der Eindeutschung Preußens unumkehrbar geworden. Die polnischen Untertanen der Hohenzollern haben dies dann fernerhin damit bezahlen müssen, daß man sie zur Zielscheibe einer Germanisierungspolitik machte, die früheren Jahrzehnten ferngelegen hatte.

War aber dieses Preußen das »Werk« der Hohenzollern, wie es der Titel einer 1915 erschienenen Gedenkschrift zum 400jährigen Jubiläum der Belehnung mit der Mark Brandenburg suggeriert?

Für den Historiker, der die Begrifflichkeit seiner Wissenschaft sauber handhabt, ist »die Geschichte« keine Macht, auch keine, aus der man aussteigen oder in die man »zurückgerufen« werden kann (wie ein kürzlich erschienener Buchtitel glauben machen möchte), ebensowenig wie sie die sichtbare Seite des Wirkens der Vorsehung wäre oder das Zu-sich-Kommen eines Weltgeistes. Sie ist die Summe kausal verknüpfter Einzeltatsachen, aber deswegen noch kein »stochastisches Schmutzlabyrinth« (B.-H. Lévy). Denn in ihr gibt es Strukturen, die für sich betrachtet Sinn zu haben scheinen.

Solche sinnvollen Strukturen sind für einen langen Zeitraum Herrschaftsgebilde, die von Familien als Besitztum gehandhabt werden. Getreu dem Erfordernis der Exogamie werden neue Familienangehörige aus weitentfernten Regionen herangeholt, was dann schon für das europäische Mittelalter erstaunliche Agglomerationen von Erbschaften schafft, so daß sich schließlich in Unteritalien eine ungarische und eine neapolitanische Linie um die Herrschaft streiten, weil sie doch alle Nachkommen eines Grafen Karl von Anjou sind, der wiederum ein Bruder des Königs von Frankreich war und durch Heirat auch die Grafschaft Provence erworben hatte. Wir sehen gleichermaßen im 12. Jahrhundert das heutige Niedersachsen, Mecklenburg und Bayern einschließlich der Steiermark in der Hand eines Herrschers mit italienischen Vorfahren zusammengefaßt (Heinrichs des Löwen).

Irgendwann bestellen sich diese Familien zur Verwaltung ihrer Besitztümer Helfer, die immer professioneller werden und die an einer überpersönlichen Kontinuität des Machtgebildes, an seiner Dauer, interessiert sind: der Staat entsteht.

Die Hohenzollern haben sich besonders tüchtige, besonders professionelle Helfer – Beamte – herangezogen in einer Zeit, in der die Bedingungen hierfür besonders günstig waren. Dieser Beamtenkern hat dabei mitgeholfen, daß die Erbagglomeration aus dem Herzogtum Preußen, der Mark Brandenburg, den Herzogtümern Kleve, Pommern und so weiter Dauer bekam. Die Hohenzollern haben sich ihren Staat geschaffen, das ist wahr, aber dann bewies der Staat, daß er ohne sie bestehen konnte. 1918/19 ist das preußische Zusammengehörigkeitsgefühl, und zwar ohne die Dynastie, eine wesentliche Klammer der deutschen Reichseinheit von Aachen bis Tilsit gewesen, entschieden vertreten von der preußischen Revolutionsregierung und ihrem Ministerpräsidenten Paul Hirsch.

Zwischen der Unterwerfung der Quitzows und des aufsässigen Adels in der Mark Brandenburg und dem Aufstieg dieses Territoriums zu einem Gebiet von europäischer Bedeutung liegen zweihundert Jahre. Ein einfacher Blick in jeden historischen Atlas zeigt, daß die Mark den Territorien Süd- und Westdeutschlands gegenüber einen unübersehbaren Vorteil hat: Sie ist flächenmäßig ausgedehnt – man kann sagen, was ihr an Fruchtbarkeit des Bodens und Vielfalt der Handelswege und der Städtekultur fehlt, macht sie durch Fläche wett –, und es fehlt ihr jede Zersplitterung. Generell war Nordostdeutschland weniger zerteilt, was diesem Raum dann in der frühen Neuzeit einen Vorsprung bei der Ausbildung moderner Staatlichkeit verschaffte – die typische Gemengelage verschiedener Hoheiten und

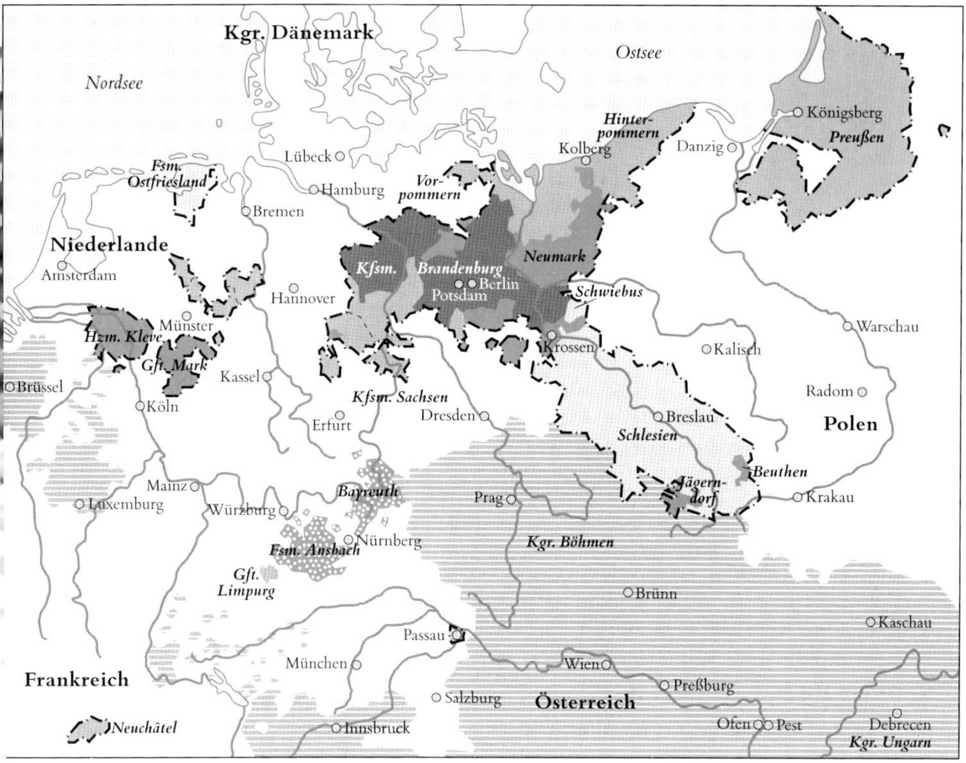

Brandenburgische Stammlande vor 1440
Erwerbungen 1440 – 1618
Erwerbungen 1618 – 1739/40
Besitzungen der Fränkischen Linie vereinigt mit Brandenburg-Preußen 1791
Grenzen Preußens 1763
Erwerbungen 1740 – 1763
Habsburgisches Reich

Gerechtsame, die vor allem in Franken und Schwaben bis zur napoleonischen Ära weiterbestand, hat im Kolonialland des deutschen Nordostens nie existiert.

Wer in Tangermünde an der Elbe steht und über die noch intakten Elbauen hinweg in die weite Ebene nach Osten schaut, der merkt: Von hier an muß mit ganz anderen Entfernungen gerechnet werden. In diesem Gebiet – zwischen Elbe und Spree – Fuß zu fassen hieß aber auch, an zentraler Stelle im Herzen des Kontinents präsent zu sein. So mag es sich erklären, daß der Besitz der Mark Brandenburg nicht erst den Hohenzollern wichtig war, sondern daß das deutsche Kaiserhaus, von dem sie es erhielten, das Haus der Luxemburger, Brandenburg als ein wichtiges Nebenland betrachtet hat und daß ein Kaiser Karl IV., der neben seinem Romzug sogar nach Arles gereist ist, um sich dort zum König von Burgund krönen zu lassen, auch Wert darauf gelegt hat, in Tangermünde eine Residenz zu haben.

War das Haus Hohenzollern einmal in Brandenburg, im Herzen Europas, lokalisiert und breitete es von hier seine Arme aus, dann berührte es mit dem linken Arm die Maas und mit dem rechten Arm die Memel. So kam es schon im 17. Jahrhundert. 1614 erwarben die Brandenburger durch friedliche Regelung eines Erbstreits das Herzogtum Kleve. Damit war die Maas so gut wie erreicht, und als 1713 das Oberquartier Geldern hinzukam, hatte man den Fluß sogar auf beiden Ufern umfaßt. An der Maas waren die Brandenburger somit eher als an der Memel: denn das Herzogtum Preußen, das von den Nachkommen des letzten Hochmeisters des Deutschen Ordens regiert worden war – auch er war ein Hohenzoller gewesen –, erbte Brandenburg erst 1618, vier Jahre nach Kleve. Bis ins 20. Jahrhundert hinein existierte innerhalb des Gesamtstaates eine Provinzbezeichnung »Preußen«. So sprach man von »Königsberg in Preußen«, nicht aber von »Königsberg in Ostpreußen«.

Daß diese Provinz schließlich dem Gesamtstaat ihren Namen geben sollte, hatte seine Ursache in einem staatsrechtlichen Kniff. Als der Kurfürst Friedrich III. meinte, sein sich über die ganze Breite Deutschlands erstreckendes Besitztum sei reif, in den Rang eines Königreichs erhoben zu werden, besann er sich darauf, daß er mit Preußen ein Territorium besaß, das außerhalb der Grenzen des Römisch-Deutschen Reichs lag. Würde es nicht viel einfacher sein, sich für dieses Territorium die Königswürde zu verschaffen, die dann ihren Nimbus unweigerlich den übrigen Gebieten mitteilen würde? Friedrich ließ seine Diplomaten Verhandlungen anknüpfen. Um den Preis, daß er seine schon jetzt als überdurchschnittlich tüchtig einzuschätzende Armee für die Verteidigung der habsburgischen Ansprüche auf den spanischen Thron gegen Ludwig XIV. von Frankreich zur Verfügung stellte, erlangte er die Einwilligung des Römisch-Deutschen Kaisers als des vornehmsten Fürsten in Europa, dem die anderen gewiß folgen würden. Das Streben nach einer solchen Rangerhöhung war nicht zuletzt durch die Beobachtung motiviert, daß in letzter Zeit europäische Fürsten, die Friedrich bislang nicht überragt hatten, auf dem Weg der Königserhebung ihm gegen-

Zum hundertsten Jahrestag der Begründung der preußischen Königswürde kam am 18. Januar 1801 eine Medaille heraus, die das neue Jahrhundert mit »neuem Glanz« und »neuem Glück« angeht. Der damals in der Monarchie tatsächlich verbreitete Optimismus wurde wenige Jahre später durch die Niederlage gegen Napoleon bitter enttäuscht.

über den Vorrang erworben hatten: August der Starke, Kurfürst von Sachsen, war 1697 zum König von Polen gewählt worden. Wilhelm von Oranien, den Statthalter der Niederlande, den Friedrich noch zu beerben hoffte, hatte das Parlament zu Westminster in der »Glorious Revolution« von 1688 zum König von England gemacht. Als Kurfürst Friedrich sich mit dem Oranier in Kleve traf, mußte er zur Kenntnis nehmen, daß für König Wilhelm ein Armsessel bereitstand, während er selbst nur einen einfachen Stuhl bekommen sollte. Er zog es daraufhin vor, die Mahlzeiten in seinem Zimmer einzunehmen. Wer dergleichen Eitelkeiten belächelt, sollte zwei Dinge bedenken: Erstens spielen Armsessel auch in den Konferenzsälen unseres Jahrhunderts noch eine distinktive Rolle, und zweitens war für die Metaphysik der Barockzeit in dem *Namen* einer Sache auch immer ein *Real*gehalt präsent, oder, wie Gottfried Wilhelm Leibniz es aus dem Anlaß der preußischen Königskrönung treffend ausdrückte: Erst der Name macht die Sache vollständig, er ist das notwendige *complementum essentiae*.

Die Krönungsfeierlichkeiten wurden zu einem Höhepunkt barocker Prachtentfaltung. Die Historikerinnen Linda und Marsha Frey haben den Höhepunkt des Festes am 18. Januar 1701 im Königsberger Schloß zusammengefaßt:

»Der kostbar gekleidete König – er trug einen dunkelroten, hellbestickten Rock mit diamantenen Knöpfen und einen hellroten, hermelinbesetzten Mantel – setzte sich selbst die Krone auf. Nachdem er die Huldigung der Anwesenden entgegengenommen hatte, betrat er die Gemächer der Königin. Er umarmte sie und setzte der Knienden ebenfalls eine Krone auf. Dann begab sich das Paar – sie trug ein mit Diamanten und Perlen besetztes Brokatkleid – gemessenen Schrittes zur Kirche. Über den beiden Baldachinen waren ... Adler appliziert. Der Adler über Friedrichs Thron hielt einen Donnerkeil in der rechten Klaue, der über der Königin ein Zepter. Mit der linken Klaue rafften die Adler die Draperien über den Baldachinen zusammen. Die wie vom Himmel herunterstoßenden Adler sollten symbolisieren, daß dem König alle Macht von Gott gegeben war. Vor dem Altar legte der König Krone und Zepter ab und kniete nieder, um mit dieser demütigen Geste zu verdeutlichen, daß er alles Gott verdanke. Unter dem Geschmetter der Trompeten und den Klängen der Orgel salbten zwei Bischöfe – ein lutheranischer und ein kalvinistischer – Stirn und Handgelenke des Königs und der Königin. Die Rangfolge – zuerst Krönung, dann Salbung – betonte eindeutig die weltliche Macht ... Zur Erinnerung an das Ereignis waren eigens 8000 Taler geprägt worden, die auf der einen Seite die sich selbst mit dem Motto *suum cuique* krönende Justitia und auf der anderen Seite die Königin als Juno zeigten. Diese Taler wurden im Schloßhof unter die Menge geworfen.

Aber nicht nur das. Während der König und der Hof im Festsaal im Licht unzähliger schneeweißer Kerzen tafelten, durfte sich das Volk im Schloßhof an einem gebratenen Ochsen mit vergoldeten Hörnern satt essen ... Aus zwei Springbrunnen, genauer gesagt, aus den Schnäbeln zweier Adler, sprudelten über 4000 Liter Wein, und auf allen Plätzen der Stadt waren Freudenfeuer angezündet worden. Und während der Abendhimmel von Leuchtraketen funkelte und die Luft vom Lärm der Glocken, Trommeln und Trompeten erfüllt war, muß das Volk geradezu in einen Taumel der Begeisterung und Bewunderung für seinen neuen König geraten sein.«[1]

Suum cuique – jedem das Seine – hatte Friedrich zur Devise des Ordens vom Schwarzen Adler erhoben, den er am Tag vor der Krönung gestiftet hatte. An diesen von den Juristen und Rechtsphilosophen immer wieder herangezogenen altrömischen Satz haben sich später manche Versuche geknüpft, ein preußisches Staatsbewußtsein definieren zu wollen.

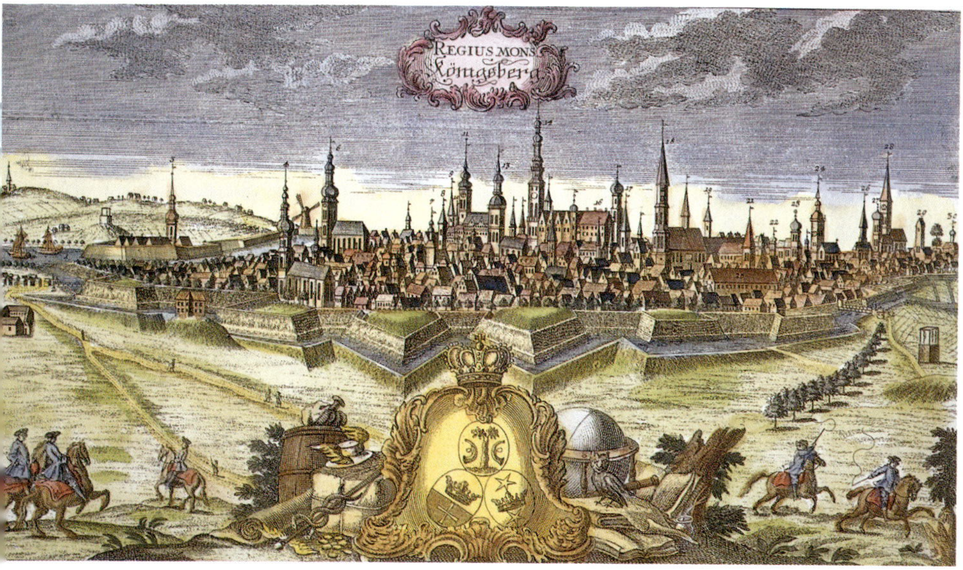

Zu Ehren eines Königs, der am Krieg gegen die heidnischen Prußen teilgenommen hatte, war die wichtigste Stadt des Ordensstaates an der Ostsee benannt worden. Damals war nicht vorherzusehen, daß hier am 18. Januar 1701 das preußische Königtum gestiftet werden würde. Nach dem verlorenen Krieg von 1806/07 wurde Königsberg vorübergehend Ersatzhauptstadt. Im liberalen Milieu dieser Stadt wurden entscheidende Reformen konzipiert.

Zur Zeit Wilhelms I. besaß die Vorstellung vom Monarchen, der höchstpersönlich an die Spitze seiner Armee tritt, noch verbindliche Kraft. Der wichtigste Augenblick zu Beginn eines Krieges mußte daher der Moment sein, da der König seine Residenz verließ, um sich zum Heer zu begeben – wie hier, auf dem Gemälde Adolf von Menzels, Wilhelm I. am 31. Juli 1870. Menzel läßt den König, das Symbol, in den Hintergrund treten und stellt vor allem den spannungsvollen Ernst der Berliner heraus.

Mit der Ordensstiftung und seinen – bis zur letzten Kaiserkrönung in Frankfurt, 1792, immer wiederholten, sozusagen barocktypischen – Volksbelustigungen aber hat Friedrich seine Erhebung zum König *in* Preußen ausgeschmückt. König *von* Preußen konnte er sich noch nicht nennen, denn nach allgemeinem Verständnis umfaßte Preußen nicht nur das bisherige Herzogtum, sondern auch einen seit 1466 losgetrennten und später größtenteils in das Königreich Polen einverleibten Teil – der Einfachheit halber sei von Westpreußen und dem Ermland gesprochen. Diesen Teil eignete sich erst Friedrich der Große 1772 an, um sich fortan endlich König *von* Preußen zu nennen. Die Anerkennung der meisten europäischen Monarchen für die Standeserhöhung war vor und nach 1701 etappenweise eingetroffen. Am längsten zierte sich der Heilige Stuhl. In Rom war man erst 1787 bereit, den König von Preußen anzuerkennen, dem man bis dahin die Reformation und die Säkularisierung des Deutschen Ritterordens nicht verziehen hatte.

Das oft wiederholte Wort Friedrichs II. über die Königskrönung: »Das, was seinem Ursprung nach ein Werk der Eitelkeit war, erwies sich in der Folgezeit als ein politisches Meisterstück«, trifft den Kern. In der Tat waren für die Stellung, die Preußen schließlich 1763, am Ende des Siebenjährigen Kriegs, gesichert hatte, drei Elemente erforderlich: der rechtliche Status, den die Königskrone sicherstellte, die innere Stärke, die die Spar- und Wachstumspolitik Friedrich Wilhelms I. garantierte, und schließlich die Durchsetzung in der internationalen Arena, für die Friedrich der Große selbst sorgte. Mit der Königswürde »hatte Friedrich I. allen seinen Nachkommen eine Lockspeise vorgesetzt, vermittels deren er ihnen zu sagen schien: ›Ich habe Euch einen Titel erworben, erweist Euch dessen würdig; ich habe die Grundmauern für Eure Größe errichtet, Eure Aufgabe ist es, das Werk zu vollenden‹« (Mémoires pour servir à l' histoire de la maison de Brandebourg).

Als einen revolutionären Akt zur Sprengung des internationalen Systems muß man in erster Linie die Tat Friedrichs des Großen werten, der 1740 mit dem Überfall auf Schlesien ein Beispiel für skrupellose Politik setzte. Der bis 1763 andauernde Kampf, mit dem er Österreich und Europa zur Anerkennung seines Besitzes dieser Provinz nötigte, wurde gleichzeitig der Kampf um die Durchsetzung Preußens als fünfte europäische Großmacht.

Im Kampf gegen Napoleon hat sich das Preußen Friedrich Wil-

In der Schlacht von Kunersdorf am 12. August 1759 kam Friedrich der Große mit dem Leben davon, weil eine Gewehrkugel in der Schnupftabakdose steckenblieb, die er in seiner Tasche trug. »Mein Rock ist von Schüssen durchlöchert«, schrieb er an seinen Minister Finckenstein.

helms III. durch ungeschicktes Taktieren isoliert. Auf sich gestellt, vermochte es dem Ansturm der enthusiasmierten Franzosenarmee nicht zu begegnen. Man bezahlte dafür 1807 mit einer derartigen Reduzierung der preußischen Position, daß die Erfolge Friedrichs des Großen verspielt zu sein schienen. Nur dadurch, daß es sich in der 1813 anhebenden neuen Runde der europäischen Koalitionskriegführung gegen Napoleon größere Opfer zumutete als die übrigen Mächte, konnte Preußen seinen Anspruch auf Anerkennung als fünfte Großmacht wiederherstellen. Es war fortan, wenn auch lange Zeit als Juniorpartner Österreichs, ein Mitglied des »Europäischen Konzerts«, wie man den Fünferklub nennt (von französisch »se concerter« = »sich beraten«).

In der Mitte des 19. Jahrhunderts war es dann soweit: 1850, sein Bruder Friedrich Wilhelm IV. hatte einige Monate zuvor die ihm von der Frankfurter Nationalversammlung angetragene deutsche Kaiserkrone aus Abneigung gegen deren Ursprung aus der Volkssouveränität abgelehnt, da schrieb Prinz Wilhelm von Preußen: »Preußens geschichtliche Entwicklung deutet darauf hin, daß es berufen ist, einst an die Spitze Deutschlands zu treten.« Das meinte: es bedarf nicht des Gesetzgebungsaktes einer Versammlung vom Volk gewählter Abgeordneter. Der Verlauf der Geschichte läßt sich nur so lesen, daß wir diesen Auftrag ohnehin haben.

Als länderverschlingenden Riesen zeigt diese französische Karikatur den preußischen König Wilhelm I., der nach seinem Sieg im Deutschen Krieg von 1866 mehrere legitime Fürsten ihrer Länder beraubte und gleichfalls der Existenz der Freien Stadt Frankfurt ein Ende machte. Für zahlreiche andere, noch kleinere Fürsten bedeutete der Anschluß an den 1867 gegründeten Norddeutschen Bund das Ende ihrer selbständigen Existenz.

Man schaute zurück und stellte fest, daß man tatsächlich seit der Niederwerfung Napoleons einiges getan hatte, was eine Tendenz zur Integration Preußens mit den deutschen Klein- und Mittelstaaten erkennen ließ: Man hatte vor allem den Zollverein geschaffen, der den wirtschaftlichen Nutzen der Einigung im Zeitalter der beginnenden Industrialisierung demonstrierte, und das war sogar an den Institutionen des 1815 aufgerichteten Deutschen Bundes vorbei gelungen.

Als Kind hatte König Wilhelm I. erlebt, welche Demütigung der Einzug Napoleons durchs Brandenburger Tor im Jahr 1806, die Flucht der königlichen Familie nach Ostpreußen und der Bittgang seiner Mutter, der Königin Luise, zu Napoleon bei den Friedensverhandlungen von Tilsit bedeutet hatten. Als schließlich am 1. März 1871 deutsche Truppen auf den Champs Elysées paradierten, schien dies manchen vollends die Rache für jenes Unglück zu sein, und gleichzeitig zweifelte niemand mehr, daß es sich zwischen Deutschland und Frankreich um eine »Erbfeindschaft« handele.

Die zweite Umwälzung des internationalen Gleichgewichts bewirkte Preußen in dem Jahrfünft zwischen 1866 und 1871, als es nicht nur den innerdeutschen Dualismus durch den Hinauswurf Österreichs zu seinen Gunsten entschied, sondern auch auf einen Schlag drei souveräne Fürsten entthronte, darunter den blinden Welfenkönig von Hannover, womit es allerdings erst sein Territorium abrunden und die alte Streulage überwinden konnte. Die deutsche Einigung unter Preußens Führung, die mit dem Inkrafttreten der Reichsverfassung am 1. Januar 1871 vollendet war, wurde vom britischen Staatsmann Disraeli daher unumwunden mit dem Etikett »Revolution« versehen, vor allem deshalb, weil im Gefolge aller dieser Veränderungen die fünfte Großmacht in Europa von der schwächsten zur stärksten aufgestiegen war.

Daß die Reichsgründung zur *Entpreußung* Preußens führen würde, hat König Wilhelm I. befürchtet, und er hat dem durch das betont militaristische Gepräge, das er seiner Proklamation zum Deutschen Kaiser gab, entgegenwirken wollen, da er nun einmal selbst den Militarismus als das wesentlich Preußische betrachtete. Die Bemühung war vergebens. Zwar *verpreußte* sich das Reich – was süddeutsche Vorbehalte am Leben hielt –, aber die unentschiedene Balance zwischen dem militaristisch-obrigkeitlichen und dem demokratisch-plebiszitären Element, die beide dem neuen Reich innewohnten (denn nur unter Einbeziehung dieser modernen Tendenzen hatte Bismarck für Wilhelm I. den in den preußisch-deutschen Verhältnissen eingetretenen Stau lösen und einen ruhigeren Fluß der Ereignisse herbeiführen können), wurde zur Existenzbedrohung des neuen Reichs. Wilhelm II. (ab 1888) war nicht der Mann, dieser neuen Bedrohung gerecht zu werden. Er griff nach allen Modeerscheinungen, die Europa zur Jahrhundertwende heimsuchten: Imperialismus, Chauvinismus und Machtanbetung. In einer Phase krisenhafter Stagnation der innenpolitischen Entwicklung ab 1907 erwachten die Träume von einem Krieg, der die Nation wieder einen sollte. Der Kronprinz dachte wieder an einen Staatsstreich, doch wies ihn Wilhelm zurecht. Daß der Kaiser sich aus Furcht vor dem Verlust seiner Macht in den Krieg gestürzt hätte, kann man nicht behaupten. Doch duldete er in seiner Umgebung das Treiben unverbesserlicher Altkonservativer und größenwahnsinniger Bourgeois, und er ließ es zu, daß die Atmosphäre vergiftet wurde. Die Rechnung ging nicht auf: Was den Umsturz hatte fernhalten sollen, führte ihn herbei. Der Weltkrieg

Schloß Cecilienhof, der letzte Schloßbau der Hohenzollern, wurde 1913-1917 nach Entwürfen von Paul Schultze-Naumburg im englischen Landhausstil für den Kronprinzen Wilhelm errichtet. Ausgerechnet hier trafen sich vom 17. Juli bis 2. August 1945 die Vertreter der siegreichen Großmächte (hier: die sowjetische Delegation mit Josef Stalin, rechts von ihm Wjatscheslaw Molotow), um über die Liquidierung der unterlegenen preußisch-deutschen Großmacht zu beraten.

vernichtete alle drei Kaisertümer, die auf europäischem Boden existiert hatten. Der letzte König von Preußen liegt in fremder Erde begraben.

Die bösen Geister allerdings, die Wilhelm II. und seine Getreuen entfesselt hatten, der Glaube an das Recht des Stärkeren, die Bewunderung des Kriegs als Selbstzweck, die ganze höhnische Mißachtung von Recht und Treu und Glauben, die sich als »Realpolitik« ausgab, sie waren damit noch nicht zur Ruhe gebracht, im Gegenteil. Sie benebelten den Deutschen weiterhin die Köpfe, eine zweite Runde wurde notwendig, nur um mit weit vollständigerer Vernichtung zu enden. Das Schloß von Königsberg, in dem das preußische Königtum gegründet worden war, wurde zur Ruine, der Name Königsberg ausgelöscht. Unterstützt durch eine Riesenmacht von jenseits des Ozeans, bestimmten drei Mitglieder des alten Konzerts – England, Frankreich, das zur Sowjetunion mutierte Rußland –, daß die staatliche Existenz Preußens selbst aufzuhören habe. Sie würdigten dabei nicht, daß das in einen Freistaat umgewandelte Preußen zwischen 1919 und 1933 eine Bastion der Demokratie geworden war. Sie berücksichtigten wohl auch unzureichend die süddeutsch-katholischen Wurzeln der zerstörerischen Naziideologie. In ihrer Betonung der Rolle, die Preußen als ein Träger des Militarismus und der Reaktion gespielt habe, haben sie – indem sie indirekt andere Teile der deutschen Tradition entlasteten – mit an einer bestimmten Art von Preußenlegende gewoben. Ein Staatswesen wurde schließlich 1947 durch den Federstrich des Kontrollratsgesetzes Nr. 46 von der Landkarte getilgt. Dem war zwar die *Debellatio*, die militärische Niederkämpfung, vorausgegangen. Doch hat die Debellatio von 1945 nur Preußen ausgetilgt, Deutschland aber nicht. Was manche seit 1914 kommen sahen: finis Germaniae, ist nicht eingetreten. Finis Borussiae ist eingetreten, die Verheißung Friedrich Wilhelms IV. vom März 1848: »Preußen geht in Deutschland auf« hat sich auf schauerliche Weise erfüllt. Der Name Preußen lebt nur noch in wenigen Einrichtungen weiter, am prominentesten wurde die *Stiftung Preußischer Kulturbesitz.* Damit aber ist angesprochen, was Preußen seit der Stiftung der Königlichen Akademie der Wissenschaften im Jahre 1700 auch gewesen ist: eine geistige Macht. Über diese, vor allem zwischen 1800 und 1930 blühende, geistige Macht mehr zu wissen stünde uns allen gut an.

2. *Herrscherideal und Prinzenerziehung*

Als alteuropäische Dynastie waren die Hohenzollern eingebettet in ein dichtes Gewebe von Überlieferungen. Dazu gehört, daß der Herrscher nur zu einem kleinen Teil sein eigener Herr ist. Auch in den Hochzeiten des Absolutismus war der Fürst zwar *legibus absolutus*, doch niemals war er frei von Bindungen. Diese Bindungen konnten in den »Fundamentalgesetzen« eines Reiches gesucht werden, von denen zum Beispiel die französischen Juristen des Ancien régime so gerne sprachen, oder in den Gewissensbindungen, die dem Monarchen durch das Naturrecht, die Sittlichkeit und die Lehren der christlichen Religion auferlegt waren. Die Instruktion für die Erziehung des jungen Friedrich Wilhelm (I.) von 1695 benennt die Gottesfurcht sogar als das »einzige Mittel, die von menschlichen Strafen und Gesetzen befreiete souveräne Macht in den Schranken der Gebühr zu halten; und gleich wie andere Menschen durch Belohnungen und Strafen der höchsten Obrigkeit vom Bösen ab- und zum Guten angeführet werden, also muß solches allein die Furcht Gottes bei großen Fürsten, über welche kein menschliches Gerichte..., aufwecken«.[1]

Will man Gewissensbindungen in einem Menschen verankern, so geschieht das in der Erziehung; will man erziehen, so sollte man vorher wissen, *wozu* man erzieht: man sollte das Erziehungsziel vorher definieren. Dieser Aufgabe diente seit dem Altertum eine reiche Literatur, die uns unter der Gattungsbezeichnung der *Fürstenspiegel* bekannt ist und in der, manchmal eingekleidet in die Form einer vorbildlichen Jugendgeschichte oder eines utopischen Romans, die Tugenden des idealen Herrschers und die ideale Regierungsweise geschildert wurden. Schon Xenophon hatte in der Jugendgeschichte des Perserkönigs Kyros das Ideal eines edlen Herrschers vorgezeichnet. Reformation und Renaissance belebten das Thema neu, und in der Aufklärungszeit schufen François de Salignac de la Mothe Fénélon mit seinen »Aventures de Télémaque« (1699) und Christoph Martin Wieland mit »Der Goldene Spiegel« (1772) neue Beispiele.

Fénélon, dessen Werk von der europäischen Öffentlichkeit als Kritik an der Machtpolitik Ludwigs XIV. von Frankreich gesehen wurde, genoß die Bewunderung der Kurfürstin Sophie Charlotte von Brandenburg. Sie hat es einzufädeln vermocht, daß Fénélon im Jahr 1700 ihrem heranwachsenden Sohn, dem späteren König Friedrich Wilhelm I., vorgestellt worden ist. Weder Wieland noch Fénélon hatten Gelegenheit, selbst als Staatsmänner an der Umsetzung ihrer Utopien zu arbeiten. Doch als Erzieher – der eine für die Enkel Ludwigs XIV., der andere für die Prinzen des Hauses Sachsen-Weimar – sind sie dem Thron nahe gekommen.

Jede Erziehung, so hat man gesagt, muß scheitern; und so hat Europa niemals den vollendeten Herrscher erblickt, den die Fürstenspiegel ihm vorgezeichnet haben. Dennoch sind die Folgen jener eindringlichen Belehrung über die Pflichten des Fürsten überall spürbar, und sei es nur im Negativen, sei es nur darin, daß Machträusche und Exzesse in der absoluten Monarchie seltener gewesen sind als in der totalitären Diktatur unserer Zeit.

Das verbindliche Fürstenideal der europäischen Neuzeit ging davon aus, daß der Fürst dem Wohl seiner Untertanen zu dienen habe. Die anfangs überragende Verantwortung für das jenseitige Heil machte zwischen Reformation und französischer Revolution dann immer mehr dem Ziel der irdischen Glückseligkeit Platz. Klar war den Erziehern nicht nur, daß der Fürst seine eigenen Taten vor einem strengen jenseitigen Richter zu verantworten habe, sondern auch, daß er überdies – als Mann der Hofgesellschaft – alle die Eigenschaften aufweisen müsse, die dem vollendeten Höfling abverlangt wurden. Der Höfling wiederum war eine Verfeinerung des Adligen, dem das Mittelalter bereits im Ideal der Ritterlichkeit ein Ziel gewiesen hatte. Die neuzeitliche Form höfischer Vollkommenheit findet ihren Ausdruck in dem Ideal des »honnête homme«, eines Menschen, den seine grenzenlose Freiheit nicht zur Ausschweifung verleitet, sondern der sich vielmehr aus seiner Autonomie heraus Schranken setzt. So heißt es in der Erziehungsinstruktion von 1695: »Nächst der Gottesfurcht ist nichts, das ein fürstliches Gemüte mehr zum Guten antreiben und vom Bösen abhalten kann als die wahre Gloire und Begierde zu Ruhm und Ehre: nicht daß dadurch ein aufgeblasener Stolz und Hochmut, welcher sich in den fürstlichen Palästen ohnedem gar zu leicht einschleichet und durch die Höflinge und Flatteurs vermehret wird, verstanden werde; sondern vielmehr eine rühmliche

Begierde, durch eine tugendhafte conduite Lob und Liebe allhier im Leben und einen ewigen Nachruhm nach dem Tode zu erwecken.«

Der honnête homme weist neben diesem hohen Ethos nicht nur eine breite Bildung, namentlich in Latein, Französisch, Geschichte und Mathematik, auf. Er weiß auch aufzutreten und sich zu geben, verbindet Eloquenz mit anständiger Haltung und Gebärden. Sein Auftreten soll dabei »das Mittel zwischen Majestät und Humanität« halten, denn nach dem Auftreten macht sich die Welt ihr Urteil über einen Fürsten.[2]

In solchen Erziehungsinstruktionen wie in ihren politischen Testamenten haben die Hohenzollernherrscher ihr Ideal niedergelegt. An ihm müssen sie sich selbst messen lassen.

Für Friedrich Wilhelm, den Großen Kurfürsten, ist im Politischen Testament von 1667 das Herrscheramt noch eine von Gott gewährte Gnade, die Rede vom Gottesgnadentum ist hier noch verstanden als Demutsformel, nicht, wie im 19. Jahrhundert, als Legitimation. Regieren heißt Gott dienen, und es ist, gemäß calvinistischer Vorstellung, wie sie für den Großen Kurfürsten verbindlich ist, ein Teil des Lebenswandels, der insgesamt Gottesdienst zu sein hat. Öffentliche und private Moral sind eins, höchstens hat der Regent sich an noch strengeren Maßstäben messen zu lassen als der gewöhnliche Mensch. Am Ende aber wird der Regent, gleich jedem andern, aufgefordert: »Befleissiget Euch auch eines rechten messigen vndt nuchteren lebens, gehet damit Eweren vnterthanen vndt dieneren mit gutten exemppell fur.«

Wenn alle Ordnung von Gott ist, wie das 13. Kapitel des Römerbriefs lehrt, so hat in dieser Ordnung auch jeder seinen Platz. Die Geschöpfe Gottes sollen einander lieben. Die Liebe aber, die der Regent seinen Untertanen entgegenzubringen hat, ist nur eine Variante dazu. Wie die fürstliche Gewalt in Analogie zur *patria potestas,* zur Gewalt des Hausvaters, aufgefaßt wird, so gestaltet sich die Liebe des Fürsten gegenüber seinen Untertanen in Analogie zur väterlichen Liebe: »Ewere von Gott vntergebene vnterthanen musset Ihr ohne ansehung der Religion als ein rechter Landes vatter lieben, Ihren nutzen vndt bestes, in billigen dingen alzeitt gerne zu beforderen suchen, die commercia vberall in aufnehmen bringen, vndt auff mehrer peuplirung insonderheitt der Chur Brandenburg gedencken.«

Die Vornehmen des Landes, die Prälaten, Herren und Adligen, soll der Herrscher öfters zu sich kommen lassen und mit ihnen reden.

Auf diese Weise bleibt er in Kontakt mit den Wünschen und Gedanken derer, die er beherrschen soll. Leutseligkeit ist sowohl eine Tugend als auch nützlich. »Erzeigt Euch auch gegen einen jeden gnedig vndt belebt, wie dan solches einen grossen herrn wollanstehtet, auch Ihme zu sonderbahren ruhm bey menniglich gereichen thut, es wirdt auch dadurch, die liebe vndt affection der vnterthanen, iemehr vndt mehr gegen Euch erwecken.« Alle Leutseligkeit aber darf nicht dazu führen, daß die Autorität untergraben wird. »Jedoch muß in allem eine solche moderation gebraucht werden, damitt Ihr Eweren Standt nicht verkleinert, vndt den Respeckt behaltet.«

Zu den ältesten Pflichten des Regenten gehört es, Gerechtigkeit zu üben, ist doch die Gerichtsbarkeit eine der Wurzeln aller Staatlichkeit überhaupt. So ermahnt der Große Kurfürst seinen Nachfolger, sich »die liebe Justicie« »hochlichen befollen« sein zu lassen, »damitt so woll den Armen als Reichen ohne ansehung der persohn, recht verschaffet werde«. Auf die Bestellung der Justizbeamten müsse der Herrscher fleißig achtgeben, »vndt wan Ihr erfahret, das Sie Sich corrumpiren lassen, vndt mitt der Justits nicht recht umbgangen seindt, So straffet dieselbige dergestaldt, das Sich alle andere dauor zu spiegelen haben«.

Die Gelegenheit, derartige Tugenden zu üben, hat der Regent erst, nachdem er die Zügel ergriffen hat. Alle Vorbereitung hierauf kann nur indirekt sein. Als radikalstes Mittel, den Herrscher nicht vergessen zu lassen, daß alle Menschen vor der Vernunft gleich sind, empfiehlt Wieland, einen jungen Prinzen in die Obhut einfacher Menschen auf dem Land zu geben, wo er heranwachsen soll, ohne von seiner Bestimmung zu wissen. Von diesem utopischen, an Rousseau gemahnenden Kunstgriff macht in der Realität niemand einen Gebrauch. Doch kreisen die Gedanken der fürstlichen Erziehungsplaner sehr wohl um das Problem vorzeitiger Einflüsse, die einen jungen Prinzen oder eine Prinzessin korrumpieren könnten, mag es sich dabei nun um die am Hof heimische Intrigensucht, um Liederlichkeit oder Verschwendung handeln. Friedrich II. schrieb dem Erzieher Friedrich Wilhelms III. deshalb 1782 vor, »die genaueste Sparsamkeit und gute Wirthschaft« zu beachten, »weil meine Idee gar nicht ist, aus ihm einen Verschwender zu machen, welcher das Geld, so zu sagen, aus dem Fenster wirft«. Es müsse »die größte Menage beobachtet werden, damit Er bei Zeiten ein guter Wirth werd«[3]. Die Anordnung des Königs wurde derart ernst genommen,

Friedrich Wilhelm I., König in Preußen (1688-1740), hier gemalt von Antoine Pesne, prägte den Charakter seiner Untertanen wie kein anderer, besonders durch seinen unermüdlichen Fleiß und seine strenge Sparsamkeit. Er neigte dazu, große Mengen zu essen, was sich in früh auftretender Dickleibigkeit, Herzkrankheit und Gicht niederschlug.

Antoine Pesne hat auch dieses Bild der beiden ältesten Kinder Friedrich Wilhelms I., der späteren Markgräfin Wilhelmine von Bayreuth und des späteren Königs Friedrich II., gemalt – und eine Atmosphäre heiterer Unbeschwertheit erzeugt, die wir dem Hof Friedrich Wilhelms I. kaum zutrauen.

daß sich in Berlin die Ansicht verbreitete, der künftige Thronerbe werde vernachlässigt.

Was den Aufklärern die gleichmachende Instanz der Vernunft, das war den Theologen die alles in den Staub drückende Majestät Gottes, vor dessen Angesicht die Unterschiede der Menschen bedeutungslos wurden. Es mahnte die Instruktion von 1695, daß die Fürsten, »ob sie gleich über alle Menschen, dennoch Gott über sie, und sie vor demselben nur Staub und Asche sind«[4]. Wie bestürzend dann für Eltern, wenn sie bei ihrem Sproß einen vorzeitigen prinzlichen Hochmut feststellen mußten, wie die Eltern des zwölfjährigen Wilhelm (II.). So schrieb seine Mutter, die spätere Kaiserin Victoria, im Dezember 1870: »Er ist sehr hochmüthig, außerordentlich selbstzufrieden u. von sich eingenommen, nimmt die geringste Bemerkung übel, spielt den piquirten u. giebt nicht selten eine naseweise Antwort, ferner ist er unglaublich faul u. läßt sich sehr gehen.« Und der Vater ergänzte in seinem Antwortbrief aus Versailles, wo gerade die Proklamation Wilhelms I. zum Deutschen Kaiser vorbereitet wurde: »Ich fürchte immer, der ›Prinz‹ steckt tiefer in ihm, als wir glauben, u. möchte ich wohl wissen ob die Kaisersache ihm nicht auch schon im Kopf spukt.«[5]

Nur der Prinz, der rechtzeitig Demut lernte, würde späteren Schmeichlern gewachsen sein. »Hühtet euch für die flatteurs oder schmeichelers«, meinte Friedrich Wilhelm I. in der Instruktion für seinen Nachfolger von 1722, »die seindt euer feinde die euch alles nach dem munde rehden und euch zu allen böhsen KahPahble sein zu verführen. Ihr müßet sie nicht anhören sondern Plat ab weißen den durch Ihre Insensible flatterien zu viellen Böhsenden sünden (verführen), die euer sehlige und zeitl: wohlfahrt an Lender und Armée schaden können. Den die flatteurs sindt eure grösten feinde. die euch aber die wahrheit sagen sindt eure freunde und die euch lieb haben das seit versichert.« Doch ist auch Friedrich Wilhelm I., trotz allem Mißtrauen gegen seine Diener, dem Schicksal, betrogen und getäuscht zu werden, nicht entgangen.

Ein Prinz, sofern er als Thronfolger die »aufgehende Sonne« war, konnte immer Geld borgen, denn ausländische Gesandte sahen hierin eine günstige Gelegenheit, sich einen künftigen Herrscher rechtzeitig zu verpflichten. Er konnte auch Mätressen finden, die ihm notfalls von auswärtigen Höfen zugeführt wurden.

Um solche Abenteuer zu kontrollieren und in Grenzen zu halten, bekam ein Prinz einen Hofmeister oder Gouverneur. Er behielt ihn unter Umständen, bis er über die Zwanzig hinaus war. Die Zeit entschied, ob ein Einvernehmen des Begleiters mit seinem Schützling entstand, das sich gegebenenfalls gegen die eifersüchtig wachenden Autoritäten am Hof kehren konnte, oder ob der dem Nachwuchs beigegebene Begleiter in erster Linie eine Vertrauensperson der älteren Generation wurde.

Allerdings war der Gouverneur keineswegs die erste in einer Reihe von Fremdpersonen, denen ein Fürstenkind in die Hände gegeben wurde. Alles begann schon mit der Amme, die man rechtzeitig unter der einfachen Bevölkerung ausgewählt hatte. Manchmal ist der Name einer solchen Amme überliefert; sie wurde mit bescheidenen Geschenken abgefunden. Die spätere Kaiserin Victoria liebte es, ihre Kinder selbst zu stillen. So schrieb sie 1866: »Immer ein Baby an der Brust oder eins erwarten – sonst ist es nicht nett.« Ihre ersten drei Kinder, darunter den späteren Kaiser Wilhelm II., hatte jedoch auch sie einer Amme überlassen. Nachweislich hatte die Kaiserin später ein besseres Verhältnis zu den jüngeren Kindern, die sie selbst gestillt hatte. Die älteren drei, so meinte sie häufig, könnten genausogut ihre Geschwister sein.[6]

Auf die Amme folgte die Kinderfrau, in deren Obhut ein Prinz blieb, bis er sechs oder sieben Jahre alt war. Kinderfrauen konnten hart und streng sein und auch eigene politische Ziele am Hof verfolgen, wie es Wilhelmine, die spätere Markgräfin von Bayreuth, im 18. Jahrhundert von ihrer Kinderfrau behauptet hat. Im 19. Jahrhundert, als die Gewohnheit der Hofintrigen ihren Höhepunkt überschritten hatte, konnte eine Kinderfrau auch einfach nur ein gutherziges, zur Verwöhnung neigendes Wesen sein wie Mrs. Hobbs, die aus England gesandte Betreuerin des kleinen Wilhelm (II.).

War das Kind männlich, so sollte es spätestens mit sieben Jahren in die Hände einer männlichen Aufsichtsperson gegeben werden. Zu diesem Zeitpunkt hielt man es für erforderlich, sich nach einem geschulten Pädagogen umzusehen. Bildungsgang und Erfahrung des Auserwählten wurden sorgfältig geprüft. Dennoch sind hierbei entstandene Mißgriffe oft beklagt worden. Freilich war es immer das bequemste, einem Erzieher die Schuld zu geben, wenn der junge Prinz sich nicht nach den Wünschen seiner Umgebung, der Minister und des Publikums entwickelte. So haben zunächst die Minister vom Stein und von Hardenberg, aber auch andere Beobachter des Lebens am Hof und schließlich in ihrem Gefolge die Historiker nahegelegt, daß es der Erzieher Friedrich Wilhelms III., Christian Friedrich Gottlieb Behnisch, gewesen sei, der mit seiner Schwermut das melancholische Temperament jenes Königs verursacht habe: als ob es nicht von der Widerstandskraft einer kindlichen Natur abhängt, ob derartige Einflüsse in dem Kind lediglich ein Echo auslösen oder nicht vielmehr eine gegenteilige Reaktion wecken. Die Söhne Friedrich Wilhelms III., der 1795 geborene Fritz (Friedrich Wilhelm IV.) und sein zwei Jahre jüngerer Bruder Wilhelm, der ihm später auf dem Thron folgen sollte, erhielten jedenfalls in Friedrich Delbrück einen gewissenhaften, reflektierten und gebildeten Lehrer, der mit dem berühmten Erzieher Johannes Bernhard Basedow bekannt und dessen pädagogisches Instrumentarium somit auf der Höhe der Zeit war. In penibel geführten Tagebüchern hat sich Delbrück über seine Lehrtätigkeit Rechenschaft abgelegt. Wir lernen daraus auch Delbrücks Umgang mit der Intellektuellenschicht seiner Zeit kennen. Als der ältere seiner beiden Zöglinge beinahe zwölf Jahre alt war – 1807 –, nahm Delbrück mit ihm auch den damals schon 108 Jahre alten »Télémaque« durch. Die Königsfamilie befand sich gerade auf der Flucht vor Napoleon in Ostpreußen, und der Königsberger Literaturenthusiast Johann George Scheffner hatte Delbrück, wie auf andere Werke der französischen Literatur mit sittlicher Tendenz, so auch auf den Télémaque aufmerksam gemacht. Das Werk war zum Klassiker einer jeden Prinzenerziehung avanciert. Für deutsche Zwecke nur praktisch war es, daß anhand des Télémaque auch gleich das Französische geübt werden konnte. Parallel dazu las man Goethes »Herrmann und Dorothea« und nahm in der biblischen Geschichte das Schicksal König Sauls aus dem Buch Samuel durch. Aufsatzschreiben, Rechenaufgaben, Geographielektionen folgten in klarer Stundengliederung nicht anders, als wenn die Prinzen auf einer Schule gewesen wären. Für naturwissenschaftliche Demonstrationen wurden von Fall zu Fall Universitätsprofessoren hinzugezogen.[7] In Briefen an die Eltern, zu denen sie angehalten wurden, legten die Prinzen Zeugnisse ihrer Fortschritte in Schönschreiben, Orthographie und Ausdruck ab.

Die Mittel der moralischen Erziehung waren inzwischen verfeinert. Hatte die Kinderfrau des jungen Friedrich Wilhelm (I.) dem Kind noch mit Schlägen gedroht, so daß dieses auf die äußerste Brüstung eines offenstehenden Fensters kletterte, um von dort aus über eine Ermäßigung der Strafe zu verhandeln, so bevorzugten die Erzieher seit dem späten 18. Jahrhundert, zumindest für die älteren Kinder, andere Mittel. Sie ließen die Kinder Tagebuch führen und erlegten ihnen auf, sich selbst über ihr Betragen Rechenschaft zu geben. Ein solches Selbstbeobachtungstagebuch hat der spätere Friedrich Wilhelm III. als Elfjähriger im Jahre 1781 geführt. Darin heißt es zum Beispiel: »Zuerst fuhr ich und war sehr wild und ungezogen, aber alsdann dachte ich an mein Tagebuch, und ich wollte doch nicht meine Schande schreiben, also setzte ich mich mit meinem Bruder auf den Balkon und erzählte ihm eine Geschichte.«[8] Es ist sicherlich nur ein Kennzeichen dafür, wie allgemein solche Erziehungsmittel zu jener Zeit akzeptiert waren, wenn in einer 1786 eingereichten Denkschrift »wohlgemeinte Vorschläge an alle Chefs der Regimenter bey allen Armeen, um junge Offiziere zu bilden«, vorgeschlagen wurde, daß der junge Offizier seinem Vorgesetzten durch ein Tagebuch die genaue Aufsicht darüber ermöglichen soll, »wie er jede Stunde des Tages mit der Arbeit an seiner Bildung ausgefüllt habe«.[9]

Dankbarkeit eines Zöglings gegen seinen Erzieher konnte dazu führen, daß diesem, war der Zögling erst erwachsen, großer politischer Einfluß eingeräumt wurde. Eberhard von Danckelmann, der zwanzigjährig zum Lehrer des Prinzen Friedrich, des späteren Königs Friedrich I., geworden war, galt zwar als streng, wurde jedoch von dem Prinzen sehr geliebt, und die Anhänglichkeit steigerte sich noch, als Friedrich zu glauben begann, Danckelmann habe ihn durch ein rechtzeitig verabreichtes Brechmittel vor dem Gift gerettet, das ihm seine Stiefmutter, die Kurfürstin Dorothea, in den Kaffee getan haben sollte.

Mit seinem Regierungsantritt machte Friedrich seinen Danckelmann 1688 zum Staats- und Kriegsrat. Er wurde Premierminister des kurbrandenburgisch-preußischen Staates und wurde erst 1697 infolge einer Intrige, an der auch die Gemahlin Friedrichs, Kurfürstin Sophie Charlotte, beteiligt war, gestürzt.

Mochte der Lehrer noch so gebildet und pädagogisch versiert sein, solange er nur Lehrer minderjähriger Prinzen war, war sein sozialer Status zu gering, um ihm in der Hofgesellschaft Respekt zu verschaffen. Daher wurde eine zweite Person benötigt, die formell als Oberhofmeister oder Gouverneur amtierte und zweckmäßigerweise von Adel war: Otto von Schwerin für Friedrich (I.), Alexander Graf zu Dohna für Friedrich Wilhelm (I.), Karl Adolf Graf von Brühl für

Friedrich Wilhelm (III.) sind Beispiele. Der Rang des Militärischen in der preußischen Hofgesellschaft sollte dadurch dokumentiert werden, daß ein Prinz auch einen militärischen Gouverneur erhielt, der im entsprechenden Alter seines Schützlings auf den Posten seines Adjutanten wechseln konnte. Unterschiedlich fiel dabei das Verhältnis zwischen Zivil- und Militärgewalt aus, abhängig auch von dem jeweiligen Rang, den der Zivilist und der Militär jeweils bisher in der Welt bekleidet hatten. Noch 1867 kostete es einen Kampf, ehe entschieden wurde, daß der Militärgouverneur des achtjährigen Prinzen Wilhelm (II.) protokollarisch die letzte Verantwortung für die Erziehung des Prinzen und sein Erscheinen in der Öffentlichkeit erhielt, während es immerhin gelang, den Zivilgouverneur, den engagierten Gymnasiallehrer Georg Ernst Hinzpeter, mit dem faktischen Einfluß auszustatten.

Hinzpeter war es auch, der zwei revolutionäre Neuerungen in die Prinzenerziehung einführen konnte. Sein Schützling hat nicht nur von 1874 bis 1877 in Kassel das Gymnasium besucht und auf der Schulbank gesessen. Sein dabei absolviertes Pensum war übrigens enorm. Er hat auch nach dem Abitur eine Universität (in Bonn) bezogen und dort Vorlesungen gehört, ja er trat sogar einem studentischen Korps (den Bonner Borussen) bei. Ziel dieser Operationen sollte es nach Hinzpeters Meinung sein, »daß der Prinz mit anderen jungen Leuten seines Alters sich ernsthaft zu messen gezwungen wird; die Ueberlegenheit Andrer wird ihm fühlbar werden; und es steht zu hoffen, daß solche heilsame Demüthigung den Ehrgeiz in dem Prinzen wecken wird, die Ueberlegenheit zu erwerben, die er so fälschlich zu besitzen glaubt. Diese falsche Schätzung seines Werthes kommt ja zum guten Theil daher, daß ihm das Gefühl der Verantwortung für seine Thätigkeit oder Unthätigkeit abging; wie jedem Anderen wird es hoffentlich dem Prinzen helfen, wenn er durch bittere Erfahrung lernt, daß er für jede Nachlässigkeit, Pflichtvergessenheit, Unwahrheit, unvermeidlich öffentlich die Folgen zu leiden hat, daß er seine Position unter seinen Genossen durch sein Benehmen zu erwerben und zu erhalten hat.«[10] Der erwünschte Erfolg ist gerade im Fall Wilhelms II., zum Unglück für Deutschland und die Welt, nicht eingetreten.

Spätestens zum Zeitpunkt der Verheiratung eines Prinzen, womöglich auch schon früher, erhielt er einen Hofstaat, an dessen Spitze ein Hofmarschall trat. Er bekam einen Wohnsitz eingerichtet, häufig ein kleines Palais, und konnte in beschränktem Rahmen repräsentieren.

Doch blieb das Leben eines Prinzen Beschränkungen unterworfen, solange es dauerte. Aus der Rolle des Kontrollierten, der Genehmigungen einholen mußte, befreite einen Prinzen nur eins: seine eigene Thronbesteigung. Diese aber konnte lange auf sich warten lassen oder war sogar, bei entsprechend niedrigem Rangplatz in der Thronfolge, undenkbar. Der patrimoniale Charakter der Monarchie, der ihr sogar nach der Begründung des Verfassungsstaates in Teilen noch anhaftete, bedingte, daß der Inhaber des Throns sowohl Staatsoberhaupt als auch oberster Befehlshaber des Militärs wie auch Oberhaupt der Familie war. In allen diesen Eigenschaften bestimmte er nicht allein über seine Kinder, sondern auch über Kindeskinder, Neffen, Onkel und Cousins. Friedrich der Große, der keine Nachkommen hatte, hat nicht nur die Instruktion für die Erziehung seines Neffen, des späteren Friedrich Wilhelm II., aufgesetzt. Er hat auch über dessen Sohn, den späteren Friedrích Wilhelm III., verfügt. Und selbst als Kronprinz Friedrich Wilhelm, der spätere Kaiser Friedrich III., die Fünfzig fast erreicht hatte, mußte er es ertragen, daß sein Vater, der über achtzigjährige Kaiser Wilhelm I., ihm darüber Vorschriften machte, ob der jugendliche Kaiserenkel eine Italienreise unternehmen durfte oder nicht. Voller »Galle, Groll und Bitterkeit« schrieb daraufhin die Kronprinzessin, die spätere Kaiserin Victoria: »Diese völlige Unfreiheit der Bewegung sowohl für uns als für die Kinder ist sehr schwer zu ertragen. – Jedes andere Eltern Paar v. 40 u. 50 Jahren entscheidet doch allein in seiner Familie.«[11]

3. Väter, Söhne und politischer Konflikt

Eine derart allumfassende Gewalt, wie sie das Oberhaupt eines regierenden Hauses über seine Familie ausübt, muß zwangsläufig Konflikte nach sich ziehen. Die Wahrscheinlichkeit dieser Konflikte steigt, je selbstbewußter die Prinzen sind, je mehr sie sich selbst zum Herrschen tauglich und berufen fühlen. Sie werden sich nicht allein mit privaten Wünschen gegen die Richtlinien ihres Patriarchen durchzusetzen suchen, sondern sie werden auch seine Politik angreifen und sich ausmalen, was sie täten, wäre der Thron ihnen zugefallen.

Nicht nur gab es eine »hergebrachte unerquickliche Spannung zwischen Vater u. Sohn in der Preuß. Familie«, wie Kaiser Friedrich III. noch während seiner Kronprinzenzeit (1883) schrieb,[1] sondern es gab eine solche auch unter Brüdern, ja sogar zwischen einem regierenden König (Friedrich Wilhelm III.) und seinem (allerdings zwei Jahre jüngeren) Onkel (dem Prinzen Louis Ferdinand).

Die Betrachtung dieser Spannungen verdient Aufmerksamkeit. Sie zeigt, wie stark politische Entscheidungen von persönlichen Schicksalen und früh erworbenen Traumata abhängen können. Es wird sich dabei zeigen, daß auch die scheinbar privatesten Konflikte durch die Überlagerung mit ideellem Gedankengut einen politischen Charakter annehmen und daß unter Umständen auch die allerpolitischsten Überlegungen noch durch kindliche Kränkungen gefärbt sein können.

Daß der 1620 geborene Friedrich Wilhelm, der nachmalige Große Kurfürst, es von 1636 bis 1638 riskierte, wegen seines übermäßig verlängerten Aufenthalts in den Niederlanden durch seinen Vater, Kurfürst Georg Wilhelm, des Ungehorsams bezichtigt zu werden, wurde oftmals durch das Mißtrauen erklärt, das Friedrich Wilhelm dem Minister seines Vaters, dem Grafen Adam von Schwarzenberg, entgegenbrachte. Es scheint sich hier aber eher um den Wunsch gehandelt zu haben, durch den Posten eines brandenburgischen Statthalters in Kleve eine eigene Stellung in der Politik zu gewinnen, die den jugendlichen Prinzen nahezu zwei Jahre lang davon abhielt, die Weisungen seines Vaters zu befolgen. Dieser Wunsch war nicht unbedingt gegen den Vater gerichtet. Dennoch hat dieses Verhalten des Sohnes offensichtlich dazu beigetragen, dem Vater Mißtrauen einzuflößen; nachdem Friedrich Wilhelm endlich bei seinem Vater eingetroffen und diesem schließlich nach Königsberg gefolgt war, wurde er von allen politischen Entscheidungen ferngehalten. Genötigt, tatenlos mit anzusehen, wie Brandenburg durch die Politik seines Vaters immer tiefer in den Wirren des Dreißigjährigen Krieges versank, verfiel der Nachfolger in Melancholie, aus der ihn erst der Tod des Vaters und sein Regierungsantritt im Jahre 1640 befreit haben.

Das Schicksal, seinen Sohn in freiwilliger Entfernung vom Sitz der väterlichen Autorität sehen zu müssen, blieb auch dem Großen Kurfürsten im Alter nicht erspart. Im Juni 1687 beschloß Kurprinz Friedrich, der als Friedrich I. Preußen zum Königreich machen sollte, von einem Aufenthalt in Karlsbad nicht an den Hof seines Vaters zurückzukehren. Statt dessen begab er sich in die Residenz seines Schwiegervaters, des Herzogs Ernst August von Hannover. Während der Sohn den Vorwurf durchblicken ließ, am brandenburgischen Hof werde ihm nach dem Leben getrachtet – wobei er allerdings nicht an den Vater dachte[2] –, sperrte dieser dem Sohn die Einkünfte und drohte damit, sein Testament zuungunsten Friedrichs zu ändern. Erst durch Vermittlung auswärtiger Fürsprecher ließ sich in den letzten Lebensmonaten des Großen Kurfürsten das Einvernehmen leidlich wiederherstellen. Die Wurzel des Zwists waren die zweite Heirat des Vaters und der Wunsch der zweiten Gemahlin, die Versorgung der sieben aus dieser Ehe hervorgegangenen Kinder sicherzustellen; Friedrich Wilhelm war sogar dazu übergegangen, vom Prinzip der Primogeniturerbfolge abzuweichen und seinen nachgeborenen Söhnen in Nebengebieten des Hauses Brandenburg wie Minden, Halberstadt, Ravensberg, Lauenburg-Bütow und Draheim eine Ausstattung mit eigener Regierungsgewalt zu verschaffen. »Insgesamt eine Konstruktion«, wie Ernst Opgenoorth, der Biograph Friedrich Wilhelms, urteilt, »deren Verwirklichung den Familienstreit zum Dauerzustand erhoben hätte, und die Friedrich Wilhelms sonst erprobtem Tatsachensinn kein gutes Zeugnis ausstellt.«[3]

Nicht nur hat Friedrich, der Nachfolger, sich darüber hinweggesetzt. In seinem politischen Testament, das er 1698, noch Kurfürst und in dieser Eigenschaft sich als dritter Friedrich zählend, aufsetzte, warnte er dringend vor allen Experimenten mit der Erbteilung. Es müsse »ein Fürst Sich des Hauses interesse angelegen sein laßen und niehmals zugeben, daß dar mehrere teilungen von Ländern im hause eingeführet werden…, wil er aber seinem zweiten Sohn auch einiges führaus vermachen, so thue er solches; aber keine Fürstenthümer muhs er einem cadetten[4] geben, dan solches die ruine vom hause unfehlbar nach sich ziehen würde.« Das Beispiel Sachsens, dessen ernestinische Linie sich in ohnmächtige Kleinfürstentümer aufgespalten hatte, müsse als warnendes Beispiel dienen. »Mein Hauß«, so führte Friedrich III. weiter aus, »ist nirgens grohs durch geworden als eben dardurch, daß die primogenitura ein geführet worden, welches mein Herr Vatter mir mit eigener handt auch schriftlich nachgelaßen hat, und würde Er sein tage auch keine disposition darwieder gemacht haben, wan Er nicht durch viel lamentiren meiner Stief Frau Mutter endtlich wäre verführet worden, welches ich aber niemals habe confirmiren wollen.«

Auch Friedrich, der sich nach der mit Opfern erkauften Königskrönung am 18. Januar 1701 Friedrich I. nannte, hat als Witwer wieder geheiratet und war sogar dreimal verehelicht. Daß er von seinen Gemahlinnen stark beeinflußt worden wäre, war nicht sein Problem. Mit seiner letzten Frau, einer mecklenburgischen Prinzessin, hat er sich zu Ende seines Lebens überworfen. Die junge Frau, die dem Königshaus in Anbetracht der Tatsache, daß dem Kronprinzen, dem späteren Friedrich Wilhelm I., zwei Söhne gestorben waren, weitere männliche Erben hatte verschaffen sollen, blieb kinderlos. Dies Unglück samt ihrem Unvermögen, sich im Intrigengespinst des Berliner Hofes zu behaupten, stürzte sie in den Wahnsinn und ließ sie phantasieren, man werde sie dem türkischen Sultan anvermählen.

Unterdessen hat Friedrich Wilhelm (I.), der als Kind mit seinen Wutausbrüchen alle Erzieher in Angst versetzt hatte, sich dem Vater gegenüber immer respektvoll verhalten. Die offenkundige Oppositionshaltung des als flegelhafter Naturbursche mit einer großen Dogge umherziehenden Jünglings hatte immer der Mutter, Sophie Charlotte von Hannover, der zweiten Gemahlin seines Vaters, gegolten, die einen feinen Hofton samt westlicher Aufklärung in Berlin heimisch zu machen versuchte. Sophie Charlotte und die Großmutter in Hannover hatten sich bemüht, den Prinzen, der alles Weiche und Mädchenhafte an sich selbst haßte, zu einem eleganten Kavalier zu machen, der sich auch auf Galanterie verstehen sollte. Daß der Prinz sich hiergegen auflehnte, war nur zu offensichtlich, und schließlich verschloß sich auch die Mutter der Einsicht in die Zwecklosigkeit ihres Strebens nicht. Den Vater dagegen, dessen Neigung, sich verschiedenen Ministern auszuliefern und die Großmachtambitionen der Monarchie lediglich symbolisch, durch Repräsentation, zu demonstrieren, er bald durchschaut hat, nahm Friedrich Wilhelm lange Zeit gegen Kritik in Schutz. Als die Mutter bei Wilhelm III. von Oranien gegen den Plan ihres Gemahls, das Königtum zu erwerben, intrigierte, zeigte sich der zwölfjährige Prinz empört.

Doch eines Tages im Jahre 1704 mußte Alexander Graf Dohna, der gewissenhafte und loyale Gouverneur, den sechzehnjährigen Prinzen, der kurz vor seiner Mündigkeitserklärung stand, ermahnen, er dürfe die Geduld des Königs, seines Vaters, nicht überstrapazieren, sonst werde dieser an dem Prinzen handeln, wie dieser selbst es tun würde, sollte er einmal einen ungehorsamen Sohn haben. Die bisherige Aufführung des Prinzen hatte außer Zweifel gelassen, wie sein Verhalten gegenüber einem eigenen unbotmäßigen Sohn einmal sein würde: cholerisch und alle Mäßigung in seinem Jähzorn vergessend. Herangewachsen, nahm der Kronprinz auch die Wiederverheiratung seines Vaters mit Anstand, obwohl seine Stiefmutter ganz offensichtlich vom Lebensalter und von der Aufgabe, einen Thronerben zu sichern, zur Rivalin der eigenen Frau werden mußte. Er erlebte das Regiment der Minister, die aufstiegen, gestürzt wurden und Nachfolger bekamen, obwohl der König zweimal erklärte, daß ein leitender Minister ein unnützes Möbel sei. Der junge Friedrich Wilhelm zog sich davor zurück und entdeckte das Militärische als sein eigenes Reservat, in dem er ungestört blieb, da er es auf eine Weise anfing, die die etablierten Generäle des Vaters in ihrer Bedeutung für die Zukunft nicht erkannten. Doch wurde er, da Thronfolger kostbar sind und geschont werden müssen, gehindert, sich selbst im Getümmel des Spanischen Erbfolgekriegs so zu betätigen, wie es seinen Neigungen entsprochen hätte. Auch ihn, den zu rastloser Tätigkeit Geneigten, ereilte zeitweise das Geschick der Thronanwärter, die meinen, es besser machen zu können, und doch gehindert sind, es zu tun. Seine Ohnmacht und fehlende Wirkungsmöglichkeit ließen auch ihn vorübergehend melancholisch werden. Wenn er Gelegenheit hatte, einmal Vorschläge zu seiner Meinung nach notwendigen Einsparungen in den Staatsausgaben zu machen, vermied Friedrich Wilhelm es sorgfältig, seinen Vater offen zu kritisieren.

Doch brachte noch vor dem Tod des alten Königs, im Jahre 1711, der Sturz des Ministers Graf Wartenberg eine Wende. Die Lage der Monarchie war durch den jahrelangen überhöhten Verbrauch zu Repräsentationszwecken und infolge der Pest und des wirtschaftlichen Niedergangs in Ostpreußen so kritisch geworden, daß nur noch eine gründliche Revision der gesamten Staatsfinanzen einen Ausweg bot. In dieser bedrängten Lage wurde die Mitwirkung des Kronprinzen, der gleich andern auf den Sturz Wartenbergs hingearbeitet hatte, erwünscht. Auch jetzt achtete er darauf, seinen Vater nicht herauszufordern. Erst als sich die Bedrohung der brandenburg-preußischen Monarchie durch die Kriegshändel zwischen Schweden auf der einen, Dänemark, Polen und Rußland auf der anderen Seite zuspitzte und der König sich selbst und den Großteil seiner Armee weiterhin an der westlichen Front gegen das Frankreich Ludwigs XIV. engagierte, durchbrach Friedrich Wilhelm seine Zurückhaltung und schrieb dem Vater, daß dieses westliche Engagement die Monarchie von der Gnade der gegen Schweden zusammengeschlossenen Verbündeten abhängig mache. Er unterließ es auch nicht, auf die schwächliche Verfassung hinzuweisen, in der Brandenburg-Preußen sich zur Zeit befinde und die den Bewegungsraum der preußischen Politik weiter einenge.

Intrigen waren es, die den König von Preußen, Friedrich I., und seinen Sohn, den Kronprinzen Friedrich Wilhelm, danach für kurze Zeit auseinanderbrachten. Man konnte die außenpolitischen Kontakte des Kronprinzen dem Vater so hinstellen, als bedeuteten sie einen Bruch mit dessen Vorstellungen, und schließlich befürchtete der Kronprinz: »Der König glaubet ich bin ein Verräter.«[5] Doch kam am Ende, noch vor dem Tod des Königs, alles ins Lot, vermittelt durch einen jener Höflinge, die imstande sind, beiden Seiten gegenüber die Loyalität zu halten. Dies habe ihm in gewissem Sinn das Leben gerettet, meinte Friedrich Wilhelm später, »denn ohne diese Versöhnung war ich in Gefahr, in eine tödliche Melancholie zu verfallen.«[6]

Das Sterben seines Vater mitzuerleben, scheint Friedrich Wilhelm gefürchtet zu haben. Am Morgen des letzten Tages, da der leidende König selbst das Verlangen zu sterben äußerte, fuhr der Kronprinz nach Köpenick hinaus. Er schärfte Christoph Dohna, dem Bruder seines einstigen Gouverneurs, eben jenem Freund, der ihn mit dem Vater ausgesöhnt hatte, ein, bis zuletzt beim König zu sein. In letzter

Die Verzweigung der Linien des Hauses Hohenzollern

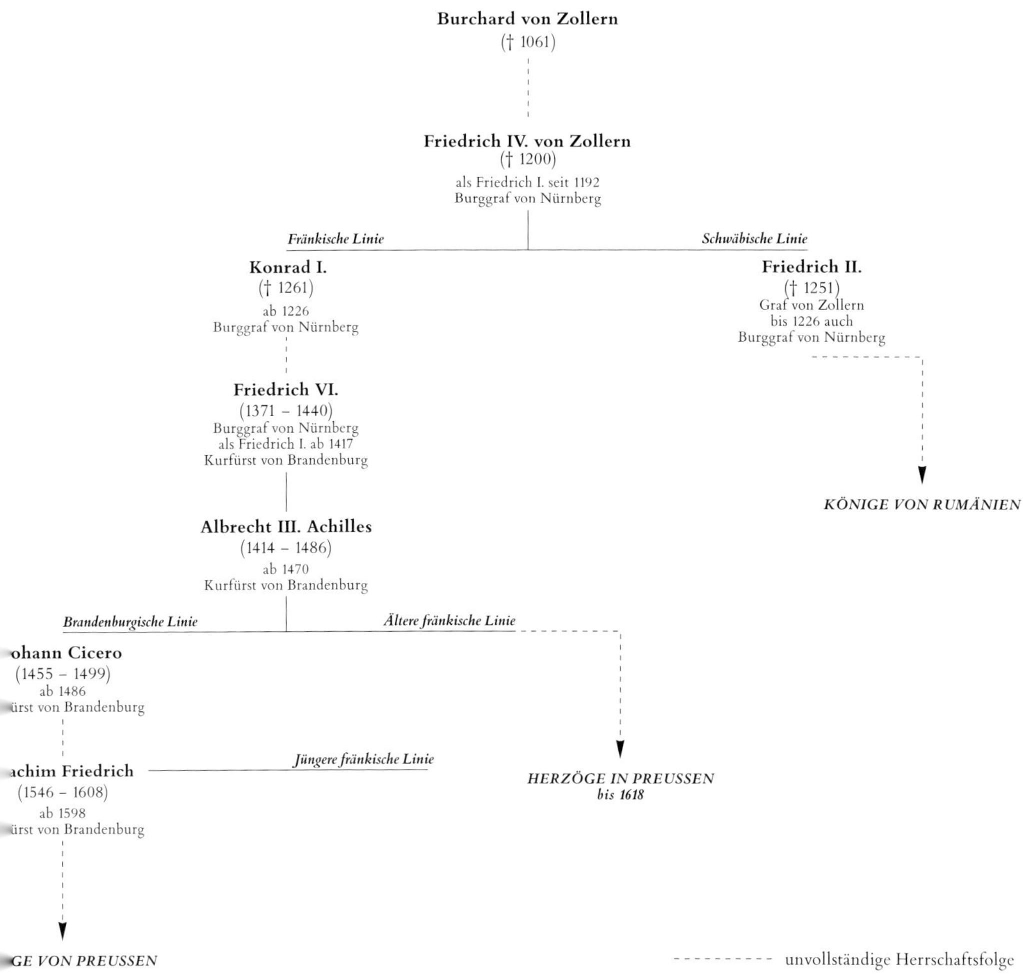

Stammtafel des Hauses Hohenzollern
Brandenburgisch-Preussische Linie

Burchard
(† 1061)
Graf von Zollern

Friedrich I.
(† vor 1125)

Friedrich IV. (I.)
(† 1200)
Graf von Zollern
seit 1192 Burggraf
von Nürnberg

Konrad III. (I.)
(† 1261)
Burggraf von Nürnberg
Stammvater der fränkischen Linie

Friedrich II.
(ca. 1188 – 1251)
Graf von Zollern
Stammvater der schwäbischen Linie

Friedrich VI. (I.)
(1371 – 1440)
Burggraf von Nürnberg
seit 1417 Markgraf von Brandenburg
und Kurfürst

Friedrich II. der Eiserne
(1413 – 1471)
bis 1470 Kurfürst

Albrecht III. Achilles
(1414 – 1486)
ab 1470 Kurfürst

Johann Cicero
(1455 – 1499)
Kurfürst

Joachim I. Nestor
(1484 – 1535)
Kurfürst

Joachim II. Hektor
(1505 – 1571)
Kurfürst

Johann Georg
(1525 – 1598)
Kurfürst

Joachim Friedrich
(1546 – 1608)
Kurfürst

Johann Sigismund
(1572 – 1619)
Kurfürst
⚭ *Anna von Preußen*

Georg Wilhelm
(1595 – 1640)
Kurfürst

Friedrich Wilhelm
(1620 – 1688)
der Große Kurfürst

Friedrich III. (I.)
(1657 – 1713)
Kurfürst von Brandenburg
König in Preußen

Friedrich Wilhelm I.
(1688 – 1740)
König in Preußen
⚭ *Sophie Dorothea von Hannover*

Wilhelmine
(1709 – 1758)
⚭ *Friedrich von*
Brandenburg-Bayreuth

Friedrich II. der Große
(1712 – 1786)
König von Preußen
⚭ *Elisabeth Christine*
von Braunschweig-Bevern

Ulrike
(1720 – 1782)
⚭ *Adolf Friedrich*
von Schweden

Friedrich IV.
(1460 – 1536)
Markgraf von Ansbach und Bayreuth

Albrecht
(1490 – 1568)
letzter Hochmeister
des Deutschen Ordens, ab 1525
Herzog in Preußen

Albrecht Friedrich
(1553 – 1618)
Herzog in Preußen

Anna von Preußen
(1576 – 1625)
⚭ *Johann Sigismund,*
Kurfürst von Brandenburg

10 Geschwister erreichen das Erwachsenenalter

August Wilhelm
(1722 – 1758)
⚭ *Luise Amalie von Braunschweig-Wolfenbüttel*

Heinrich
(1726 – 1802)
⚭ *Wilhelmine von Hessen-Kassel*

Ferdinand
(1730 – 1813)
⚭ *Luise von Brandenburg-Schwedt*

Friedrich Wilhelm II.
(1744 – 1797)
König von Preußen
⚭ *Friederike Luise von Hessen-Darmstadt*

Louis Ferdinand
(1772 – 1806)

Friedrich Wilhelm III.
(1770 – 1840)
König von Preußen
⚭ *Luise zu Mecklenburg-Strelitz*

7 Geschwister erreichen das Erwachsenenalter

Friedrich Wilhelm IV.
(1795 – 1861)
König von Preußen
⚭ *Elisabeth von Bayern*

Wilhelm I.
(1797 – 1888)
König von Preußen
Deutscher Kaiser
⚭ *Augusta von Sachsen-Weimar*

Charlotte (Alexandra)
(1798 – 1860)
⚭ *Nikolaus I. von Rußland*

Karl
(1801 – 1883)
⚭ *Marie von Sachsen-Weimar*

Friedrich Karl
(1828 – 1885)
⚭ *Marie von Anhalt*

Friedrich III.
(Friedrich Wilhelm)
(1831 – 1888)
König und Kaiser
⚭ *Viktoria von England*

Luise
(1838 – 1923)
⚭ *Friedrich I. von Baden*

6 Geschwister erreichen das Erwachsenenalter

Wilhelm II.
(1859 – 1941)
König und Kaiser
⚭ *Auguste Viktoria zu Schleswig-Holstein*

Heinrich
(1862 – 1929)
⚭ *Irene von Hessen*

7 Geschwister erreichen das Erwachsenenalter

Wilhelm
(1882 – 1951)
Kronprinz
⚭ *Cecilie zu Mecklenburg Schwerin*

August Wilhelm
(1887 – 1949)
⚭ *Alexandra Viktoria zu Schleswig-Holstein Sonderburg Glücksburg*

4 Geschwister erreichen das Erwachsenenalter

Wilhelm
(1906 – 1940)
⚭ *Dorothea von Salviati*

Louis Ferdinand
(1907 – 1994)
⚭ *Kira Großfürstin von Rußland*

7 Geschwister erreichen das Erwachsenenalter

Friedrich Wilhelm
(1939)

Louis Ferdinand
(1944 – 1977)
⚭ *Gräfin Donata zu Castell-Rüdenhausen*

Georg Friedrich Ferdinand
(1976)

Cornelie Cécile
(1978)

- - - - - - - - - - unvollständige Herrschaftsfolge

Minute kehrte er zurück und war zugegen, als der Vater die letzten Worte sprach.

Als Friedrich I. 1713 starb und Friedrich Wilhelm I. König wurde, war der neue Kronprinz, nach dem Großvater wieder Friedrich benannt, erst ein Jahr alt. Zwei Brüder waren vor ihm gestorben, ohne dem Säuglingsalter entwachsen zu sein. Daß der dritte, als Neugeborenes kräftig und gesund, im späteren Kindesalter eher zart, einen solchen Platz in der Geschichte erlangen sollte, daß man den Zufall seiner Thronfolge schier vergessen hat, wirft ein bezeichnendes Licht auf die Absurditäten, die das Primogeniturerbrecht, das Recht der Erstgeburt, zu erzeugen vermag. Nur um der Machtzersplitterung durch Länderteilung vorzubeugen und Nachfolgestreitigkeiten auszuschließen, hatten sich die europäischen Fürstenhäuser schrittweise zu der universellen Geltung jenes Prinzips entschlossen. Die Gefahr, daß gänzlich Ungeeignete den Thron besteigen würden, nahm man in Kauf. Noch der Große Kurfürst hatte den Schmerz über den frühen Tod seines Sohnes Karl Emil, in dem er einen fähigen Nachfolger erblickt hatte, nicht verwunden und sich nur mit Mühe damit anfreunden können, daß der schwächliche und bucklige Friedrich, ein für Waffenlärm und Kriegslager untauglicher Fürst, sein Nachfolger wurde.

Dieser Friedrich aber hatte immerhin dem Haus Brandenburg die Königskrone verschafft. Zwar zeigte sich bald, daß die Ressourcen des Reiches nur für eines ausreichten: entweder für den eines Königs würdigen Repräsentationsaufwand oder für die eines Königs würdige militärische Stärke. Doch läßt sich mit Fug und Recht fragen, ob die nach den Besitzungen des Kaiserhauses zweitgrößte Ländermasse im Deutschen Reich sich ohne den Griff nach dieser Standeserhöhung hätte behaupten können. Dem Königstitel die dem Anspruch gemäße innere Stärke des Landes an die Seite zu stellen, hatte sich Friedrich Wilhelm I. zur Lebensaufgabe gemacht. Die Grundlagen waren gelegt, das Werk aber noch längst nicht gesichert, als Friedrich (II.) heranwuchs. Aus der Sorge, der Sohn könne das mühsam Errungene womöglich verspielen, mag sich zu großen Teilen das Mißtrauen gespeist haben, das Friedrich Wilhelm I. seinem Sohn entgegengebracht hat. Keine bessere Garantie sah er offenbar dafür, daß der Sohn sein Werk fortsetzen werde, als daß er dessen Erziehung dieselbe Instruktion von 1695 zugrunde legen ließ, die auch seine eigene Bildung bestimmt hatte. Lediglich einzelne

Man vergißt meist, daß Friedrich der Große erst der dritte Sohn war. Zwei ältere Brüder waren ihm vorausgegangen, hatten jedoch das Säuglingsalter nicht überlebt. In größerem Abstand folgten die weiteren Brüder, deren ältester, August Wilhelm (dritter von links), anfangs zur Thronfolge ausersehen war. Er starb jedoch schon 1758.

Akzente hat Friedrich Wilhelm I. verändert. Zum Beispiel hat er den eigenhändigen Zusatz angefügt, man müsse dem Prinzen »die wahre Liebe zum Soldatenstande« einflößen, sowie die Überzeugung, »daß nichts in der Welt einem Prinzen Ruhm und Ehre zu geben vermag als der Degen«.

Eben diese Liebe aber schien gar nicht wachsen zu wollen. Vielmehr entwickelte der junge Friedrich alle jene Eigenschaften, die sein Vater an sich selbst gehaßt hatte; er wurde der weiche, glatte Höfling, den Friedrich Wilhelm in sich unterdrückt hatte. Und während die Mutter Sophie Charlotte mit allerlei Tricks bemüht gewesen war, ihren Sohn Friedrich Wilhelm für den französischen Aufklärer Pierre Bayle und für den »Télémaque« sowie dessen Autor zu begeistern, las Friedrich, der Enkel, diese Schriftsteller nicht nur freiwillig, er las sie sogar heimlich, da der Vater alle weitergehende literarische Bildung von ihm fernzuhalten versuchte. Das Latein, das dem Vater nicht hatte eingehen wollen, lernte der Sohn, von seinem Lehrer hierzu angehalten, sogar gegen den Willen des Königs. Schließlich wurde der Bruch zwischen beiden unübersehbar. Der Siebzehnjährige wurde vom Vater wieder und wieder geprügelt, an den Haaren gezogen, zu Boden geworfen. Daß die Kränkungen des prinzlichen Ehrgefühls in aller Öffentlichkeit stattfanden, hat Friedrich Wilhelm sich später als eine überlegte pädagogische Maßnahme zugerechnet. Er hat sadistisch ausgekostet, daß der Sohn zwar das Ehrenkleid eines Offiziers der Armee trug, jedoch, anders als die anderen Offiziere, sich seinen Mißhandlungen nicht durch den Abschied aus dem Dienst entziehen konnte. Die Feindseligkeit des Vaters gipfelte schließlich in dem Satz, wenn er, Friedrich Wilhelm, von seinem Vater so behandelt worden wäre, so hätte er sich totgeschossen; doch habe Friedrich offenbar kein Rückgrat.

Das Mißverhältnis zwischen Vater und Sohn hatte in beider Wesensverschiedenheit seine Wurzel; genährt worden war es immer wieder durch das Familienzerwürfnis, das sich wegen der englischen Heiratspläne der Königin Sophie Dorothea ergeben hatte. Aus dem Haus Hannover stammend, hatte sie sich in den Kopf gesetzt, ihren beiden Kindern Friedrich und Wilhelmine Partner aus dem englischen Königshaus zu geben; da König Georg II. Sophie Dorotheas Bruder war, hätte das Projekt die familiären Bande derart gefestigt, daß eine politische Allianz daraus leicht hervorgehen konnte. Aus eben diesem Grund arbeitete der Wiener Kaiserhof und arbeitete der Gesandte des Kaisers, von Seckendorff, gegen das Projekt und hatte mit Hilfe des bestochenen Ministers von Grumbkow den König Friedrich Wilhelm I. bereits gegen diese Heiratspläne eingenommen. Der Entfremdung zwischen Vater und ältestem Sohn entsprach somit eine Entfremdung der Ehegatten und schließlich auch eine Entfremdung zwischen dem König und Wilhelmine. Um so zärtlicher ging der König mit seinen jüngeren Söhnen, August Wilhelm und Heinrich, um.

Im Jahre 1730 – der Kronprinz war achtzehn Jahre alt – unternahm Friedrich einen ungeschickten Fluchtversuch. Ohne wirkliche Anhaltspunkte dafür zu haben, hatte er sich ausgerechnet, in England willkommen zu sein. Zu den Rätseln des Fluchtunternehmens gehört ein auffälliger roter Reisemantel, den sich der Prinz hatte machen lassen und der von seinen sonstigen Kleidungsgewohnheiten abwich, ganz so, als habe er unbewußt die Entdeckung seines Projekts herbeiführen wollen. Erst nachdem das Unternehmen bereits gescheitert war, erfuhr der König davon. Er ließ den Sohn festsetzen und entschied sich, aus einem Vorfall, den er *en bagatelle* hätte behandeln und herunterspielen können, einen Skandal zu machen. Er beschuldigte den Sohn, der ja nun einmal auch Offizier in der preußischen Armee war, in aller Form der Desertion, womit ein Kriegsgericht notwendig wurde und die Todesstrafe drohte. Daß ein Fürst seinen Sohn zu Tode bringen ließ, war nun allerdings in Europa längst unvorstellbar geworden; die bloße Möglichkeit zog die Intervention fast aller Höfe und sogar des Kaisers bei Friedrich Wilhelm I. nach sich. Lediglich in Rußland gab es dergleichen noch, wo Peter der Große es in Kauf genommen hatte, daß der Zarewitsch Alexej zu Tode gefoltert werden konnte.

Im Zuge seines Prozesses und seiner anschließenden Haft hat der Kronprinz den Tod tatsächlich fürchten gelernt; indem vor seinen Augen, stellvertretend für ihn, der Freund und Fluchthelfer, Leutnant von Katte, enthauptet wurde, trieb ihn der König an die Grenzen seiner Kraft und zwang ihn zu völliger Unterwerfung. Diese Unterwerfung brachte einen neuen Friedrich hervor, der eine Wiederholung des Vaters zu sein schien. Dieser martialisch-rohe, zur Grausamkeit fähige, eiserne Disziplin und Strenge verfolgende, aber auch sparsame, vorausdenkende und paternalistisch-fürsorgliche Friedrich mußte sich fortan mit dem heiter-geselligen, den Genüssen des Lebens und der schönen Künste zugeneigten Friedrich, den man schon kannte, einrichten.

In den unbeschwerten Jahren des prinzlichen Hofhalts in Rheinsberg, 1736 bis 1740, konnte sich noch einmal der heitere Friedrich durchsetzen; mit der Thronbesteigung 1740 kehrte sich zum erstenmal der strenge Fritz hervor, um fortan immer häufiger zu erscheinen. Unter der strengen Vaterrolle hatten vor allem die Brüder zu leiden. Im Alter verstärkten sich die düsteren Züge in der Persönlichkeit des Königs immer mehr; sein in großen Teilen vom Vater übernommenes Wirtschaftssystem, das am Beginn der Regierung Friedrichs des Großen noch auf der Höhe der Zeit gewesen war, war ein halbes Jahrhundert später obsolet. Als Friedrich der Große 1786 starb, war Erleichterung in und um Berlin das vorherrschende Gefühl. Da Friedrich, möglicherweise infolge einer früh erlittenen Geschlechtskrankheit, kinderlos blieb, war sein ältester Bruder August Wilhelm in der Thronfolge am nächsten. Durch August Wilhelms frühen Tod ging die Anwartschaft schon 1758 auf dessen Sohn Friedrich Wilhelm über. Friedrich der Große schrieb über seinen Neffen die denkbar schlimmsten Dinge und schikanierte ihn häufig. Auch hierin wiederholte er seinen Vater. Nicht anders als Friedrich selbst in seinen Jugendjahren war auch Friedrich Wilhelm (II.) gezwungen, Schulden zu machen, um sich etwas gönnen zu können. Zu seinen ehelichen Söhnen hatte er ein distanziertes Verhältnis. Abgöttisch dagegen liebte Friedrich Wilhelm II. das Kind, das er mit seiner langjährigen Mätresse und lebenslangen Freundin hatte, die er später unter dem Namen Lichtenau in den Grafenstand erhob. Der gemeinsame Sohn, Alexander Graf von der Mark genannt, wurde Friedrich Wilhelm und der späteren Lichtenau schon nach neun Jahren entrissen. Mit dem Grabmal, das der König bei Johann Gottfried Schadow für ihn in Auftrag gab, beginnt die klassische Periode der Berliner Bildhauerkunst.

Kronprinz Friedrich Wilhelm, 1770 geboren, wurde von der bürgerlichen Öffentlichkeit zum Idol erhoben und zum Gegentypus seines liederlichen und der Verschwendung beschuldigten Vaters gemacht. Er fühlte sich in dieser Rolle gar nicht wohl und hat sich 1798, kurz nach seiner Thronbesteigung, darüber beklagt, daß man ihn mit Erwartungen überhäufe. Er hat gegen seinen Vater niemals offen aufbegehrt, und häßliche Szenen wie sechzig Jahre zuvor sind zwischen Friedrich Wilhelm II. und Friedrich Wilhelm (III.) ebensowenig zu verzeichnen, wie es offen abfällige Äußerungen der beiden übereinander gegeben hat. Dieser Kronprinz beschränkte sich aufs Murren und auf sarkastische Kommentare, die in den Briefen an seine Braut und spätere Gemahlin zu finden sind. Darin beklagte er sich auch, daß man ihn bespitzele und seinen Briefverkehr überwache. Daß auch er in der Nacht vor dem Tod seines Vaters fortging und sogar in dessen Sterbestunde nicht zugegen war, sollte auch hier, sowenig wie im Fall seines Urgroßvaters Friedrich Wilhelm I., nicht als Beweis für Feindseligkeit gegen den König gewertet werden, vielmehr als das Ausweichen vor einer Konfrontation und einem Augenblick der Wahrheit, wie er sie bis dahin nicht erlebt hatte.

Als liebevoller, aber strenger und den erwachsenen Kindern gegenüber zunehmend distanzierter Vater zeigte sich Friedrich Wilhelm III. danach selbst. Den vier Söhnen und drei Töchtern, die das Kindesalter überlebten, widmete er viel Aufmerksamkeit. In den Flegeljahren erhielt der 1795 geborene Kronprinz Friedrich Wilhelm (IV.) mahnende Briefe von ihm; als man ihm 1809 seinen geliebten Lehrer Friedrich Delbrück nehmen wollte, wehrte sich der Kronprinz mit einem Fieberanfall. Er mußte es jedoch hinnehmen, daß man ihm in dem Prediger Johann Peter Ancillon einen neuen Erzieher gab, den er schließlich nicht weniger ins Herz schloß als den ersten. Friedrich Wilhelm (IV.) hing einem Wunsch nach, den ihm der Vater nicht erfüllte, dem Traum von einer Italienreise. Wegen des Zwanges, den sein Vater auf seine Gemahlin, die bayerische Prinzessin Elisabeth, ausübte, damit sie zum evangelischen Glauben übertrete, litt er große Gewissensqualen; doch als er achtundzwanzig geworden war, übte er in der Frage, ob Preußen eine Verfassung bekommen solle oder nicht, auf seinen Vater beträchtlichen Einfluß aus. Ein größeres Opfer brachte sein Bruder Wilhelm, der auf die große Liebe seines Lebens, die Prinzessin Elisa Radziwill, wegen deren Unebenbürtigkeit verzichten mußte. Über die mangelnde Fähigkeit des Prinzen Wilhelm und seiner Brüder, ihre Schicksalsangelegenheiten mit dem Vater direkt zu besprechen, schrieb ihm seine Schwester Charlotte, die mit dem Großfürsten Nikolaus von Rußland verheiratet war, im Jahre 1822: »Blutige Tränen möchte ich weinen, daß Du ebenso wie Fritz (Friedrich Wilhelm [IV.]) Euch nie auf den Fuß gesetzt, grade zu Papa zu sprechen ohne ein Mittelding von Schilden (Kammerherr) und Wittgenstein (Minister des Königlichen Hauses), die zu der Klasse Menschen gehören, die nicht das Höchste im Leben besitzen, nämlich Menschheit! Dadurch ist viel Unglück entstanden, und es kann noch Größeres, noch Wichtigeres daraus entstehen, wenn Ihr fortfahrt, durch einen Dritten sprechen zu lassen zwischen Vater und Sohn.«[7] Die Gefühle der Ehrfurcht und Ergebenheit für den Vater sind jedoch bei den Söhnen Friedrich Wilhelms III. niemals verschwunden. Als der König 1826 seinem Sohn die Hoffnung auf Elisa ein zweites Mal, diesmal endgültig, geraubt hatte, schrieb dieser nur: »O Gott! warum mußte ihm diese schwere Entscheidung werden! Der mich so gern glücklich gesehen hätte!« und flüchtete sich in die Anbetung Gottes.[8]

Erst dieser Wilhelm, der 1858 für seinen erkrankten Bruder die

Regentschaft übernahm und ihm 1861 auf dem Thron gefolgt ist, läßt uns wieder zu Zeugen eines heftigen Vater-Sohn-Konflikts werden. Es ist dies ein Streit, der wahrhaftig um politische Prinzipien ausgefochten worden ist und der um so eindrucksvoller auf uns wirkt, als beide Seiten dabei stets um die Wahrung des Anstands bemüht waren. War im Falle des Konflikts zwischen Friedrich Wilhelm I. und Friedrich dem Großen der Gegensatz hinter den Unterschieden in der Lebensart verborgen, so stritten sich Wilhelm I. und Kronprinz Friedrich Wilhelm, der spätere Kaiser Friedrich III., offen und unverhüllt um ideologische Fragen.

1861 hatte der Machtkampf zwischen König und Parlament um den Militärhaushalt begonnen, und am 19. September desselben Jahres hatte König Wilhelm I. seinem Sohn angekündigt, er sei, falls er sich dem Parlament gegenüber nicht durchsetzen könne, zur Abdankung entschlossen. Der Kronprinz Friedrich, mit der englischen Prinzessin Victoria verheiratet, hatte sich, aus eigener Neigung, noch mehr aber unter dem überragenden Eindruck der englischen Verhältnisse und beeinflußt von den rationalistischen und liberalistischen Überzeugungen seiner jungen Frau, dem deutschen Liberalismus zugewandt. Obwohl er seinen Pflichten als Offizier der Familientradition gemäß nachkam und so als Armeebefehlshaber auf dem Schlachtfeld von Königgrätz erschienen ist, stand er in deutlichem Gegensatz zu der altkonservativen Militärumgebung seines Vaters. An jenem 19. September 1861 aber hat der Dreißigjährige seinem Vater den Abdankungswunsch ausgeredet und ihn zum Durchhalten aufgefordert. Daß er sich damit sein eigenes Urteil gesprochen hatte, wird er später erkannt haben. Die einmalige Gelegenheit war schon einen Tag später verschenkt, als Wilhelm I. den ihm gar nicht sympathischen Otto von Bismarck, den entschlossenen Vorkämpfer der Gegenrevolution, zum neuen Ministerpräsidenten berief. Bismarck stärkte dem 64jährigen König den Rücken und schwor, für ihn den Kampf mit dem Parlament auszufechten. 1863 konnte er Wilhelm I. dazu bewegen, eine Verordnung zu unterzeichnen, die die Polizeibehörden ermächtigte, aufsässige Zeitungen nach zweimaliger Verwarnung zu verbieten. Die Verordnung stützte sich auf ein Recht der Regierung, Notverordnungen ohne Befassung des Parlamentes zu erlassen, wenn der Landtag nicht handlungsfähig war. Passenderweise hatte man den Landtag wenige Tage zuvor nach Hause geschickt. Dieser Angriff auf die 1848 erkämpfte Pressefreiheit mußte die Überzeugungen des Thronfolgers entschieden verletzen, der bisher zu dem verhängnisvollen Kurs seines Vaters geschwiegen hatte. So aber konnte es nach der Meinung seiner Frau nicht weitergehen, die an ihre Mutter, die Queen Victoria, schrieb: »Ein Jahr des Stillschweigens und der Selbstverleugnung hat für Fritz keine anderen Früchte gebracht, als daß er für einen hilflosen Schwächling gehalten wird ... Die Liberalen sind überzeugt, daß er nicht von ganzem Herzen zu ihnen gehört, und die wenigen, die anders denken, bilden sich ein, daß er nicht den Mut hat, es öffentlich zu bekennen.«[9] So tat sie, was sie konnte, um den Kronprinzen zu bewegen, Stellung zu beziehen, da er andernfalls zwischen den Konservativen, die ihm mißtrauten, und den Liberalen, die an ihm zweifelten, in die Isolation geraten würde. Als der Kronprinz zu einer Schiffstaufe nach Danzig geladen war und dort, aus Opposition der Stadt gegen die »Presseordonnanzen« Bismarcks, aller traditionelle Begrüßungsjubel unterblieben war, äußerte sich der Kronprinz am 4. Juni so:

»Auch ich beklage, daß ich zu einer Zeit hergekommen bin, in welcher zwischen Regierung und Volk ein Zerwürfnis eingetreten ist, welches zu erfahren mich in hohem Grade überrascht hat. Ich habe von den Verordnungen, die dazu geführt haben, nichts gewußt. Ich war abwesend. Ich habe keinen Teil an den Ratschlägen gehabt, die dazu geführt haben.«

Bismarck versuchte, diese nicht ungefährliche Kampfansage mit Spott zu beantworten, und nannte den Thronfolger dem König gegenüber den »Knaben Absalom«. Der König aber schrieb: »Ich verweise Dir die Danziger Rede auf das entschiedenste. Ich verlange, daß Du sie rektifizierst, wenn sie unrichtig wiedergegeben sein sollte. Ich verpflichte Dich, keine einzige derartige Äußerung mehr zu tun.« In dem Antwortbrief, den er in dem Schloß der Grafen von Dohna-Schlobitten ohne die Assistenz Victorias oder seiner üblichen Berater entwarf, schrieb der Kronprinz:

»Meine Worte waren nicht unüberlegt. Ich war schon längst meinem Gewissen und meiner Stellung schuldig, mich zu der Meinung zu bekennen, deren Wahrheit ich täglich deutlicher fühle. Nur die Hoffnung, vielleicht doch den Widerspruch gegen Dich vermeiden zu können, beschwichtigte meine innere Stimme. Nun aber hat das Ministerium, mich völlig ignorierend, Beschlüsse gefaßt, die meine und meiner Kinder Zukunft gefährden. Ich werde mit demselben Mute für meine Ueberzeugung einstehen, wie Du für die Deinige.

Ich kann deshalb nichts zurücknehmen, werde aber schweigen. Uebrigens lege ich Dir hiermit meine Stellung in der Armee und im Staatsministerium zu Füßen, wenn Du es befiehlst, und bitte um Bestimmung eines Aufenthaltsortes und oder die Erlaubnis, einen Ort zu wählen, wo ich der Politik ganz fernbleiben kann.«[10]

Der Antwortbrief des Königs sprach ihm »in väterlicher Liebe, aber mit königlichem Ernst« die Verzeihung aus, obgleich der Kronprinz ja darauf bestanden hatte, nichts zurücknehmen zu können. So entstand der Anschein, als habe der Kronprinz ein Unrecht begangen, denn nur für ein Unrecht ist Verzeihung notwendig. Den folgerichtigen Schritt, jetzt auf seiner Demission von den Staatsämtern zu beharren, hat der Thronfolger nicht getan. Auch wenn er sagte, es genüge nicht, die Faust in der Tasche zu ballen, hat er in der Folgezeit doch wieder geschwiegen. Als im September 1863 in einer Konferenz mit dem König die erneute Auflösung des Abgeordnetenhauses beschlossen worden war, bat ihn der Sohn, nicht mehr an der Sitzung des Ministerrats teilnehmen zu müssen. Auf die erzürnte Antwort des Königs, gerade jetzt müsse er teilnehmen, damit er aus erster Hand erfahre, was die Minister beschlossen hätten, entgegnete der Kronprinz, daß auch im Falle seiner schweigenden Teilnahme an den Sitzungen die Tatsache seiner Opposition unweigerlich bekannt würde. Während der Herbstmanöver reichte König Wilhelm allen Offizieren die Hand, nur seinem Sohn nicht. Noch Jahre später sagte er: »Mein Sohn hat sich schwer an mir vergangen.«

Der Gegensatz zwischen Vater und Sohn blieb für ein weiteres Vierteljahrhundert eine grundsätzliche und in aller Welt bekannte Tatsache. Daran änderte sich auch nichts, als Wilhelm zum Kaiser und Staatsoberhaupt des neugegründeten Deutschen Reichs emporgestiegen war. Tragisch wurde es für Friedrich (III.), daß sein Vater, der erst in einem Alter König geworden war, da andere an Rückzug aus öffentlichen Ämtern dachten, nun eine derart robuste Konstitution und auch einen solchen Geschmack an der Herrschaft bewies, daß der Thron erst im einundneunzigsten Lebensjahr des Kaisers für seinen Sohn frei wurde, der unterdessen seine besten Jahre im Abwarten vergeudet hatte. Die Triumphe Bismarcks, der Erfolg aller Prinzipien, die der Thronfolger ablehnte, hatten ihm das Mark aus den Knochen gesogen. Die Krankheit, die Kaiser Friedrich III. nach einer Regierungszeit von nur hundert Tagen schließlich am 15. Juni 1888 dahinraffte, läßt sich als physische Entsprechung dieses Zustands deuten. Jahrzehntelang hatte der Thronanwärter nichts zu sagen, und schließlich ereilte ihn der Kehlkopfkrebs.

Am schmerzlichsten dürfte für Friedrich und Victoria das Gefühl gewesen sein, zu einer überwundenen Generation zu gehören, zu einer Generation, die so recht in Deutschland niemals zum Zug gekommen ist. Etwas jünger als die Achtundvierziger, waren sie doch noch Menschen von ihrem Geist, Menschen, die, in den Worten Victorias, dem treu waren, »was wir als Recht erkannt hatten, an das wir glaubten. Wir liebten Deutschland – und wünschten es stark und groß zu sehen, nicht nur durch das Schwert, sondern in allem, was Gerechtigkeit, Kultur, Fortschritt und Freiheit bedeutete. Wir wünschten das Volk glücklich und frei, in Wachstum und Entwicklung alles Guten zu sehen. Wir haben uns eifrig bemüht, zu lernen, zu studieren und uns für die Zeit vorzubereiten, die uns zum Werk an der Nation rufen würde. Viel Erfahrung hatten wir gesammelt! Bitter hart erkaufte Erfahrungen!!! Und nun ist alles umsonst gewesen ...«[11]

Die Feinde dieser von liberalem Optimismus und von John Stuart Mill geprägten Zukunftsreligion hatten in dem letzten Vierteljahrhundert die wirkungsvollste Waffe gegen Friedrich und Victoria gefunden, die sich denken läßt: deren ältesten Sohn und Thronfolger, den 1859 geborenen Wilhelm. Daß Großvater und Enkel den Vater in die Zange nehmen, ist geläufiges Muster in vielen Familien. Wilhelms Verehrung für seinen Großvater aber grenzte an Abgötterei. Er übertrug auf ihn den Gottesgnadentums- und Sendungsglauben, den er später in Anwendung auf seine eigene Person zu einem Führermythos weiterbildete und zu dessen Übertragung auf Adolf Hitler Wilhelm noch selbst manche Voraussetzungen geschaffen hat. Kaiser Wilhelm II. markierte den Übergang vom reaktionären Monarchismus altpreußischer Prägung zum modernen Diktaturstaat mit völkischen, imperialistischen und rassistischen Losungen – Ideen, die sich schon beim Prinzen Wilhelm oder dann beim regierenden Kaiser finden und die in den zweiundzwanzig Jahren des Exils zu Wahnsystemen weitergebildet wurden.

Mit ohnmächtigen Wutanfällen hat Friedrich (III.) quittieren müssen, daß seine Erziehungsvorstellungen von denen des alten Patriarchen konterkariert wurden und daß der Enkel immer wieder Anordnungen seines Vaters durch Appellation an den Großvater zunichte machen konnte. Doch mehr als seinen Vater lernte Wilhelm II. seine

Mutter zu hassen, die englische Prinzessin, die ihn mit ihrem britischen Fortschrittschauvinismus fast erstickt hatte. Gegen die übermächtige britische Flotte, deren Lob in Victorias Briefen gesungen worden war, baute Wilhelm eine neue, deutsche und provozierte nicht zuletzt auch damit den Weltkrieg.

Fehlt der Vater, dann vertritt der ältere Bruder seine Stelle. Es entstehen Konflikte, die noch leichter ausarten, da die Jüngeren ihrem Bruder nie den Respekt zollen werden, den sie für einen Vater aufzubringen bereit sind. Sie werden sich auch leichter ein sachkundiges Urteil anmaßen. Nur zwei Fälle von Gegensätzen zwischen Brüdern seien hier erwähnt.

Friedrich der Große hat im Siebenjährigen Krieg seine beiden Brüder August Wilhelm und Heinrich zu Unterfeldherren eingesetzt und ihnen die Führung selbständiger Armeekorps übertragen. August Wilhelm machte seine Sache schlecht und wurde 1757 auf dem Rückzug aus Böhmen von dem österreichischen Feldmarschall Grafen Daun besiegt. Heinrich hat es zunächst abgelehnt, das durch das Ausscheiden seines Bruders verwaiste Kommando zu übernehmen. Als August Wilhelm nach nahezu einem Jahr in der Zurückgezogenheit seines Schlosses an einem Schlaganfall starb, gab Heinrich, wie eine verbreitete öffentliche Meinung, dem König und seiner harschen Behandlung des glücklosen Bruders die Schuld. Heinrich ist von diesem Standpunkt nicht abgerückt, wenngleich jetzt erst die große Zeit seiner eigenen militärischen Erfolge begann. Er stand seinem Bruder Friedrich an Begabung kaum nach, und er wußte es. War Friedrich der Entscheidungsstratege, der unentwegt angriff, so war Heinrich ein Meister der methodischen Kriegführung, die Schlachten gerne vermied. Dennoch war er unzufrieden und schrieb: »Ich habe diesen verdammten Krieg völlig satt und wollte, der Teufel hätte seinen Urheber an dem Tage geholt, als er die Armee ausmarschieren ließ.« Im Frieden übernahm Heinrich diplomatische Missionen, aber das Leiden an seiner Untätigkeit und Ohnmacht verschlimmerte sich.

In einem Brief an den in Paris lebenden Melchior Grimm aus dem Jahre 1779 kritisierte Heinrich an seinem königlichen Bruder die Maske der falschen Tugend, Erpressungen und Raub, Verfolgungen der Männer, die am besten gedient hätten, deren Verdienste aber der Souverän sich zueigne, während er ihre wahren Urheber verberge; falschen literarischen Eifer, fehlenden Einsatz für die Bildung der

Die tägliche Paroleausgabe, ein altes militärisches Ritual, konnte zu bestimmten Anlässen, wie hier am Neujahrstag 1913, feierlich ausgestaltet werden. Kaiser Wilhelm II. (links) begibt sich mit seinen Söhnen, dem Kronprinzen Wilhelm, Prinz Eitel Friedrich, Prinz Adalbert, Prinz August Wilhelm, Prinz Joachim und Prinz Oskar vom Schloß zum Zeughaus, wo die Paroleausgabe stattfinden soll.

Völker, den Neid Friedrichs II. auf Männer von Verdienst, einen Ruhm, den Friedrich für Taten eingeheimst habe, von denen keine auf ihn zurückgehe, seine Unmenschlichkeit und seine Härte, seine Furcht vor den Männern des Worts und das wenige, was er sich aus ihnen mache.[12]

Inzwischen hatte sich das Primogeniturerbrecht so streng durchgesetzt, daß Heinrich sich keine Hoffnung machte, anstelle August Wilhelms seinem älteren Bruder eines Tages auf dem Thron nachzufolgen. Die Thronfolge ging an August Wilhelms Sohn über. Diesem Neffen gegenüber wiederholten sich die Leiden des Prinzen Heinrich; beim Thronwechsel 1786 mußte er erneut das Gefühl haben, genauso gut oder diesmal sogar besser regieren zu können als derjenige, der von der Erstgeburt dazu bestimmt war. Sein Rat aber war kaum gefragt. Nicht genug damit: Heinrich lebte noch lang genug, um beim Übergang von Friedrich Wilhelm II. auf Friedrich Wilhelm III. dieselbe Konstellation ein weiteres Mal durchmachen zu müssen. 1802 starb er, längst zu einem Museumsstück geworden und doch bis zum Schluß fortschrittlicher als die Könige, die so selten nach ihm fragten.

Hatte die Opposition des Prinzen Heinrich gegen Friedrich den Großen keine Maßregelung seitens des Königs im Gefolge – denn Heinrichs böse Kommentare waren meist gewissermaßen »beiseite gesprochen« –, so war dies bei dem Zwist zwischen Friedrich Wilhelm IV. und seinem Bruder Wilhelm im Jahre 1854 anders. Bemerkenswert, daß dieser Zwist in den Worten Friedrich Wilhelms IV. auf den Punkt gebracht wurde: »Du hast Dich an mir als an Deinem Könige, als an Deinem Kriegsherrn, als an Deinem Bruder vergangen.«[13] Ob nicht die ähnlich lautende Äußerung Wilhelms, in einem ganz anderen zeitgeschichtlichen Umfeld über dessen Sohn gesprochen, ein Nachhall dieses Tadels ist, den Wilhelm einst selbst von seinem älteren Bruder einstecken mußte?

Anlaß für die »Krise im Hause Hohenzollern« (Bußmann) war diesmal die Frage, ob Preußen im Krimkrieg Partei ergreifen sollte. Prinz Wilhelm wußte zu diesem Zeitpunkt längst, daß er seinem Bruder auf den Thron folgen würde, da Friedrich Wilhelm IV. kinderlos geblieben war. In den vergangenen Jahren hatte Prinz Wilhelm den »Soldaten« im Königshaus gespielt, denn wenn Friedrich Wilhelm IV. auch seinen Status als Oberbefehlshaber der Armee eifersüchtig bewahrte, so hatte er doch kein tieferes Interesse für sie. Anders Wilhelm, der wußte, was im Heer gedacht wurde. Wilhelm sprach sich dafür aus, im Krimkrieg, der zwischen England, Frankreich und der Türkei auf der einen und Rußland auf der anderen Seite ausgetragen wurde, auf die Seite der Westmächte zu treten und, vereint mit Österreich, den russischen Expansionsanspruch zurückzuweisen. Das hätte den Krieg gegen Rußland heraufbeschworen, dessen Kaiser Nikolaus I. doch der Schwager der Preußenbrüder war und mit dem zusammenzuhalten das Vermächtnis Friedrich Wilhelms III. und die Grundidee der »Heiligen Allianz« von 1815 gebildet hatte.

In charakteristischem Stil, der Flüssigkeit mit dem Hang zu

großen Worten verband, hat König Friedrich Wilhelm IV. seinen Standpunkt im Krimkrieg zusammengefaßt. »Meine Ehre 1. als ehrlicher Mann, 2. als König von Preußen, 3. als Fürst meiner Völker, 4. als Christ befiehlt mir aber, 1. den Undank gegen treue Freunde wie die Pest zu fliehen, 2. meiner Krone Unabhängigkeit, 3. die freie Selbstbestimmung als sogenannte ›Großmacht‹! als schwererrungenes Kleinod Preußens zu wahren, 4. meinen Ländern die Segnungen des Friedens zu erhalten ... und 5. meines Teils niemals an dem Vergießen eines Tropfens von Christenblut für den Islam!!!! schuldig zu sein.«[14]

Im Mai 1854 hat Friedrich Wilhelm IV. den preußischen Kriegsminister Eduard von Bonin entlassen, weil dieser vor einem Ausschuß der Zweiten Kammer des preußischen Landtags ein Bündnis mit Rußland ausgeschlossen hatte. Das hieß: Der Minister hatte eine Neigung zu den Westmächten erkennen lassen, ähnlich dem Prinzen Wilhelm. Damit aber hatte er seine Ressortzuständigkeit überschritten und überdies den Entschlüssen des Königs vorgegriffen. Prinz Wilhelm aber schrieb an seinen Bruder: »Ich muß ... den Sturz Bonins als gegen mich gerichtet betrachten, und daher lege ich hiermit gegen seine Entlassung als erster Offizier der Armee entschiedenen Protest ein, und ersuche Dich zum Wohle Deiner selbst, der Armee und Deiner politischen Stellung in diesem wichtigen Moment, die Entlassung Bonins sofort rückgängig zu machen.« Mit diesem Brief gab sich der preußische Thronfolger als Haupt einer Partei zu erkennen. Er beschränkte sich aber nicht darauf, an seine Stellung als erster Offizier der Armee zu erinnern, sondern drohte dem König damit, den Bruch zwischen ihnen öffentlich zu machen, indem er schrieb: »Im Verweigerungsfall zeige ich Dir hiermit an, daß ich meine Familie in Baden besuchen werde, wohin ich ohnehin mich begeben wollte, weil meine Gesundheit und meine Nerven durch die ganze ... Zeit seit dem Januar dermaßen gelitten hat, daß ich der Ruhe bedarf ... Aber um so mehr muß ich wünschen, fern von Berlin zu sein, wenn Dein politischer System-Wechsel eintritt, ohne welchen, wie gesagt, Bonins Entlassung völlig unerklärlich ist; – denn wenn ich mich jenem System-Wechsel wie immer gehorchend unterwerfen werde, so wünsche ich doch, durch mein Hiersein nicht mit demselben identifiziert zu werden.«[15]

Friedrich Wilhelm IV. reagierte überraschend milde. Das Protestieren im Namen der Armee wolle der König »diesmal noch« ignorieren. Aber : »Keine Armee ›darf‹ protestieren, und die Preußische

›tut‹ es nicht. Sie würde im selben Augenblick aufhören, die Preußische Armee zu sein.«[16] Erneut kam ins Spiel, was schon beim Konflikt zwischen Friedrich Wilhelm I. und Friedrich dem Großen von Belang gewesen war: Die Tatsache, daß der opponierende Prinz Soldat war, konnte zu militärstrafrechtlichen Konsequenzen führen. Natürlich hat Wilhelm in einem weiteren Brief an seinen Bruder bestritten, daß er »im Namen« der Armee protestiert habe, denn das taxierte er selbst als einen Akt der Auflehnung, für den ihm der König hätte »den Kopf vor die Füße legen lassen müssen«. Er schob freilich gleichzeitig nach, daß eine solche förmliche Protestadresse bei der Armee wohl populär gewesen sein würde.[17] Indem er die angedrohte Abreise des Prinzen nach Baden in einen aus eigenem Antrieb gewährten »oktroyierten« Urlaub umwandelte, für den der Prinz nachträglich noch den Antrag stellen mußte, hat Friedrich Wilhelm IV. die Situation entschärft und sich erspart, das Kriegsrecht gegen seinen Bruder bemühen zu müssen. Da Baden für Preußen Ausland war, unterstand Prinz Wilhelm dort nicht dem Kriegsrecht. Es sei klar, drückte sich der König aus, daß Wilhelms Funktionen während des Urlaubs ruhten.[18]

Familiäre Spannungen und familiäre Einflüsse beschränkten sich freilich nicht auf das Verhältnis zwischen Vater und Sohn oder zwischen Brüdern. Zwar meinte die Tochter der Queen Victoria, die später den Namen der »Kaiserin Friedrich« annehmen sollte, »nach preußischen Ideen soll eine Frau nichts anderes sein als eine Türkin im Harem«.[19] Doch tatsächlich haben natürlich die Frauen des Hauses Hohenzollern ihren Teil am Einfluß auf die Politik gehabt. Dieser Einfluß wurde nur partiell über die engere familiäre Atmosphäre ausgeübt.

4. *Familiengefühl und weiblicher Einfluß*

Der Familienbegriff hat in der adligen Welt eine Bedeutung, die jene im Bürgertum noch übertrifft. Das ist die eine Wahrheit. Andererseits gab es im Adel bis in das 19. Jahrhundert hinein lange Zeit weniger Familie und Familienleben als dort. Das ist die andere Wahrheit.

Beide Urteile ergänzen sich, wenn man die notwendigen Differenzierungen beachtet. »Familie« als *Abstammungsgemeinschaft* ist naturgemäß für einen Stand, der sich auf Abstammung gründet, von eminenter Wichtigkeit. Streitigkeiten um Ebenbürtigkeit, bei denen schnell verletzter Stolz ins Spiel kam, haben noch am Ende des 19. Jahrhunderts zerstörerische Kraft gehabt. »Familie« als *Lebensgemeinschaft* aber verschwindet allzu schnell in der größeren Einheit des »Hofes«. »Familie« wie »Hof« sind ursprünglich Termini für häusliche Gemeinschaften.

In der häuslichen Gemeinschaft lebten von alters her Blutsverwandte und bloße Diener unter einem Dach; allesamt waren sie der patriarchalischen Gewalt des Familienoberhaupts unterstellt. Je größer diese häusliche Gemeinschaft wurde – was mit dem Anwachsen der Hofämter und dem zunehmenden Aufwand für Hofdamen- und Kammerherrenstellen unvermeidbar war – und je größer auch die Baukörper der Schlösser wurden, in denen diese häusliche Gemeinschaft untergebracht werden mußte, desto größer konnte auch die räumliche Distanz werden, die die Eltern von ihren Kindern trennte. Unter archaischen Verhältnissen waren Kinder rechtlich in vieler Hinsicht den Dienern gleich. Noch bis in unsere Tage hinein aber bestand die Möglichkeit, daß sie manchen von ihnen auch gefühlsmäßig näher waren als den leiblichen Eltern. Daß dies zum Teil in der Praxis begründet lag, Kinder den Ammen, Kinderfrauen, Hofmeistern und Lehrern zu übergeben, ist schon gesagt worden.

Daß unser gängiges Bild von familiärer Eintracht, das sich auf die Dreisamkeit von Vater, Mutter, Kind gründet, in Fürstenhäusern nicht leicht zu realisieren war, ergibt sich darüber hinaus aus der Tatsache, daß die Ehegatten oftmals getrennte Haushaltungen führten –

daß der Hof sich also in mehrere Unterhöfe gliederte. So unterhielten sowohl die Kurfürstin/Königin Sophie Charlotte in Lietzenburg, das nach ihrem Tod in Charlottenburg umbenannt wurde, als auch die Königin Sophie Dorothea in Monbijou an der Spree einen eigenen Wohnsitz. Während Charlottenburg trotz der Zerstörungen des 2. Weltkriegs zum Schönsten gehört, was uns die Hohenzollern hinterlassen haben, ist Monbijou, das den Krieg noch besser überstanden hatte, heute ausgelöscht.

Kinder bekamen unter solchen Verhältnissen einen Stundenplan, der vorschrieb, zu welcher Zeit sie sich bei wem einzufinden hatten. In den täglichen Stunden, für die er zum Besuch seiner Mutter nach Lietzenburg hinauskommen mußte, sollte der junge Friedrich Wilhelm (I.) in die Welt des galanten Lebens eingeführt werden, auch wenn er erst elf oder zwölf Jahre alt war. Diese Welt stand in scharfem Gegensatz zur Strenge, die den Prinzen umgab, wenn er in der Obhut seiner Erzieher war. Wenn der Prinz dann zu seinem Lehrer zurückgekehrt war, sagte er ihm wohl einmal: »Der Hof ist augenblicklich wie ein übles Wirtshaus, die Damen sagen alle Unanständigkeiten, besonders die Französinnen.« Schließlich gewöhnte er es sich an, jedes Hoffräulein als Hure zu bezeichnen.[1]

Erwachsen geworden, hat sich Friedrich Wilhelm I. vorgenommen, ein besonderer Freund vor allem seines ältesten Sohnes Friedrich zu sein. Ihn wollte er nach einem 1725 erlassenen Stundenplan drei bis fünf Stunden zur Mittagszeit um sich haben – sicherlich mehr Zeit, als die heutigen Väter für ihre Kinder aufbringen. Um zu verhindern, daß das Kind zur Mutter größeres Zutrauen fasse als zum Vater, sollten die Erzieher dem kleinen Prinzen immer nur mit dem Zorn der Mutter, nicht aber des Vaters drohen. Das cholerische Temperament des Königs Friedrich Wilhelm I. aber machte alle diese guten Vorsätze zunichte. Ein Gegensatz zum Kronprinzen mußte entstehen, denn dieser Prinz wünschte sich alle diejenigen höfischen, weichen, künstlerisch-intellektuellen Dinge, zu denen die Großmutter den Vater nicht hatte bekehren können, von ganzem Herzen und fand sie teilweise bei der Mutter. Königin Sophie Dorothea jedenfalls besaß in Monbijou eine Bibliothek, auf die sie stolz war.

Friedrich Wilhelm I. selbst beherzigte in seinem Eheleben die strengen calvinistischen Grundsätze seiner Jugend. Obwohl manch ein Höfling daran interessiert gewesen wäre, ihm eine Mätresse zuzuspielen, um auf diese Weise Einfluß zu gewinnen, ist dies, zumindest nach dem Bericht seiner ihm sonst nicht wohlgesinnten Tochter Wilhelmine, nicht gelungen. Friedrich Wilhelm I. hätte in diesem von vielen seiner damaligen Standesgenossen so offensichtlich abweichenden Charakterzug ein Vorbild für seinen Sohn Friedrich abgeben können. Dessen bedurfte es jedoch nicht. Friedrichs galante Abenteuer waren schon vor seiner Verehelichung mit Elisabeth Christine von Braunschweig-Bevern zu Ende. Und wie er zu seiner Gemahlin keine Beziehungen unterhielt, so ist er auch keiner anderen Frau mehr nahegetreten.

Friedrich unterhielt zwar in dem in hellen, lebensfrohen Farben, in Silber, Lila, Rosa, gedämpftem Grün und Blau dekorierten Schlößchen Sanssouci seine berühmte Tafelrunde, in der er seinen geistigen und kulturellen Neigungen nachging. Doch war die Tafelrunde eine reine Männergesellschaft, und ein Familienleben führte Friedrich nicht. Seine Gemahlin, die Königin Elisabeth Christine, war weder bei der Einweihung von Sanssouci im Jahre 1747 dabei, noch hätte sie es je gewagt, ihren Gemahl dort zu besuchen. Sie lebte tugendhaft und zurückgezogen in dem Schloß Niederschönhausen.

Friedrich hatte keine Kinder; der zum Thronfolger bestimmte Neffe, Sohn von Friedrichs ältestem Bruder, dem Prinzen August Wilhelm, verlor früh den Vater. Daß die Erziehung des kleinen Friedrich Wilhelm (II.) unter der Kontrolle des Königs stehen würde, stand ohnehin fest, und so wurde er schon zu Lebzeiten seines Vaters in das königliche Schloß genommen und sah die Eltern nur noch zu gelegentlichen Besuchen. Dabei herzliche Gefühle für seinen Sohn zu zeigen, scheint dem Prinzen August Wilhelm unmöglich gewesen zu sein. Als der Thronfolger, der nunmehr den Titel eines Prinzen von Preußen führte, ein Alter erreicht hatte, das dem König zu passen schien, suchte Friedrich der Große ihm eine Braut aus, wie er das schon bei seinen jüngeren Brüdern getan hatte. Elisabeth von Braunschweig scheint in vieler Hinsicht ähnlich liebenswürdig und lebensfroh gewesen zu sein wie ihr Gemahl. Das Paar kam sich allerdings nicht näher, und jedes ging bald seiner Wege.

Die herrschende Doppelmoral war jedoch gegenüber Prinzessinnen weniger nachsichtig als gegenüber Prinzen, zumindest so lange, wie die Gefahr bestand, eine Prinzessin könnte Mutter eines illegitimen Kindes werden und so die mühsam errungene Stabilität in der Erbfolge erschüttern. Als die Gemahlin des Thronfolgers die Mißachtung, die sie von dem Prinzen erfuhr, durch eigene Untreue beantwortete, führte Friedrich der Große die Ehescheidung des Thronfolgers herbei, die 1769 vollzogen wurde. Schon im Juli desselben Jahres heiratete Friedrich Wilhelm erneut, diesmal eine Prinzessin aus dem Haus Darmstadt, Friederike Luise, die der Minister von der Schulenburg im königlichen Auftrag für ihn ausgesucht hatte.

Bereits zu dieser Zeit aber unterhielt Friedrich Wilhelm die Liaison mit der großen Liebe seines Lebens, der Musikertochter Wilhelmine Enke. Für sie kaufte er – mit Geld, das ihm der König gab – in Charlottenburg ein Haus; mit ihr baute er in den folgenden Jahren ein intimes Familienleben auf, da drei Kinder aus der Beziehung hervorgingen. Gezwungenermaßen von der großen Welt getrennt, entfaltete sich dieses Dasein zu einem bescheidenen Glück. Hier war, wie ein Historiograph des preußischen Hofes es formulierte, Friedrich Wilhelm (II.) »der feurige Liebhaber, der treue Gatte, der häusliche Mann, der zärtliche Vater«.[2]

Gegenüber seiner zweiten rechtmäßigen Gemahlin war er es nicht in dem gleichen Ausmaß. Für sie waren, obwohl 1770 bereits der Erbe, der spätere Friedrich Wilhelm III., geboren wurde, nur Korrektheit und pflichtschuldiger Anstand übrig.

Der alte König, der dies alles sah, wollte sich damit begnügen, daß der Prinz von Preußen wenigstens nur *eine* Mätresse hatte. Es sollte jedoch nicht dabei bleiben. Noch vor dem Tod des alten Königs knüpfte Prinz Friedrich Wilhelm Beziehungen zu einer Hofdame der Königin Elisabeth Christine, Gemahlin Friedrichs des Großen, an. 1789 dann, inzwischen selbst der Souverän geworden, erklärte Friedrich Wilhelm II. seine zweite Ehe, die er mit Friederike Luise von Darmstadt geschlossen hatte, für gelöst. Es scheint eine schriftliche Einwilligung der Königin Friederike Luise dazu gegeben zu haben, daß Friedrich Wilhelm II. das Hoffräulein ehelichen konnte. Die Ehe wurde, um Erbfolgefragen auszuschließen, »zur linken Hand« geschlossen, dafür aber kirchlich eingesegnet. Die Gemahlin »zur linken Hand« erhob Friedrich Wilhelm II. in den Rang einer Gräfin von Ingenheim.

Nicht lange danach aber wurde sie ihm durch den Tod entrissen, so daß Friedrich Wilhelm sich zu einer neuerlichen derartigen Ehe berechtigt fühlte, die er diesmal mit einer geborenen Gräfin Dönhoff einging. Auch diese Dame erhielt einen neuen Titel als Gräfin von Brandenburg. Ihr Sohn aus der Verbindung mit dem König sollte als

Graf Brandenburg einmal im Krisenjahr 1848 preußischer Ministerpräsident werden.

Das Schicksal des jungen Friedrich Wilhelm (II.) aber wiederholte sich an seinem ältesten legitimen – und damit erbberechtigten – Sohn. Wieder wurde ein Prinz seinen Eltern fortgenommen und ihm schon im zarten Kindesalter ein eigener Unterhaushalt eingerichtet; wieder werden die Besuche eingeteilt. Aus dem Tagebuch, das der Elfjährige 1781 zum Zweck der erzieherischen Selbstbetrachtung führte, wissen wir, daß er damals »alle Abende bei Mama« war. Beim Vater war der kleine Prinz in dem Zeitraum, über den sein erstes Tagebuch berichtet, höchst selten. Er besuchte ihn nur, wenn der Vater ein Konzert hatte, und machte Höflichkeitsbesuche, wenn der Vater anschließend auf Reisen ging.[3]

Friedrich Wilhelm III. hat sich für das Doppelleben seines Vaters gerächt. Am Tag seiner Thronbesteigung 1797 hat er Wilhelmine Enke, die der Vater unterdessen zur Gräfin Lichtenau erhoben und in seinen letzten Lebensjahren noch in die Hofgesellschaft eingeführt hatte, verhaften lassen.

Es sollte ihr der Prozeß gemacht werden, weil sie sich in die Politik eingemischt und den verstorbenen Friedrich Wilhelm II. zur Geldverschwendung veranlaßt, auch sich bereichert habe. Des jungen Königs Juristen wanden sich, denn sie konnten keine anklagereifen Verdachtspunkte finden. So wurde die Gräfin Lichtenau lediglich verbannt und ihre Güter sequestriert. Später hat Friedrich Wilhelm III. eingestanden, daß er sich womöglich im Zorn übereilt habe, und die Bedingungen für die Gräfin Lichtenau weiter gemildert.

Die Zeitgenossen aber machten aus dem Thronwechsel einen Epocheneinschnitt. Alles, was die bürgerliche Literatur in Dramen wie »Emilia Galotti« oder »Kabale und Liebe« gegen die Liederlichkeit und moralische Korruption des Hoflebens vorgebracht hat, das meinte das Publikum auch am Hof König Friedrich Wilhelms II. entdeckt zu haben; von seinem Sohn dagegen erhoffte man die Wendung zu Schlichtheit, ehelicher Treue und echter Häuslichkeit.

Was aber ein junger Dichter wie Friedrich von Hardenberg, genannt Novalis, 1798 anonym in den »Jahrbüchern der preußischen Monarchie« veröffentlichte, das hat vor allem Verwirrung gestiftet und gibt den Philologen bis heute Stoff zur Kontroverse. Gemünzt auf den Hof Friedrich Wilhelms III., schrieb er: »Der Hof soll das klassische Privatleben im Großen sein. Die Hausfrau ist die Feder des

Hauswesens. So die Königin, die Feder des Hofs. Der Mann fournirt, die Frau ordnet und richtet ein. Ein frivoles Hauswesen ist meistentheils die Schuld der Frau. Daß die Königin durchaus antifrivole ist, weiß jedermann.« Solche Passagen hören sich leicht verständlich an. Sie verlieren jedoch ihre Eindeutigkeit, wenn man sie zu anderen Formulierungen dieses Textes in Beziehung setzt, etwa jener, »daß der ächte König ... Republik, und die ächte Republik König seyn« werde oder daß der König ein »zum irdischen Fatum erhobener Mensch« sei.

Friedrich Wilhelm III. hatte im Dezember 1793 Luise von Mecklenburg-Strelitz geheiratet. Daß das Paar sich in herzlicher Liebe zugetan war und der neue König keine Beziehungen nebenher unterhielt, war dem Publikum aufgefallen, desgleichen wußte man von seiner Sparsamkeit und seiner Abneigung gegen allen Prunk. Friedrich Wilhelm III. hat seiner Gemahlin bis zu deren verfrühtem Tod 1810 tatsächlich die Treue gehalten; in einer bewegenden Aufzeichnung hat er festgehalten, wie sehr er inzwischen von ihrem begleitenden, beratenden, besänftigenden Einfluß abhängig geworden sei.

Dennoch: Wer die Hofgesellschaft von innen kannte, kannte auch andere Züge an Königin Luise von Preußen als das Lächeln der siegenden Tugend. Und so hat sich noch Jahrzehnte nach ihrem Tod eine andere eingeheiratete Prinzessin, Victoria, die Princess Royal von Großbritannien, daran erinnern müssen, daß man Königin Luise zu ihren Lebzeiten unausgesetzt als leichtsinnig, kokett und vergnügungssüchtig getadelt habe. Erst nach dem Tod, den die öffentliche Meinung auf den Kummer über die Erniedrigung Preußens durch Napoleon seit dem Frieden von Tilsit zurückführte, habe der Luisenkult eingesetzt.[4]

Von Friedrich Wilhelm III. und Luise gibt es ein Bild, das sie zusammen mit ihren Kindern zeigt; Richard Dähling hat es 1802 angefertigt. Das Seltene an diesem Bild ist bereits, daß hier Eltern und Kinder zusammen porträtiert sind: Die Darstellung umfaßt die gesamte Familie. Ein wenige Jahre früher geschaffenes Bild zeigt Friedrich Wilhelm und Luise als ein Paar, das es genießt, in der Beschaulichkeit eines Parks einander bei der Hand zu halten. Ohne das vorausgegangene Zeitalter der Empfindsamkeit mit seiner Betonung von Schlichtheit, Naturnähe und Gefühl wären beide Bilder nicht zu denken. Daraus aber herzuleiten, das Königspaar sei be-

Gleich seinem Zeitgenossen, König Georg III. von England, war Friedrich Wilhelm III. in seinen Tugenden als Hausvater bedeutender als in seinen herrscherlichen Fähigkeiten. Familiensinn, eheliche Treue und Nüchternheit entsprachen dem um 1800 maßgeblichen Ideal der von Aufklärung und Empfindsamkeit geprägten Öffentlichkeit. Aquatintaradierung von Richard Dähling.

sonders »bürgerlich« gewesen, führt in die Irre. Die Empfindsamkeit ist nicht weniger eine Bewegung des Adels als des Bürgertums gewesen.

Das wichtigste Resultat von Aufklärung und sentimentalem Zeitalter besteht darin, daß die Strenge sich lockert. Die Pädagogik entsteht, und die Lehrer machen sich Gedanken, wie sie spielerisch unterrichten können. Diese Einflüsse bringt der Erzieher Delbrück ins Königshaus.

Insbesondere die Königin Luise möchte ihre Kinder mindestens zwei Stunden am Tag um sich haben. Sie werden ihr gebracht, wenn sie gegen elf Uhr vormittags noch im Bett liegt; sie »toben«, wie der

Erzieher Delbrück mißfällig bemerkt, und sie dürfen auch während der Teegesellschaft dabei sein und springen in einem aufgetürmten Kissenberg herum. Nur so, so erklärt die Königin dem mißbilligenden Erzieher, hat sie die Kinder lang genug in ihrer Nähe.

Die Trauer um die verstorbene Königin ist für Jahrzehnte ein Ritual, das Friedrich Wilhelm III. und seine Kinder verbindet. Bevor man in den Feldzug des Jahres 1813 geht, besucht man das Mausoleum von »Mama«. Auch die Geschwisterliebe ist herzlich. Briefausgaben haben uns die Korrespondenz Friedrich Wilhelms IV. und seines Bruders Wilhelm (I.) mit der Zarin Alexandra Feodorowna, die unter dem Namen Charlotte die älteste ihrer Schwestern war, nahegebracht. Auch in diesen Briefen wird das Andenken der Mutter beschworen. Der Königin Luise stellen Friedrich Wilhelm III. und seine Söhne nur einen Menschen zur Seite, den 1825 überraschend verstorbenen Zaren Alexander I., der mit dem preußischen Königspaar in einer sentimentalen Freundschaft verbunden war, wenn man sich auch in der Vertraulichkeit der jeweiligen Kabinette gelegentlich der Treulosigkeit bezichtigt hat. Durch seinen jüngeren Bruder Nikolaj, der Charlotte heimführte, war Alexander indirekt auch ein Teil der Familie geworden.

Die Freude über neugeborene Kinder wirkt echt und wird in der größeren Familie geteilt. Als Friedrich Wilhelms Tochter Alexandrine, vermählt mit Großherzog Paul Friedrich von Mecklenburg-Schwerin, Mutter geworden war, gingen alle in Schloß Ludwigslust anwesenden Familiengäste »des Morgens 9 Uhr ... zu Alexandrine, um dem Bade und der Toilette des Kleinen beizuwohnen, wo sich die ganze Familie versammelt«[5]. Bei der Geburt seines eigenen ersten Kindes, des späteren Kaisers Friedrich III., am 18. Oktober 1831 war Prinz Wilhelm zugegen;[6] mit der Bangigkeit derer, die das erste Mal Vater werden, verfolgte er danach die Entwicklung des Kleinen. Vollends zärtliche Liebe atmen die Briefe, die sich Friedrich III. und seine Gemahlin Victoria über die Kinderstube ihres Erstgeborenen, des späteren Kaisers Wilhelm II., schrieben. Es waren eher der zu große Ehrgeiz, den Victoria mit ihrem Sohn verfolgte, sowie die Unzufriedenheit über dessen bei der Geburt erlittene körperliche Behinderung, die sie hinderten, das Kind vorbehaltlos anzunehmen.

Familiäres Leben war unter den Verhältnissen des preußischen Königshauses am ehesten geeignet, weiblichen Einflüssen auf die Politik den Weg zu bahnen. Dabei entwickelten sich die Dinge unter

In Paretz an der Havel erwarb Friedrich Wilhelm III. – noch als Kronprinz – im Jahr 1795 ein Gut, auf das er sich mit seiner Familie zurückziehen konnte, um das Leben eines Landadligen zu führen. David Gilly schuf zunächst das bescheidene Schloß. Anschließend wurden Dorf und Park umgestaltet, bis das Ideal idyllischen Landlebens erreicht war.

Umständen ganz anders als vorhergesehen. So war die 1646 geschlossene Ehe des Großen Kurfürsten Friedrich Wilhelm mit Louise Henriette von Oranien, der Tochter des Statthalters der Niederlande, eine Vernunftbeziehung, die sich zur Liebesbeziehung wandelte. »Das beim Entschluß zur Heirat«, schreibt Ernst Opgenoorth, »durchaus zweitrangige persönliche Verhältnis zwischen den Ehepartnern entwickelte sich schon bald zu einer tiefen Zuneigung, während die im Vordergrund stehenden politischen Spekulationen sich im Laufe der Jahre als irrig erweisen sollten.«[7] Von der zu Beginn des 18. Jahrhunderts eintretenden »Oranischen Erbschaft« hatten bleibende Bedeutung nur das Fürstentum Moers und die Grafschaft Lingen. Das Fürstentum Neuchâtel dagegen hat einem späteren Preußenherrscher, nämlich Friedrich Wilhelm IV., nicht wenig Kummer und Verlegenheit bereitet, ehe es dann endgültig an die Schweiz verlorenging. Orange aber, von dem die Dynastie ihren Namen bezog, haben die Brandenburger nie in die Hände bekommen.

Als »gelungene Beispiele der Raumkunst des Klassizismus um 1800« hat man die Innenräume des Schlosses Paretz bezeichnet, das im Grunde nur ein größeres Gutshaus war. Einige Zimmer zeichneten sich durch besonders schöne gemalte Tapeten aus heimischen Werkstätten aus. Nach dem Tod Friedrich Wilhelms III. im Jahr 1840 senkte sich für Jahrzehnte ein Dornröschenschlaf über Paretz

Neben den Oraniern waren die Welfen dasjenige Fürstenhaus, mit dem die Hohenzollern während der frühen Neuzeit in die engste Verbindung getreten sind. Hier war das Verhältnis nachgerade brisant, denn benachbarte Lage und annähernd gleiche Größe beim Ausgang ihrer Entwicklung machten Hannover und Brandenburg zu den großen Rivalen im norddeutschen Raum.

Kurprinz Friedrich, der Sohn und Nachfolger des Großen Kurfürsten, hatte seine erste Gemahlin, eine hessische Prinzessin, früh verloren. Als er Sophie Charlotte, die ambitionierte Tochter des ambitionierten Herzogs Ernst August von Hannover kennenlernte, verliebte er sich bald in sie. Von seiten Sophie Charlottes darf man in der Heirat, die nicht lange danach stattfand, eher Berechnung vermuten. Was die beiden hätte verbinden können, war am ehesten die Vorliebe für höfische Prunkentfaltung. Während Friedrich, der

Zu den exotischen Besonderheiten der von Friedrich Wilhelm III. ausgebauten Pfaueninsel zählte das Palmenhaus, das Carl Blechen 1833 gemalt hat.

Preußen zum Königreich machte, in Frankreich zwar zahlreiche Bestellungen aufgab, den Hof Ludwigs XIV. aber nicht kennengelernt hatte, war Sophie Charlotte in jungen Jahren selbst dort gewesen. Sie nahm aus Frankreich die Vorliebe für Aufklärung, Philosophie und feine Bildung mit nach Berlin, während Friedrich zeit seines Lebens an ererbter protestantischer Frömmigkeit festhielt.

Die Zeit Friedrichs und Sophie Charlottes wurde eine Ära, in der die Königin mit ihrem eigenen Hof klar und offensichtlich einen

1824/25 errichtete Karl Friedrich Schinkel für das Schloß Klein-Glienicke an der Havel dieses »Kasino« mit seiner Pergola. Mit diesen Bauten im Auftrag des Prinzen Karl von Preußen begann die Errichtung von Schlössern der Söhne Friedrich Wilhelms III. in Charlottenhof, Babelsberg und Klein-Glienicke, die fortan die Umgebung Potsdams prägen sollten.

Machtfaktor im Land darstellte. Ihre Einflußnahme widerstrebte nicht dem Kurfürsten/König selbst, wohl aber den leitenden Ministern, denen sich Friedrich anvertraut hat. Zumindest einer von ihnen, Eberhard Freiherr von Danckelmann, verdankte seinen Sturz im Jahre 1697 auch den Einwirkungen der Kurfürstin.

Friedrich Wilhelm I. und Sophie Dorothea, die nächste Welfin im brandenburgischen Haus, lebten lange in passabler Eintracht. Sophie Dorotheas Interessen gingen nicht auf Einmischung in die preußische Innenpolitik aus, wohl aber träumte sie von der Doppelhochzeit ihres Sohnes Friedrich (II.) und ihrer Tochter Wilhelmine mit den Kindern ihres Bruders Georg, der inzwischen als Georg II. König von Großbritannien und Irland geworden war. Die Gegenwirkungen des Wiener Kaiserhofes, die über den Gesandten Grafen Seckendorff ausgeübt wurden, brachten schließlich Entfremdung auch in die Beziehung Friedrich Wilhelms I. und seiner Gemahlin. Das englische Heiratsprojekt zerschlug sich, und Friedrich heiratete zwar eine Wel-

Christian Daniel Rauch schuf die Sarkophage der 1810 verstorbenen Königin Luise und ihres Gemahls, Friedrich Wilhelm III. (gest. 1840). Beide ruhen in dem Mausoleum, das Friedrich Wilhelm III. zwischen 1810 und 1812 im Schloßpark von Charlottenburg bauen ließ. Nach einer Erweiterung fügte man u. a. 1890 die Sarkophage Kaiser Wilhelms I. und der Kaiserin Augusta hinzu.

fin, doch stammte sie nur aus dem weniger bedeutenden Zweig Braunschweig-Bevern.

Von der Musterwirkung, die das Familienleben Friedrich Wilhelms III. und der Königin Luise aus dem Haus Mecklenburg-Strelitz seit der Eheschließung im Jahre 1793 gehabt hat, war schon die Rede. Luises Rolle bestand vor allem darin, ihren Gemahl zu größerem Selbstvertrauen und energischem Umgang mit aufsässigen Ministern zu ermutigen. 1805 spitzte sich die europäische Krise zu. Das napoleonische Frankreich zeigte, daß es keine Schranken respektierte. Gegenüber Preußen trat es mit Verführung und Erpressung auf.

Königin Luise äußerte, daß auch Preußen eines Tages um einen Waffengang mit Frankreich nicht herumkommen werde. Aus ihrer entschiedenen Meinung hat eine während des Dritten Reiches erschienene Dissertation[8] den Versuch gemacht, sie zur vaterländischen Heroine zu stilisieren. Demgegenüber ist heute wieder die zurückhaltendere Beurteilung der Rolle Luises in der Vorgeschichte des preußisch-französischen Krieges von 1806/07 in ihr Recht getreten. Bleibendes Vermächtnis Luises an ihren Gemahl auf dem Sterbebett (1810) war auf jeden Fall, daß sie ihm den Minister Karl August Freiherr von Hardenberg als Freund und Stütze anempfahl. Zumindest während der gefährlichsten Jahre, die die preußische Monarchie fortan zu durchleben hatte, hat Friedrich Wilhelm sich an dieses Vermächtnis gehalten.

Friedrich Wilhelms III. und Luises zweiter Sohn, der spätere König und Kaiser Wilhelm I., hatte sich zunächst Hoffnungen auf die Prinzessin Elisa Radziwill gemacht. Nach dem Scheitern seiner Hoffnungen – das polnische Haus Radziwill wurde als nicht ebenbürtig betrachtet – entschloß sich Wilhelm im Jahre 1829 zu einer Vernunftehe mit Augusta von Sachsen-Weimar.

In den Briefen an seine Schwester Charlotte hat Wilhelm sein Herz über diese Beziehung ausgeschüttet. Was beiden zu schaffen machte, waren nicht nur ihre Launen und seine Ungeduld, es war auch der Hintergrund liberaler Überzeugungen, mit denen die Weimaranerin noch unter dem Einfluß des Großherzogs Karl August, den man der Sympathie für die Studentenbewegung verdächtigte, groß geworden war. »Bei ihr«, so klagte Wilhelm 1837, »verleugnete sich keinen Augenblick die moderne Erziehung in politischer Beziehung. Konfusion von Begriffen von Freiheit, Jagd nach falscher Popularität bei den niederen Ständen. Dann aber wieder Stolz, wenn von Beeinträchtigung der höheren Stände die Rede ist und ihrer selbst. Große Empfindlichkeit, wenn man sie aufmerksam macht, daß so etwas die natürliche Folge ihrer eigenen Prinzipien sei usw. Kurzum, es ist dies eine Materie, die mir viel unangenehme Augenblicke macht, vorzüglich weil es bei ihr teils Laune, Lust zur Opposition und Eingabe von persönlichen Rücksichten ist, die ihre Politik macht.«

Einen Augenblick habe es gegeben, da Augusta aus Wilhelms Perpektive »geheilt« war. Das Prinzenpaar hatte die Revolutionszeit des Jahres 1830 in den krisengeschüttelten Niederlanden verbracht, von denen sich die Belgier gerade loszureißen bemühten. »Da sah sie alles in der Nähe, den Enthusiasmus der Holländer für das Rechte etc. Da war ihr Liberalismus zu Ende. Aber je weiter wir uns von diesen Szenen entfernten, je mehr verschwand dieser Eindruck, und die Konfusion der Ideen trat wieder ein.«[9]

Ihren eigenen Kopf wollte Augusta, nach der Einschätzung des

Zweimal Friedrich Wilhelm III.: Während seiner Regierungszeit, in der die ausgehende Empfindsamkeit von Romantik und Biedermeier abgelöst wird, vollzieht sich die weitere Ausgestaltung der Pfaueninsel und ihrer Umgebung zu einer Erlebnislandschaft mit Häusern im Ruinenstil, Gehegen seltener Tiere, Kirchen und Blockhaus im russischen Stil. Zur gleichen Zeit weist sein Arbeitszimmer im »Kronprinzenpalais« Unter den Linden eine schlichte Möblierung, sparsame Dekorationen und lediglich reichen Gemäldeschmuck auf.

Publikums mehr ein Verstandes- als ein Herzensmensch, auch nach Jahrzehnten nicht aufgeben. So wurde sie eine der machtvollsten Gegnerinnen Otto von Bismarcks, der über sie in aller Schärfe urteilte: »Es lebte in ihr ... ein Bedürfnis des Widerspruchs gegen die jedesmalige Haltung der Regierung ihres Schwagers (Friedrich Wilhelms IV.) und später ihres Gemahls. Ihr Einfluß wechselte, und zwar so, daß derselbe bis auf die letzten Lebensjahre stets gegen die Minister ins Gewicht fiel. War die Regierungspolitik konservativ, so wurden die liberalen Personen und Bestrebungen in den häuslichen Kreisen der hohen Frau ausgezeichnet und gefördert.« Doch sei Augusta, wenn es darum ging, Bismarck zu opponieren, auch von ihren liberalen Überzeugungen abgewichen, und zwar in der Periode, während der Bismarck kurz nach der Reichsgründung das Bündnis mit den Liberalen gesucht und den Kulturkampf gegen die Katholiken eröffnet hatte.

Bismarck behauptet: »Ich hatte durch langjährige Gewohnheit allmählich ziemliche Sicherheit in der Beurteilung der Frage gewonnen, ob der Kaiser Anträgen, die mir logisch geboten erschienen, aus eigner Überzeugung oder im Interesse des Hausfriedens widerstand ... Wenn Se. Majestät nicht auf Grund eigener Überzeugung, sondern weiblicher Bearbeitung widerstand, so konnte ich dies daran erkennen, daß seine Argumente unsachlich und unlogisch waren. Dann endete eine solche Erörterung, wenn ein Gegenargument nicht mehr zu finden war, wohl mit der Wendung: ›Ei der Tausend, da muß ich doch sehr bitten.‹ Ich wußte dann, daß ich nicht den Kaiser, sondern die Gemahlin mir gegenüber gehabt hatte.«[10]

5. Religion und Toleranz

Wer fast nichts von Friedrich dem Großen weiß, wird am ehesten sein berühmtes Marginal kennen, wonach in Preußen jeder nach seiner Façon selig werden müsse. So erscheint das Land der Hohenzollern als Musterstaat der Toleranz. Dabei geht die diachrone Perspektive leicht verloren. Es wird angenommen, Brandenburg-Preußen sei immer und zu allen Zeiten der Religion gegenüber mehr oder minder indifferent gewesen. Man übersieht die religiöse Substanz in der preußischen Geschichte und schätzt ihren Einfluß gering.

Nichts ist weniger zutreffend. Friedrich ist der einzige Freigeist in der Reihe der Hohenzollernkurfürsten und -könige gewesen. Alle anderen Herrscher haben teilweise heftig mit religiösen Skrupeln gekämpft. Wohl erscheint Toleranz aus Gründen, die gleich zu besprechen sein werden, als eine naheliegende Form brandenburgisch-preußischer Staatsräson, und wo immer heute das preußische Erbe beschworen wird, appelliert man aus volkspädagogischen Gründen an die Überlieferung der Toleranz. Dennoch haben persönliche Leidenschaften bis zuletzt auch Hohenzollernfürsten dazu getrieben, dieser Räson massiv zuwiderzuhandeln.

Preußische Identität wird in mehrfacher Weise durch die Reformation begründet. In der Reformation legt sich das Land auf das Luthertum fest. Lutherische Theologie und Lehre von der Obrigkeit werden verbindlich für die Erziehung des Volkes während der nächsten Jahrhunderte. Die Reformation ermöglicht die Umgestaltung des preußischen Ordensstaates in ein weltliches Herzogtum, in dem nunmehr die männliche Erbfolge gilt. Es ist dieser Erbgang, der es möglich macht, daß das Herzogtum Preußen 1618 dem Kurfürsten von Brandenburg zufällt. Aus der Reformation bezieht aber auch das Herrscherhaus die Werte, die sein Herrscherideal bestimmen.

Der Übergang zum Protestantismus ist freilich behutsam erfolgt. Kurfürst Joachim II., der den Beinamen »Hektor« verliehen bekam, ist als Kind bereits Martin Luther begegnet. Er hat sich lange um die Vermittlung zwischen den Religionsparteien bemüht. Erst vier Jahre

Nach den siegreich beendeten napoleonischen Kriegen suchte Berlin der Dürftigkeit der protestantischen Hauptkirche von Preußens Residenz abzuhelfen. Karl Friedrich Schinkel gab ihr 1817-1822 durch klassizistische Elemente ein wenig mehr Ansehnlichkeit, aber noch immer nimmt sich die Kirche neben dem gewaltigen hochbarocken Stadtschloß Andreas Schlüters ländlich aus. Im 19. Jahrhundert wurde der Bau eines wirklichen Doms für notwendig erachtet, für den unter Friedrich Wilhelm IV. immer neue Entwürfe gezeichnet wurden, auch vom König selber. Aber erst 1894-1905 wurde der Prunkbau vom Lieblingsarchitekten Wilhelms II., Julius Carl Raschdorff, im imperialen Stil der Jahrhundertwende errichtet. Nach den Zerstörungen im Zweiten Weltkrieg wurde der Dom wiederaufgebaut.

Hans Herrmann

nach seinem Regierungsantritt hat er sich zu dem Neuen bekannt, indem er am 1. November 1539 zum ersten Mal das Abendmahl in beiderlei Gestalt nahm. Seine vermittelnden Bemühungen hat er nicht eingestellt; Joachim Hektor vermochte es, 1540 eine brandenburgische Kirchenordnung ausarbeiten zu lassen, die sowohl die Zustimmung seiner Landstände als auch Martin Luthers und Kaiser Karls V. fand. Kirchenschmuck, Gottesdienst, Zeremonien behielten noch jahrzehntelang ihr katholisches Gepräge.

Kurfürst Johann Georg setzte zwar 1572 eine strenge Festlegung der Geistlichkeit seines Landes auf die Augsburgische Konfession und den lutherischen Katechismus durch. Wer sich nicht zu diesen Artikeln bekennen wollte, dem drohte nunmehr die Amtsentsetzung. Andererseits hat Johann Georg es gleich den anderen lutherischen Fürsten des Deutschen Reichs abgelehnt, sich in die Kämpfe der niederländischen und französischen Calvinisten gegen deren dortige Obrigkeit hineinziehen zu lassen. Für die Idee, ein Bündnis der europäischen Protestanten gegen spanische Weltherrschaftsansprüche herbeizuführen, war die Zeit noch nicht reif. Eine derartige konfessionell verbrämte Gleichgewichtspolitik entzog sich noch dem Vorstellungsvermögen deutscher Reichsfürsten. Dem stand auch die Loyalität im Weg, die man den Habsburgerkaisern entgegenbrachte, und schließlich war auch der theologische Gegensatz zum Calvinismus zu groß. Das Beharren der Calvinisten auf dem Widerstandsrecht machte sie dem Obrigkeitsdenken der Lutheraner verdächtig.

Eine Annäherung der Brandenburger Kurfürsten an den Calvinismus ergab sich erst, als die Möglichkeit näher rückte, die umfangreiche Erbschaft in den Herzogtümern von Jülich, Kleve und Berg mitsamt den Grafschaften Mark und Ravensberg anzutreten. Um sich in diesem Erbfolgestreit durchzusetzen, konnte der Beistand der den strittigen Gebieten benachbarten calvinistischen Niederlande von Nutzen sein. Dennoch sei, so betonten lange Zeit die Historiker, der Übertritt des Kurfürsten Johann Sigismund zum reformierten Glaubensbekenntnis, den dieser 1613 vollzog, eine innere Überzeugungssache gewesen.

Zu diesem Zeitpunkt, 1613, konnte keine Rede mehr davon sein, daß der Landesherr noch einmal seine Untertanen in dem Glaubenswechsel mitnahm, wie das zum Beispiel in Nordeuropa zu Luthers Lebzeiten geschehen war. Die ursprünglich von Joachim Hektor

Es gelang den Hohenzollern, Albrecht, den einzigen Bruder des Kurfürsten Joachim I. Nestor, 1513 zunächst zum Erzbischof von Magdeburg und Administrator von Halberstadt wählen zu lassen, bevor Albrecht ein Jahr später zusätzlich den Mainzer Erzbischofssitz erlangte. Zuletzt wurde er Kardinal. Das langfristige Ziel der Hohenzollern, Halberstadt und Magdeburg ihrem dynastischen Besitz einzuverleiben, erfüllte sich 1648 bzw. 1680.

ganz im Einvernehmen mit den Ständen herbeigeführte Bekehrung Brandenburgs zum Luthertum blieb deswegen unangetastet. Vielmehr blieb der Bekenntnisschritt von 1613 eine persönliche Angelegenheit des Kurfürsten, die allerdings für seine Nachkommen Verbindlichkeit erlangte.

Fortan sollte also das Fürstenhaus ein anderes Glaubensbekenntnis haben als das Land. Dazu hat es im Lauf der Zeit Parallelen gegeben. Es sei nur daran erinnert, daß in dem Stammland der Reformation, dem Kurfürstentum Sachsen, der Landesherr eines Tages katholisch geworden ist, um zum König von Polen gewählt werden zu können. Auch dies hat den lutherischen Charakter Sachsens nicht verändert.

Selbstverständlich konnte es aber nicht ausbleiben, daß die brandenburgischen Kurfürsten fortan den Calvinismus in ihrem Land stark protegiert haben. Sie mußten sich dennoch damit abfinden, daß sie lange Zeit nur die Macht besaßen, lediglich die Universität von Frankfurt an der Oder, die Fürstenschule zu Joachimsthal und den Geheimen Rat sowie Stellen für Hofprediger mit Reformierten zu besetzen. Nicht einmal in den Kirchengemeinden außerhalb der Residenzen, in denen sie das Patronatsrecht besaßen, konnten sie den lutherischen Gemeinden reformierte Prediger präsentieren.

Die ostpreußischen Stände betrachteten es als ihr Privileg, daß in ihrem Land neben dem – durch Verträge mit Polen geschützten – Katholizismus nur die lutherische Religion öffentlich ausgeübt werden konnte. Bei diesem Privileg mußten die Landesherren sie belassen, und der Große Kurfürst Friedrich Wilhelm stieß auf geharnischten Protest, als er seinem Vater Georg Wilhelm 1642 in Königsberg eine reformierte Leichenpredigt halten lassen wollte. Der reformierte Geistliche durfte die Kanzel nicht betreten.

Die Divergenz im Glaubensbekenntnis bei einer zumindest in der Hauptstadt Berlin starken Präsenz der reformierten Richtung hat jedoch sehr früh Bestrebungen zum Ausgleich zwischen den beiden evangelischen Bekenntnissen ausgelöst. In diesem Bemühen, nämlich wenigstens die Unterschiede innerhalb des Protestantismus einzuebnen, sind schließlich die Hohenzollern tatsächlich in Deutschland vorangegangen.

Der Schritt, den der Große Kurfürst in dieser Richtung unternahm, war zunächst nur defensiv. Er verbot in einem Edikt vom Juni 1662 zunächst den Lutheranern, gegen die Reformierten zu agitieren und diese zu verketzern. Diese zunächst als reine Schutzmaßnahme für eine Gruppe angelegte Aktion konnte eine allgemeingültige Begründung gut gebrauchen. So gelangte der Große Kurfürst zu einer grundsätzlichen, auf naturrechtliche Prinzipien gestützten Politik zur Wahrung des Kirchenfriedens. Das von ihm außerdem eingeleitete Religionsgespräch zwischen Reformierten und Lutheranern war ein Mißerfolg.

Die Zuwanderung von rund 20 000 französischen Glaubensflüchtlingen, die im Gefolge des 1685 durch den Großen Kurfürsten erlassenen »Edikts von Potsdam« in Brandenburg-Preußen ihre neue Heimstatt suchten, bedeutete nicht allein eine Stärkung des calvinistischen Elements, sondern »brachte faktisch eine weitere Religions-

Kurfürst Joachim II. (1505-1571), hier als Fünfzehnjähriger in ritterlichem Aufzug gemalt, erhielt von den Humanisten wegen seiner Teilnahme an einem Feldzug gegen die Türken den Beinamen »Hektor«. In religiösen Fragen war er, solange es ging, auf Vermittlung aus.

1869 besuchte Kronprinz Friedrich Wilhelm, der spätere Kaiser Friedrich III., den Nahen Osten. Bevor er zur Eröffnung des Suezkanals weiterreiste, besichtigte er zunächst Jerusalem. In feierlichem Aufzug wurde er durch die deutschen Einwohner der Stadt, den evangelischen Pfarrer, den deutschen Generalkonsul und den Pascha von Jerusalem eingeholt. Gemälde von Wilhelm Gentz.

gemeinschaft zu den bestehenden«[1]. Unter den französischen Hugenotten war der Wunsch nach Duldsamkeit samt einer Neigung zu aufgeklärtem Denken weiter entwickelt als bei den deutschen Calvinisten, die vor allem in den rheinischen Besitzungen der Hohenzollern anzutreffen waren. Zu den Privilegien, die den Refugiés zugesichert wurden, gehörte das Recht, neue eigene Kirchengemeinden mit eigenen Predigern zu bilden. So erklärt es sich, daß Friedrich der Große am Gendarmenmarkt zu Berlin neben einem Deutschen einen »Französischen Dom« bauen ließ.

Bald bildeten die Hugenotten eine geistige Elite im Land. Die französische Kolonie, die aus dem französischsprachigen Fürstentum Neuchâtel immer wieder aufgefrischt wurde, stellte Pionier-Unternehmer ebenso, wie sie Nachwuchs für das Offizierkorps, den diplomatischen Dienst oder die 1700 gegründete Akademie der Wissenschaften geliefert hat. Der reformierte Prediger Johann Peter Friedrich Ancillon stieg zuerst zum Prinzenerzieher am Hof Friedrich Wilhelms III., dann zum Berater des Königs und schließlich zu dessen Außenminister auf.

Auf den Spuren der verfolgten Hugenotten kamen 1732 die Salzburger. Der dortige Erzbischof hatte in einem Anfall von unzeitgemäßem Religionshaß seine evangelischen Untertanen des Landes verwiesen. Asyl bot Preußen den Verfolgten auch späterhin, wobei eine überraschende Vertauschung der Fronten möglich wurde. Als im 18. Jahrhundert die katholischen Regierungen in Europa bemüht waren, die Unterordnung der Kirche unter den Staat durchzusetzen, und damit den Absolutismus, aufgeklärt oder nicht, auf ihren Höhepunkt führten, betrachteten sie den Jesuitenorden mit seinen die Staatsgrenzen übergreifenden Verbindungen als ein Haupthindernis.

Infolgedessen wurden die Jesuiten fast überall unterdrückt. Nachdem sogar Papst Clemens XIV. 1773 eine Bulle herausgegeben hatte, in der die Aufhebung des Jesuitenordens verfügt wurde, weigerte sich aber niemand anders als König Friedrich II. von Preußen, diese Aufhebungsbulle publizieren zu lassen. Der König teilte zwar die Verachtung, die die europäischen Aufklärer allgemein für den Orden empfanden, doch glaubte er hier, ein praktisches Beispiel für die Enthaltsamkeit eines Staatsoberhaupts in Glaubensfragen geben zu können. Überdies bedurfte er der Jesuiten für den Unterhalt des höheren Schulwesens. Friedrich hat die Bekanntmachung der Aufhebungsbulle erst nachgeholt, nachdem sichergestellt war, daß die ehemaligen Jesuiten als Weltpriester im Land blieben und die Schulen weiter betrieben wurden.

Noch einmal kam es zur kompletten Ansiedlung einer größeren Anzahl von Glaubensflüchtlingen, als zu Beginn des 19. Jahrhunderts der Landtag von Tirol forderte, der Kaiser von Österreich müsse gegen die Protestanten in Tirol vorgehen. Es war Metternich, der diesmal die Aufnahme der Evangelischen aus dem Zillertal im Preußen Friedrich Wilhelms III. vermittelte. So mühte sich ein spätabsolutistischer Minister, die Folgen einer Maßnahme zu lindern, die auf Forderungen von Ständevertretern zurückging und die überdies im Widerspruch zur Deutschen Bundesakte stand.

Schon mit dem Anfall des Herzogtums Preußen hat die Hohenzollernmonarchie einige katholische Untertanen bekommen, deren Rechte sich Polen in den Verträgen, die der Belehnung der Brandenburger mit dem Herzogtum Preußen vorausgegangen waren, hatte zusichern lassen. Als Friedrich II. sich in der ersten polnischen Teilung 1772 das Bistum Ermland aneignete, stieg die Zahl der Katholiken in der Monarchie sprunghaft an. Die Stelle des Fürstbischofs von Ermland künftig mit Abkömmlingen des katholisch gebliebenen Hauses Hohenzollern-Sigmaringen zu besetzen, bot sich an, und man hat davon auch Gebrauch gemacht.

In Schlesien war die konfessionelle Lage gemischt; während der Habsburger Herrschaft hatten die Protestanten unter der Gegenreformation schwer zu leiden gehabt. Sie waren nicht wenig enttäuscht, als sie feststellen mußten, daß Friedrich nach der Eroberung Schlesiens Wichtigeres zu tun hatte, als den Evangelischen ihre Kirchen zurückzugeben.

Eine dauerhafte und folgenschwere Veränderung der konfessionellen Balance in Preußen ergab sich erst 1815 durch die neue Grenzziehung des Wiener Kongresses, die den König von Preußen zum Landesherrn über Millionen katholischer Rheinländer und Westfalen machte. Von jetzt an konnte das Staatswesen ehrlicherweise nicht als evangelischer Staat mit katholischen Minderheiten, sondern mußte insgesamt als gemischtkonfessionelles Gebilde angesehen werden.

Im Berliner Ministerium der geistlichen, Unterrichts- und Medizinalangelegenheiten, vereinfacht Kultusministerium genannt, war man darauf gefaßt. Das Ministerium besaß ab 1808 einen katholischen Geheimrat, und mit dem Heiligen Stuhl wurden Vereinbarun-

ten die zwei wichtigsten Journale der Berliner Aufklärung ihren Erscheinungsort ins Ausland.

Der Höhepunkt der kirchlichen Reaktion war erreicht, als Friedrich Wilhelm II. dem Woellner auftrug, auch gegen renitente Professoren vorzugehen. Mit »Kantens schädlichen Schriften«, so schrieb er im März 1794, noch in den Krieg gegen die Französische Revolution verstrickt, an seinen Minister, »muß es auch nicht länger fortgehen ... Diesem Unwesen muß absolut gesteuert werden, eher werden wir nicht wieder gute Freunde.«

Daraufhin erhielt der Philosoph durch Woellner ein Reskript, das als Musterstück verflossener obrigkeitlicher Anmaßung zitiert zu werden verdient: »Unsere höchste Person hat schon seit geraumer Zeit mit großem Mißfallen ersehen, wie Ihr Eure Philosophie zu Entstellung und Herabwürdigung mancher Haupt- und Grundlehren der Heiligen Schrift und des Christentums mißbraucht, wie Ihr dieses namentlich in Eurem Buche: ›Religion innerhalb der Grenzen der bloßen Vernunft‹, desgleichen in anderen kleinen Abhandlungen getan habt. Wir haben Uns zu Euch eines Besseren versehen, da Ihr selbst einsehen müßt, wie unverantwortlich Ihr dadurch gegen Eure Pflicht als Lehrer der Jugend und gegen Unsere Euch sehr wohlbekannten landesväterlichen Absichten handelt. Wir verlangen des ehesten Eure gewissenhafte Verantwortung und gewärtigen Uns von Euch, bei Vermeidung Unserer höchsten Ungnade, daß Ihr Euch künftighin nichts dergleichen werdet zu Schulden kommen lassen, sondern vielmehr, Eurer Pflicht gemäß, Euer Ansehen und Eure Talente dazu anwenden, daß Unsere landesväterliche Intention je mehr und mehr erreicht werde; widrigenfalls Ihr Euch bei fortgesetzter Renitenz unfehlbar unangenehmer Verfügungen zu gewärtigen habt. Sind Euch mit Gnaden gewogen.«

Friedrich Wilhelm II. hatte die Bekämpfung der Aufklärung zu seiner eigenen Sache gemacht. Mithin schien es nur plausibel, daß die Ära der religiösen Bigotterie mit seinem Tod ein Ende haben würde. In der Tat hat es zunächst so ausgesehen, und Friedrich Wilhelm III., der neue König, hat Woellner und seine Gewissensschnüffler kurz und entschieden ohne Pension entlassen. Das Religionsedikt fiel der Vergessenheit anheim.

Als der Philosoph Johann Gottlieb Fichte den Ansatz Kants fortführte und von ernst zu nehmenden Leuten des Atheismus bezichtigt wurde, soll Friedrich Wilhelm III. gesagt haben: »Ist es wahr, daß er mit dem lieben Gotte in Feindseligkeiten begriffen ist, so mag dies der liebe Gott mit ihm abmachen; mir tut das nichts.«

Friedrich Wilhelm III. war von seiner eigenen Toleranz tief überzeugt. Doch in Wahrheit zeigten sich auch bei ihm Züge des Eiferers. Sie äußerten sich zunächst darin, daß der König ohne Not das heiße Eisen der Mischehenfrage angriff, in der sich der Staat seit Jahrzehnten mit kompromißbereiten katholischen Bischöfen augenzwinkernd verständigt hatte. 1803 erließ Friedrich Wilhelm III. eine Deklaration, die verlangte, daß die Kinder gemischter Ehen immer in der Religion des Vaters erzogen werden sollten.

Der Konflikt brach aus, als in der katholischen Kirche eine neue Generation von Geistlichen Einfluß erlangte, die nicht mehr, wie häufig in der Adelsgesellschaft des Ancien régime, aus Gründen der materiellen Versorgung den geistlichen Beruf gewählt hatten, sondern die, der Herausforderung durch die Aufklärung und die Philosophie des deutschen Idealismus trotzend, den katholischen Glauben zu einer Herzenssache gemacht hatte.

Diese Geistlichen waren nicht mehr bereit, auf den berüchtigten Revers zu verzichten, mit dem Eltern vor dem Eingehen einer gemischten Ehe sich verpflichten sollten, die Kinder sämtlich katholisch zu erziehen. Und Friedrich Wilhelm III. seinerseits erblickte in diesem Revers eine Herausforderung seiner monarchischen Autorität. Schließlich ließ Friedrich Wilhelm III. den Erzbischof von Köln, Clemens August Freiherr von Droste zu Vischering, am 20. November 1837 aus seinem Palais abholen und in der Festung Minden internieren.

Der König hatte zuvor persönlich darauf geachtet, daß die Stadt Köln durch Detachements preußischer Infanterie abgesperrt wurde, die möglichst evangelischen Glaubens waren. Die »Kölner Wirren« haben sich schließlich zu einer tiefen Auseinandersetzung mit dem Papst und der römischen Kirche ausgeweitet, an deren Ende auch der Erzbischof von Gnesen und Posen inhaftiert wurde. Wieder wurde der Konflikt erst mit dem Regierungswechsel gelöst: Friedrich Wilhelm IV. fand Wege der Versöhnung mit den Katholiken.

Das Fatale an Friedrich Wilhelms Vorgehen gegen den konfessionellen Starrsinn der katholischen Bischöfe war, daß er selbst sich nicht minder starrsinnig verhielt. So gab er nicht eher Ruhe, bis seine morganatische Gemahlin, die Fürstin Liegnitz, und seine Schwiegertochter Elisabeth von Bayern, Gemahlin Friedrich Wilhelms IV., vom katholischen zum evangelischen Glauben übergetreten waren. Mit Starrsinn versuchte er auch ab 1817 die Verschmelzung des lutherischen und reformierten Bekenntnisses zu einer Evangelischen Kirche der Union durchzusetzen, mit dem Resultat, daß eine komplette Dorfgemeinde von Lutheranern aus Schlesien sich verweigerte und nun, gleich den Salzburgern und Tirolern, die nach Preußen gekommen waren, ihrerseits die Heimat verließ, um in Übersee ungestört ihr »altlutheranisches« Bekenntnis beibehalten zu können.

Sein Sohn, Prinz Wilhelm, hielt die ganze staatskirchliche Anschauung Friedrich Wilhelms III. für verfehlt. Mit Bezug auf die Einwände, die der Vater gegen die Verbindung des Kronprinzen mit Elisabeth von Bayern erhob, schrieb er 1823 bekümmert an seine Schwester Charlotte: »Preußen hat stets ein so hohes Beispiel der Toleranz gegeben unter allen Regierungen. Und nun in dem aufgeklärten 19. Jahrhundert, wo fast die Hälfte unserer Untertanen katholisch ist, sollen 2 Herzen getrennt werden aus Intoleranz, und weil das Herkommen und durchaus kein Familiengesetz dagegen ist. Welchen Eindruck soll dies auf jenen Teil der Untertanen machen? die noch dazu 〈die Rheinländer, T. S.-K.〉 größtenteils neu erworben sind. Die Ansicht, welche man jetzt oft hört: Preußen sei das Haupt der evangelischen Kirche, kann ich nicht passieren lassen. Unser Haus und Staat sind mit die größten unter den evangelischen Fürsten und Reichen, aber dies ist zufällig.«

Damit nicht genug. »Ein solches Haupt ist ganz gegen alle evangelischen Kirchengrundsätze. Es kann also weder ein eigentümliches Individuum noch der Monarch eines zufällig großen Staates, dessen Regentenhaus sich zu der evangelischen Kirche bekennt, sich den Schein oder gar die Wirklichkeit eines solchen Oberhaupts beilegen wollen.«[2]

Wilhelm ahnte nicht, daß der Höhepunkt des religiösen Sendungsbewußtseins der preußischen Monarchie erst noch bevorstand, unter der Regierung seines Bruders nämlich.

Friedrich Wilhelm IV. verfügte über einen mystischen Erwähltheitsglauben, dem er tatsächlich die Ansicht entnahm, es gebe Dinge, die er erst wissen könne, nachdem er König geworden sei. Dieser Mystizismus, den sein Großneffe, Wilhelm II., fortgebildet hat, mutet naiv an. Ihm hinzu gesellt sich aber ein ausgefeiltes Programm der Begründung des Königtums in staatsrechtlicher, theologischer, vor allem aber bildnerischer Art, das man erst in letzter Zeit zu lesen gelernt hat. Friedrich Wilhelms IV. an frühchristlichen und byzantinischen Vorbildern geschulte Architektur läßt sich auch als Verweis auf den Cäsaropapismus des spätrömischen Reiches deuten. Projekte wie jenes, zur Mitte des 19. Jahrhunderts die Begründung eines evangelischen Bistums von Jerusalem ins Auge zu fassen, verlieren in diesem Kontext ihre Verschrobenheit.

Die Neigung seines Bruders zur Exaltation ging dem nüchternen Wilhelm I. gänzlich ab, der in vieler Hinsicht wie eine Wiederholung seines Vaters, des Königs Friedrich Wilhelm III., anmutet. Doch war Wilhelm fromm oder zumindest zu einem bestimmten Zeitpunkt seines Lebens fromm geworden. Er berührte sich darin in sonderbarer Weise mit seinem Ministerpräsidenten Otto von Bismarck, der gleich ihm in dem historischen Zeitabschnitt, den man die Ära der Erweckungsbewegung nennt, geprägt wurde.

Anders als der geradlinige König verfügte jedoch Bismarck, der nach seinen eigenen Worten das Gymnasium als Pantheist verlassen hatte, über die Fähigkeit, auf zwei Schultern zu tragen. Bismarck konnte sich als erweckter Pietist fühlen und behaupten, er habe seine großen politischen Entscheidungen mit seinem Gott abgemacht, und sich gleichzeitig des Instrumentariums der aufklärerischen Religionskritik bedienen. In dem folgenden Dialog ist schwer auszumachen, wo der eigentliche Bismarck steht:

Bismarck: »Was denken Ew. Königliche Hoheit ‹Wilhelm war zu diesem Zeitpunkt, 1853, noch Prinz von Preußen› sich unter einem Pietisten ?«

Wilhelm: »Einen Menschen, der in der Religion heuchelt, um Karriere zu machen.«

Bismarck: »(...) Im heutigen Sprachgebrauch versteht man unter einem Pietisten etwas andres, nämlich einen Menschen, der orthodox an die christliche Offenbarung glaubt und aus seinem Glauben kein Geheimnis macht; und deren gibt es viele, die mit dem Staate gar nichts zu tun haben und an Karriere nicht denken.«

Wilhelm: »Was verstehen Sie unter orthodox?«

Bismarck: »Beispielsweise jemanden, der ernstlich daran glaubt, daß Jesus Gottes Sohn und für uns gestorben ist als ein Opfer, zur Vergebung unsrer Sünden. Ich kann es im Augenblick nicht präziser fassen, aber es ist das Wesentliche der Glaubensverschiedenheit.«

Wilhelm, hoch errötend: »Wer ist denn so von Gott verlassen, daß er das nicht glaubt!«

Bismarck: »Wenn diese Äußerung öffentlich bekannt würde, so würden Ew. Königliche Hoheit selbst zu den Pietisten gezählt werden.«[3]

Aus Berechnung brach Bismarck nach der Reichsgründung den Kulturkampf gegen den Katholizismus im Reich vom Zaun, den er betrieb, um die Mehrheit des Volkes desto sicherer gegen die »Reichsfeinde« zusammenschließen zu können und so die Integration des neuen Reichs voranzutreiben. Der Kulturkampf hatte zum Ergebnis, daß vierzig Jahre nach den Kölner Wirren erneut katholische Bischöfe verhaftet wurden.

Bismarck hatte dabei den Beifall der Liberalen, die, anstatt eine Verfolgung aus Gewissensgründen zu beklagen, in seinem Vorgehen einen notwendigen Kampf gegen die Versuche Roms erblickten, den Fortschritt des menschlichen Geistes zu behindern. Wilhelm ist ihm bei diesem Manöver nicht in den Arm gefallen. Widerstand ging lediglich von der Kaiserin Augusta aus, die sich, wie Bismarck behauptete, traditionell als Schutzpatronin der Katholiken betätigte, weil sie in den Katholiken eine schutzbedürftige Minderheit sah.

Der Kulturkampf endete mit einem Remis. Fortan bezog Bismarck die katholische Zentrumspartei bei seiner Suche nach parlamentarischen Mehrheiten mit ein. Im Haus Hohenzollern aber nahm man eine neue Kategorie von Feinden aufs Korn, die Arbeiterbewegung.

Im konservativen Lager der deutschen Politik hatte man eingesehen, daß es mit den herkömmlichen Losungen unmöglich war, die Arbeiter noch von ihren sozialistischen Führern fortzulocken. Daß zwischen dem ostdeutschen Landarbeiter und seinem junkerlichen Arbeitgeber eine tiefe Kluft bestand, war jedem klar. Besorgniserregend erschienen aber besonders die Verhältnisse in den Großstädten, wo die evangelische Kirche auf einen bürgerlichen Bildungszirkel geschrumpft war.

Das Christentum, allgemein als wichtigste Stütze der hergebrachten sozialen Ungleichheit betrachtet, hatte sich aus den Massen zurückgezogen. Folglich hatte die Suche nach massenwirksamen Forderungen begonnen. Der Berliner Hofprediger Adolf Stoecker ersann die »Christlich-Soziale Bewegung«, die von 1878 an versuchte, die Berliner Arbeiter den Sozialdemokraten abspenstig zu machen. Nachdem er damit gescheitert war, verlegte sich Stoecker darauf, unter dem »Mittelstand« der kleinen Leute zu agitieren. Er fand hier großen Anklang mit antikapitalistischen Ressentiments, die er zusehends antijüdisch einfärbte, dabei die Juden zu den Urhebern und Nutznießern der modernen Konzentrationstendenzen und des existenzvernichtenden Konkurrenzkampfes machend, die nun einmal zu den unerfreulichen Begleiterscheinungen des Durchbruchs zur Hochindustrialisierung gehörten.

Je mehr Beifall Stoecker damit fand, desto mehr rückte er die Judenfeindschaft in den Mittelpunkt. Der radauhafte Charakter der seit 1878 auch anderswo um sich greifenden Antisemitenbewegung schreckte zunächst den Hof, Kaiser Wilhelm I. selbst wie auch den Thronfolger Friedrich Wilhelm, den späteren Friedrich III., aber auch den an sich wenig zimperlichen Bismarck, von Stoecker zurück. Einer jedoch fand Gefallen an diesem Lärm, nämlich der Kaiserenkel, der künftige Wilhelm II.

Als der alte Kaiser 1885 bemüht war, Stoecker als Hofprediger loszuwerden, weil sein Treiben das Ansehen der Krone belastete, war es Wilhelm, der an seinen Großvater schrieb: »Stöcker – trotz aller seiner Fehler – ist die mächtigste Stütze, ist der tapferste, rücksichtsloseste Kämpfer für Deine Monarchie und Deinen Thron im Volk! ... 60 000 Arbeiter hat er allein persönlich den jüdischen Fortschrittlern und Socialdemokraten für Dich und Deine Macht abgerungen! ... O lieber Großpapa, es ist empörend wenn man beobachtet wie in unserem christlichen, deutschen, gut preußischen Lande das Judenthum in der schamlosesten, frechsten Weise sich erkühnt, alles verdrehend und corrumpirend sich an solche Männer heran zu wagen und sie zu stürzen sucht.«[4] Der Brief des Prinzen hatte Erfolg, Stoecker brauchte nicht den Abschied zu nehmen. Wilhelm II. setzte weiter auf Stoecker, was mit zu dem Zündstoff gehörte, der sich in Bismarcks Entlassung entlud.

Nach seinem Sturz 1918 hat sich Wilhelm II. in die wüstesten antisemitischen Spekulationen vertieft. Mußten es nicht die Juden gewesen sein, die von der Heimat aus den Dolchstoß gegen die kämpfende Front des Weltkriegsheeres geführt hatten? So erklärte Wilhelm am 6. Juni 1926 in der Predigt, die er für seine tägliche Hausandacht im Exil von Doorn hielt: »Während unter Mir, meinen Generalen und Offizieren, das tapfere Frontheer die Siege erfocht, verlor das Volk zu Haus, von Juden und Entente belogen, bestochen, verhetzt, mit seinen unfähigen Staatsmännern den Krieg.«[5]

Die Konsequenz aus dieser Deutung der Ereignisse hatte Wilhelm schon am 2. Dezember 1919 formuliert. Sie lautete: »Kein Deutscher vergesse das je, und ruhe nicht, bis nicht diese Schmarotzer [d.h. der »Stamm Juda«] vom Deutschen Boden vertilgt und ausgerottet sind! Dieser Giftpilz am Deutschen Eichbaum!«[6]

Die Geschichte des Verhältnisses der Hohenzollern zu den Juden ist insgesamt kein Ruhmesblatt. Wie in den meisten deutschen Territorien der frühen Neuzeit, hatte es auch in Brandenburg den jüdischen Hoffaktor gegeben, der jene Geschäfte, vor allem mit Edelmetallen, ausführte, die den Fürsten zu heikel oder zu schmutzig waren und zu denen man internationale Verbindungen benötigte. Weckten die Machenschaften Empörung, konnte man den Juden leicht opfern. Der jüdische Leibarzt und Münzmeister des Kurfürsten Joachim Hektor, Lippold, war 1572 unter dem Nachfolger, Kurfürst Johann Georg, beschuldigt worden, den alten Kurfürsten vergiftet und Zauberei getrieben zu haben. Auf der Folter gestand Lippold die unsinnigsten Dinge und wurde hingerichtet. Die einheimischen Kaufleute aber drängten Johann Georg, die Juden, die bisher unter einem Schutzbrief in Brandenburg gelebt hatten, des Landes zu verweisen.

Erst hundert Jahre später hat der Große Kurfürst wieder die Ansiedlung von Juden in der Mark gestattet. Es handelte sich zunächst um fünfzig aus Wien und Niederösterreich vertriebene Familien. Von da an nahm die Zahl der jüdischen Familien trotz mancherlei Schikanen beständig zu. Friedrich der Große bediente sich des Hofjuden Ephraim zur Durchführung seiner umfangreichen Münzverschlechterungen, mit denen er den Siebenjährigen Krieg finanzierte. Die Emanzipation der Juden aber, ihre rechtliche Gleichstellung als Staatsbürger mit den übrigen Landeseinwohnern, die 1812 begonnen und 1869 vollendet worden ist, war das Werk der preußischen Bürokratie, ein Teil des Umbaus von der ständischen zur bürgerlichen Gesellschaft, der sich im 19. Jahrhundert als Revolution von oben vollzog.

Immerhin besserte sich die Stellung der Juden in der Hohenzollernmonarchie derart, daß das Land, von Osteuropa aus gesehen, für Juden eher anziehend wirken mußte. König Friedrich Wilhelm III. aber, dessen Unterschrift das Emanzipationsedikt trägt, bezeichnete die Juden privatim als eine »höllische Rasse«. Er verbot den Ungetauften unter ihnen, »christliche« Vornamen zu führen, und

Der Hofjude war in seiner Abhängigkeit ein willfähriges Werkzeug des Fürsten, der ihn nach Belieben dem Volkszorn preisgeben konnte. Den Juden dichtete man außerdem Zauberei, Giftmischerei oder Ritualmord an. Am 28. Januar 1573 wurde der Hofjude Lippold auf dem Neuen Markt in Berlin hingerichtet, weil man einen Verantwortlichen für die hohe Schuldenlast benötigte, die Kurfürst Joachim II. Hektor hinterlassen hatte.

verhinderte ihre Anstellung im Offizierkorps, in der Richter- und der höheren Verwaltungslaufbahn.

Auch Kaiser Wilhelm I. wurde von dem wohlinformierten Geheimrat Friedrich von Holstein als »starker Antisemit« eingeschätzt. Wen wundert es, daß auch im Fall der Beziehungen zu den Juden es der spätere Friedrich III. war, der sich deutlich von seinem Vater einerseits und seinem Sohn andererseits abgegrenzt hat? Anfang 1880, nachdem die Stoeckersche Hetze in Fahrt gekommen war, besuchte Friedrich in voller Uniform den Gottesdienst in der Berliner Synagoge. Kurz darauf sagte er öffentlich, daß er die

Antisemitenbewegung als eine »Schmach für unsere Zeit« empfinde. Doch Friedrich III., der Freisinnige, und seine Gemahlin Victoria blieben auch in diesem Punkt Episode.

Was ist also so preußisch an der Toleranz? Es ist unzweifelhaft weniger das Haus der Hohenzollern, dem der Aufstieg der Toleranz in Deutschland zu verdanken ist. Es waren die Imperative der geschichtlichen Lage, die Brandenburg-Preußen seit dem Glaubenswechsel Johann Sigismunds 1613 in diese Richtung zwangen. Daß in unserem Bewußtsein Preußentum und Toleranz zusammengehören, verdankt sich aber der viele trübe Realitäten überstrahlenden Wirkung eines einzigen Genies – Friedrichs des Großen, der vor allem bemüht war, seiner eigenen, von keiner christlichen Konfession mehr gedeckten freigeistigen Weltanschauung Luft zu verschaffen, der aber auch geschrieben hat: »Alle Religionen sindt gleich und guth, wan nuhr die leute, so sie profesiren, Ehrliche leute seindt, und wen Türken und Heihden kämen und wollten das Land pöpliren, so wollen wir sie Mosqueen und Kirchen bauen.«

6. Staatsdienst und Staatsvernunft

Dem Calvinismus, also der Konfession des Kurfürsten Johann Sigismund und seiner Nachfolger, hat der bedeutende Preußenhistoriker Otto Hintze die Funktion zugesprochen, auch als Transporteur der modernen Staatsräson nach Brandenburg-Preußen gewirkt zu haben. Hintze, der gleich dem heute berühmteren Max Weber ein großer Kenner sowohl geistiger als auch sozialgeschichtlicher Bewegungen war, hatte, ähnlich wie Weber, daran erinnert, daß der Calvinismus ein starker Beförderer einer methodischen Durchdringung der Lebensführung, einer Unterwerfung unter die Vernunft war. Das begünstigte im Lauf der Zeit eine Steigerung der Effizienz, eine vollständigere Ausnutzung von Ressourcen, die Bekämpfung der Verschwendung und vor allem eine planvolle Bewirtschaftung der Zeit.

Der Gott der Calvinisten war ein verborgener Gott, der den einzelnen über seine Intentionen im unklaren ließ. Verbannt war aus der Religion jegliche Magie, mit der sich die Menschen bisher Gewalt über die Natur, Einfluß auf die Götter oder auf die Zeitumstände zu verschaffen gesucht hatten. Schutzlos blieb der einzelne seinen Zweifeln ausgeliefert: Wie wird mein Schicksal sein, in dieser Welt und in jener? Werde ich glücklich, erfolgreich und gesegnet sein, werde ich zum Kreis der Erlösten zählen? Der nimmermüde Zweifel trieb die Menschen zu rastloser Aktivität, zumindest das zu tun, was in ihren Kräften stand, um Gefahr, Armut und Not sowie die allgegenwärtige Bedrohung durch die Sünde abzuwehren. Rastlose Arbeit wurde – in der Formulierung Max Webers – »das geeignete Mittel zum Abreagieren der religiösen Angstaffekte«. Aus dieser Aktivität sei der Reichtum des Kapitalismus in Holland, der Schweiz, England und Amerika entstanden, lehrte Weber.

Aus dieser Rationalität aber sei, so hatte Otto Hintze gemeint, auch der Geist der preußischen Außenpolitik – die sich der *raison d'état* unterstellte – und des preußischen Beamtentums gewachsen. Die Schilderung der konfessionellen Entwicklung und der Widerstände, die sich der Einführung des Calvinismus in Brandenburg-Preußen entgegenstellten, hat andererseits gezeigt, daß der Einfluß dieses Bekenntnisses bald an seine Grenzen gestoßen ist.

Es sind daher weitere Elemente heranzuziehen, wenn es darum geht, zu definieren, was das spezifisch Preußische an Preußen dargestellt hat. Gerhard Oestreich, der sich den Forschungen Hintzes verpflichtet fühlte, hat darauf hingewiesen, daß parallel mit dem Calvinismus und gleichsam unter seinem Deckmantel eine weitere Lehre in Europa Ausbreitung fand, die gleichfalls der Rationalisierung, und diesmal besonders der Politik, Vorschub leistete, nämlich der Neustoizismus der späthumanistischen Bewegung. Sein Erfolg beruhte auf der von den Humanisten bewirkten besseren Zugänglichkeit der antiken Literatur, aus der seit dem 16. Jahrhundert, mit besonderer Vorliebe aber im 17., dem eigentlichen Barockzeitalter, jetzt Autoren der stoischen Philosophie wie Epiktet und Seneca und der Historiker Cornelius Tacitus gelesen wurden.

Tacitus hatte sich die unverblümte Schilderung der sittlichen Verkommenheit seiner eigenen Zeit zur Aufgabe gemacht. Aus seiner Lektüre konnte man lernen, was es bedeutet, in einer Zeit von Grausamkeit, List und Betrug – das heißt jederzeit – moralischen Anstand zu wahren. Man konnte aus Tacitus das Wissen über die realen Verhältnisse des Regierens und somit auch über die *arcana imperii*, die Kunstgriffe und Geheimnisse des erfolgreichen Herrschers, gewinnen. Die Lektüre von Tacitus hatte Theoretiker und Praktiker der Politik des 16. und 17. Jahrhunderts bis zum Kardinal Richelieu zur nüchternen Betrachtung der Wirklichkeit erzogen. Es war jene Nüchternheit, die langsam in Europa dem Gedanken Bahn brach, daß die konfessionellen Unterschiede, die in der Zeit der Glaubenskriege zu so viel Zerrüttung beigetragen hatten, hinter dem Überlebensinteresse der Staaten zurückgestellt werden durften.

Von Epiktet, Mark Aurel und Seneca getränkt waren die Texte des niederländischen Politikwissenschaftlers Justus Lipsius, der den Prinzen Moritz von Oranien und seine beiden Vettern, Graf Wilhelm Ludwig von Nassau-Dillenburg und Graf Johann VII. von Nassau-Siegen, ausgebildet hat. Lipsius stellte in den Mittelpunkt seiner Ausführungen ein Tugendideal, das er der Stoa entlehnt hatte: die *constantia*, die Beständigkeit in einer unsicheren oder gar stürmischen Zeit. Die *constantia* umfaßte Beharrlichkeit, Ausdauer, Geduld und vor allem Gehorsam. Dem stoischen Leitbild entsprechend hatte die

Vernunft, das eigentlich göttliche Vermögen des Menschen, über die Affekte zu regieren. Aus dieser Herrschaft der Vernunft aber leitete sich die Tugend der Selbstbeherrschung ab.

Zunächst eine Eigenschaft, die sich auf die Autonomie des vernünftigen einzelnen gründete, entartete die Selbstbeherrschung des Justus Lipsius im Lauf der Jahrhunderte zum bloßen Gehorsam, der sich den Befehlen der anderen fügt, zunächst noch, indem über deren Sinn und Unsinn räsoniert wird, zuletzt ohne jede kritische Befragung. So bahnt sich die Geschichte des qualvollen Verhältnisses von Vernunft und Gehorsam bei den Preußen an, denn die Ideen, die die Oranier von Justus Lipsius vermittelt bekamen, sind über die engen Bindungen des Großen Kurfürsten und Friedrich Wilhelms I. an Holland nach Brandenburg-Preußen gelangt. Schon 1849 aber war der Vernunftgedanke in Preußen derart gesunken, daß der Prinz von Preußen, Wilhelm, der spätere erste Kaiser, 1849 angesichts aufständischer Bewegungen im Westen des Königreichs, die die Bewahrung der 1849 verabschiedeten freiheitlichen Reichsverfassung zum Ziel hatten, schreiben konnte: »Die Empörung in einem der treusten Teile der Monarchie, der Grafschaft Mark in Westfalen, war eine recht schmerzliche Erfahrung. Dennoch habe ich keinen Moment gezweifelt, daß die *Vernunft* zurückkehren würde, mit oder ohne *Bajonette.*« Die Landwehr hatte gemeutert, jener Teil der Truppe, der noch einen gewissen volkstümlichen Milizcharakter an sich trug und dem Prinz Wilhelm immer mißtraut hatte. »Jetzt sind sie zur *Raison* zurückgekehrt, und strenge *Exekutionen* müssen die Kur vollenden.«[1] Es kann sehr lehrreich sein, die Sprache beim Wort zu nehmen. Vernunft als Synonym für Unterwerfung: In dem autokratisch-militärischen Kontext der preußischen Monarchie konnte der mit dem hohen Pathos der Selbstbestimmung angetretene deutsche Idealismus der Jahre um 1800 am besten als Affirmativideologie überleben.

Der Jesuitenzögling Justus Lipsius aber, der in der Kölner Schule dieses Ordens gelernt hatte, was gehorchen heißt, wurde der Urvater des »Kadavergehorsams« der preußisch-deutschen Armee. Denn, so hatte Ignatius von Loyola in den Konstitutionen seines Ordens (VI, 1,1) geschrieben: Die Mitglieder sollten sich von der göttlichen Vorsehung durch die Oberen tragen und leiten lassen, »*perinde ac si cadaver essent*«, als ob sie ein Leichnam seien, der sich überallhin tragen und auf jede Weise behandeln läßt.

Schon 1830 hatte Prinz Wilhelm dann von der Notwendigkeit

eines »blinden« Gehorsams geschrieben in einem Aktenstück, in dem es heißt, daß im Zeitalter der Revolutionen die Sicherheit der Throne allein auf den Armeen beruhen könne. »Je mehr ein wahrer militärischer Geist dieselben beseelt, je schwerer ist ihnen beizukommen. Die Disziplin, der *blinde Gehorsam* sind aber Dinge, die nur durch lange Gewohnheit erzeugt werden und Bestand haben.«[2]

Die Bedeutung dieser Gewohnheit hatte schon Lipsius durchschaut. Er war ein sehr praktischer Mann und interessierte sich weniger für die Frage, *wer* die Macht auszuüben hat, als vielmehr dafür, *wie* man sie ausübt. Im Zug der Wiederentdeckung der antiken Literatur bemühte er sich besonders um die Erschließung der antiken Militärschriftstellerei, aus der die Oranier während ihrer um 1600 durchgeführten »Heeresreform« das Prinzip des Drills, einzelne Elemente der Kommandosprache und vor allem das Prinzip der *Disziplin* entlehnt haben.

Auch die Disziplin läßt sich aus der *constantia* ableiten, sie läßt sich aber auch noch weiter zerlegen, und Lipsius führte das vor: in *Übung (exercitium)*, *Ordnung (ordo)*, *Zucht (coercitio)* und *Vorbilder (exempla)*.

Das viele Üben, bis heute ein Kennzeichen des militärischen Dienstes gerade in ruhigen Zeiten, diente um 1600 zunächst auch der Bekämpfung des Müßiggangs, in dem die rationalen Lebensgestalter verschiedener Couleur den Beginn aller Laster erblickten. Dem Laster, insbesondere dem Fluchen, Schwören, Saufen, Fressen und Huren, ergeben zu sein, betrachtete das Zeitalter des Lipsius als Kennzeichen der Söldnerarmeen, wie man sie allgemein hatte. Lipsius, die Oranier oder in ihrer Nachfolge Gustav Adolf von Schweden, sie alle arbeiteten an der Lösung der Aufgabe, aus einer *Soldateska* »anständige Soldaten« zu machen.

Dieser Aufgabe haben sich dann die preußischen Könige gleichermaßen unterzogen. Dabei stellte sich die Lösung im Fall des Offizierkorps als leichter heraus. Hier diente der Ehrbegriff als das entscheidende Disziplinierungsmittel. Die Gruppe, das Regiment, sollte über das ehrenhafte Verhalten der einzelnen Mitglieder wachen, soweit sie dem Offizierstand angehörten. So wurden die alten Mechanismen der genossenschaftlichen Selbstkontrolle des Adels zur Erziehung eines zentralstaatlichen Führerkorps verwendet. Doch fügte Friedrich Wilhelm I. weitere obrigkeitliche Instrumente hinzu, die das Bestehen einer dauerhaften Verwaltung und Aktenführung zur Voraussetzung hatten. Er ließ »Konduitenlisten« führen, hatte also bereits regelmäßige Beurteilungen durch die Vorgesetzten.

Für die einfachen Soldaten fand man bis zum Zusammenbruch des preußischen Staats im Jahre 1806 keine wirkliche Lösung. Hier schienen nur Zwang und drakonische Strafen zu helfen, derart, daß, nach einem Wort Friedrichs des Großen, der Soldat den Offizier hinter sich mehr zu fürchten habe als den Feind vor sich. Wie furchtbar das altpreußische System der Militärstrafen sich dem Zivilisten darstellte, ist aus den Erinnerungen des Potsdamer Hofpredigers Rulemann Friedrich Eylert zu entnehmen:

»Die Art und Weise, wie dabei verfahren wurde, hatte etwas Schauderhaftes und das ganze Äußere derselben eine schreckende Gestalt. Nach abgehaltener Parade stellte sich das ganze Regiment, das Gewehr beim Fuß im linken Arm, Mann bei Mann, mit dazwischen stehenden Officieren, Feldwebeln und Unterofficieren, in eine enge, lange Gasse. Durch dieselbe, vom Anfang bis zum Ende, ging vorweg in einer hechtgrauen Uniform, mit grünen Klappen und Kragen, der Profos des Regiments, ein stämmiger, kleiner, infamer Kerl mit einem boshaften Gesicht. Um den Leib hatte er einen dicken Bund geknüpft; von demselben zog er in Salz getränkte lange Ruthen von Birken und Haselstauden und gab jedem in der Gasse stehenden Soldaten eine, oft zwei ... Am Anfange und Eingange der Gasse stand der Delinquent mit fest gebundenen, empor stehenden Händen; seine Füße waren mit Ketten und eisernen Bändern so gefesselt und zusammengeschnürt, daß er zwar gehen, aber langsam nur im kurzen Schritt gehen konnte. Der nur übergeworfene Rock, oder Wach-Mantel, wurde ihm abgenommen, das Hemd herabgelassen und an den Beinkleidern befestigt, so daß ihm Brust und Rücken gänzlich bloß waren. In den Mund zwischen die Zähne wurde ihm eine bleierne Kugel gelegt, damit er an ihr den Schmerz verbeißen und die Zunge nicht abbeißen möchte ... So stand der Sträfling da, gebunden an Händen und Füßen. Er blickte in die enge Gasse, durch die er mußte, auf und ab, und ab und auf. In den Händen seiner Kameraden erblickte er die langen Ruthen, mit welchen er gepeitscht werden sollte; und sein Blick war, je nachdem sein Temperament, bald wehmüthig, bald zornig, gewöhnlich aber wild ... Auf Commando: scharf und kräftig aufzuhauen, wirbelte die leiser und lauter tönende Trommel; der Verurtheilte trat seinen Schmerzensgang an, und sein Rufen um Erbarmen übertönte die Trommel, wenn die peitschenden Ruthen umschlugen und sich an den Haaren auf der nackten Brust so verwickelten, daß sie Stücke Fleisch mit herausrissen. Der Commandeur des Regiments aber ritt auf und ab hinter der Gasse und rief in das Wirbeln und Brüllen hinein: ›Wird der Kerl wohl besser hauen! Wart!‹ Oder: ›So ist es recht!‹ Der General..., zwar ein jähzorniger und aus militairischem Princip, wie es damals war, sehr strenger, aber von Natur doch gutmüthiger Mann, konnte solche Qual nicht mit ansehen; gewöhnlich entfernte er sich, und ging mit seinem Adjutanten an einer abliegenden Stelle des Paradeplatzes auf und ab, mit der goldenen Dose, die er vom Könige Friedrich II. erhalten hatte, in der Hand.«[3]

Auf diese Grausamkeit konnte die preußische Militärdisziplin erst verzichten, nachdem die Reformen unter Friedrich Wilhelm III. von 1807 an den Verzicht auf Söldnerwerbung möglich gemacht hatten. Von nun an rekrutierte sich die Armee, gestützt auf das Wehrpflichtgesetz von 1814, aus Landeseinwohnern aller Stände. Die Militärreformer Scharnhorst, Gneisenau und Boyen sprachen Ehre nun allen zu, und die Körperstrafen wurden dementsprechend abgeschafft. Damit wurde nach zweihundert Jahren eine zweite Forderung von Justus Lipsius erfüllt, die Forderung, das Söldnerwesen durch eine Rekrutierung aus Landeskindern zu ersetzen. Die *disciplina* sollte erleichtert werden durch *dilectus (Auswahl).*

Neben Calvinismus und Neustoizismus aber muß noch von einer dritten Wurzel der preußischen Mentalität die Rede sein, ehe gefragt werden kann, wie sich der persönliche Anteil der einzelnen Herrscher an diesen Wesenszügen darstellt. Gemeint ist der *Pietismus*, dessen Bedeutung für Preußen besonders Carl Hinrichs herausgestellt hat.

Hinrichs hat hervorgehoben, daß der Calvinismus bei aller weltgeschichtlichen Bedeutung, den er vor allem in den Ständekämpfen Westeuropas erhielt, zur theologischen Befestigung einer Monarchie gerade nicht taugte. Die Prinzenerzieher der Hohenzollern sahen sich genötigt, für die Lehre von der gottgewollten Obrigkeit auf die politische Theologie Martin Luthers zurückzugreifen. Dies Interesse hat neben dem Wunsch nach Vereinheitlichung der Bekenntnisse im eigenen Land, den ein Monarch schon aus Gründen der Erleichterung seiner Herrschaft hegen mußte, dazu beigetragen, daß die Aufmerksamkeit der preußischen Könige für das Luthertum nicht erlosch. Insbesondere Friedrich Wilhelm III. ist ein eifriger persönlicher Erforscher der Überzeugungen Luthers gewesen. Aus der

Offenheit für lutherische Positionen läßt sich schon eine gewisse Bereitschaft ableiten, auch den Pietismus wohlwollend zur Kenntnis zu nehmen, verstanden sich doch die deutschen Pietisten als eine Erneuerungsbewegung, die den Bruch der Lutheraner mit dem Papsttum durch einen Weg der inneren Erweckung des einzelnen vollenden wollte.

Bereits am Hof Friedrichs I., des ersten Königs, vermochte August Hermann Francke, der Begründer des großen Waisenhauses zu Halle an der Saale, Einfluß zu gewinnen. Francke verkörpert die aktivistische, nach außen gekehrte Richtung des Pietismus, die mit vollem Recht in ihrer weltverändernden Dynamik dem Puritanismus der Angelsachsen an die Seite gestellt werden kann. Gott zu verherrlichen bedeutete danach, nicht nur das Evangelium zu verkünden, sondern für die diesseitige Ausbreitung des Reiches Gottes zu streiten. Dieses Reich Gottes aber wurde als Verwandlung der Welt zum Besseren betrachtet: Laster und Sünde sollten polizeilich bekämpft, ihre Grundlagen ihnen aber durch wohlfahrtsstaatliche Einrichtungen entzogen werden. Gegenüber den Naturwissenschaften war Francke aufgeschlossen, der Fortschritt schloß die Ausbreitung technischer und zivilisatorischer Neuheiten ein. Die Franckeschen Anstalten in Halle, ein wahres Imperium wirtschaftlicher Unternehmungen, das dem damaligen Besucher riesenhaft erschienen sein muß, atmen einen Hauch von Sozialismus; die Zielrichtung ging auf Umspannung des Globus aus. In ihrer bis nach Siebenbürgen und Moskau reichenden Universalität trafen sich die Pläne Franckes mit den Absichten, die Leibniz, der Berater der Kurfürstin/Königin Sophie Charlotte, für die 1700 ins Leben gerufene Akademie der Wissenschaften zu Berlin hegte. Finanziert werden sollte dies alles, indem Francke sich des damaligen Kaufmannskapitalismus und der Manufakturen bedienen wollte, die allerdings wenig erfolgreich waren.

Franckes Einfluß gründete sich zunächst auf die Kontakte zu Friedrichs I. dritter Gemahlin, der Königin Sophie Luise. Als deren frömmelndes Gehabe jedoch dem König selbst zuviel wurde, wurde Francke vorübergehend aus Berlin verbannt, ihm sogar die Stadttore verschlossen. Der Reitergeneral von Natzmer aber, der das Vertrauen des Kronprinzen besaß, vermochte es, zumindest diesen von der Förderungswürdigkeit der Absichten Franckes zu überzeugen. Nachdem Friedrich Wilhelm I. selbst König geworden war, unterstützte er Francke unverhüllt und übertrug diese Förderung auch später auf dessen Sohn. Gestützt auf ein Privileg aus dem Jahre 1701, das schon die Begünstigung Franckes durch den Minister Friedrichs I., Paul von Fuchs, erkennen läßt, wurden die Bildungsanstalten in Halle, einschließlich der Universität, die bevorzugte Ausbildungsstätte für den preußischen Beamten- und Theologennachwuchs. Die weitreichenden Pläne für eine Durchdringung Rußlands und Asiens dagegen gerieten in Vergessenheit. Durch die Begegnung mit Friedrich Wilhelm I., schrieb Carl Hinrichs deshalb, wurde der hallische Pietismus »aus einer universellen Bewegung gewissermaßen (preußische) Staatsreligion«.[4]

Die pietistischen Erziehungseinflüsse erfaßten aber nicht nur den Beamtenstand, sie erreichten auch das Offizierkorps, wo sie die vom Neustoizismus angestoßenen Effekte verstärkten, und sie formten schließlich den preußischen Adel insgesamt um. In echt puritanischer Manier bekämpfte der Pietismus den barocken Prunk in der Kleidung. Wenn der schlichte schwarze oder gedeckte Rock sich bei den Herren durchsetzte, wenn Unauffälligkeit bis heute typisches Kennzeichen des männlichen Anzugs ist, so haben wir hier die Auswirkungen der puritanischen und pietistischen Reformen vor uns. Im Adel wurde es Sitte, die Gold- und Seidenstickereien von den Kleidern zu entfernen und dem Hallischen Waisenhaus zu stiften.

Francke bemühte sich, ein Arbeitsethos auch bei denen zu erwecken, die um ihres Lebensunterhalts willen nicht auf Arbeit angewiesen waren. So lieferte er das nötige Rüstzeug für die Transformation des preußischen Adels aus einem selbstbezogenen Herrenstand in eine für die Staatsverwaltung dienstbare, sachlich denkende Führungsschicht, die bis in das 20. Jahrhundert hinein einen überproportionalen Anteil an den höheren Beamtenstellen bekleidet hat.

Wie sehr die auf Ernsthaftigkeit und Unterdrückung aller leichtfertigen Beschäftigungen gerichteten Intentionen des Pietismus denen Friedrich Wilhelms I. entsprachen, wird daraus sichtbar, daß dieser schon als Kronprinz, als er sich während des Feldzugs gegen Ludwig XIV. 1709 im Feldlager aufhielt, den Soldaten seines Regiments das Würfel- und Kartenspiel verboten hatte, obwohl noch in Schillers »Wallenstein« abzulesen ist, wie sehr das Spiel als ein typisches Element des Soldatenlebens betrachtet wurde. Wenn August Hermann Francke bei einer sozialpolitischen Erkundungsreise nach den Mitteln zum Zähneputzen fragen ließ, begegnete er sich hierin mit dem Reinlichkeitsstreben des Monarchen.

Der preußische Staat konnte die »Staatsreligion« des Pietismus aufnehmen, weil er noch formbar war. Francke hatte mit seinem Umwerben der Fürsten eine sehr erfolgreiche Strategie eingeschlagen, die dem Vorgehen der Jesuiten in den katholischen Ländern gleichkommt. Bei den Ständen und im lokalen Milieu war Francke auf Widerstände gestoßen, denn hier war die orthodoxe Form des Luthertums stark eingewurzelt. Der absolutistische Staat dagegen, der sich noch festigen mußte, war neu und konnte eine neue Doktrin gebrauchen. Mit dem Medium des Pietismus aber prägte sich auch die Persönlichkeit Friedrich Wilhelms I. dem neugebackenen Staat auf, so daß dieser Hohenzoller wohl derjenige geworden ist, dem Preußen die meisten seiner typischen Züge verdankte.

Besonders folgenschwer war die Pflichtauffassung Friedrich Wilhelms I., die eine Synthese aus dem lutherischen Amtsverständnis und dem calvinistischen Bewährungszwang war. Aus dem Luthertum hatte dieser König die Auffassung, daß der Monarch von Gott in ein Amt berufen sei, nicht anders als die anderen Stände auch, und daß es darauf ankomme, in diesem »Beruf« sein Bestes zu geben und vor den Aufgaben nicht auszuweichen. Man hatte ihn in seiner Jugend sogar gelehrt, daß Könige von Gott strenger gerichtet würden als andere Menschen. Vom Calvinismus, dessen Prädestinationslehre ihm in seiner Kindheit zum Alptraum – als Erwachsener glaubte er, sich von ihr gelöst zu haben – geworden war, hatte Friedrich Wilhelm I. die Rastlosigkeit und den Wunsch, es immer noch besser zu machen. Sein cholerisches Temperament ließ ihn jähzornig werden; autoritär bis zum höchsten Grad, verlangte er Gehorsam als eine pflichtschuldige Leistung, die aber mit heiterem Gesicht erbracht werden mußte, denn, wie er richtig erkannt hatte, »was mit mürrischem Gesicht geschieht, ist so gut wie nicht gethan.«[5]. So war er als Vater zu seinem Sohn, wie der Calvinistengott zu ihm selbst gewesen war: unter Strafandrohung Liebe fordernd, die doch gerade dann sich nicht einstellen kann.

Typisch wurden die Genauigkeit Friedrich Wilhelms I., der immense Fleiß seiner Aktenarbeit sowie – nachdem der Vater, Friedrich I., in der Entfaltung barocker Pracht das reine Gegenbild abgegeben hatte – die Einfachheit seines Lebensstils, den man fälschlich als »bürgerlich« bezeichnet hat, seine Sparsamkeit, die – hierin schon eher bürgerlichem Denkstil entsprechend – eisern auf das »Plusmachen« ausgerichtet war. Dauerhaft wurde die architektonische Prägung Potsdams durch das »holländische Viertel«, das sogar die Bombenangriffe von 1945 überdauert hat, wie man überhaupt den Anteil des niederländischen Vorbilds bei der Ausgestaltung Preußens kaum hoch genug veranschlagen kann.

Am leichtesten tradieren aber ließ sich die Amtsauffassung Friedrich Wilhelms, die ihn, da er gleichzeitig die Forderung aufstellte, der Monarch müsse sich um alles selbst kümmern und auch den entsprechenden Sachverstand haben, manchmal schon als den ersten Beamten seines Reichs erscheinen läßt. Das Königtum wurde überpersönlich verstanden, der König selbst diente dem »König«.

Diese unter seinem Vater religiös fundierte Auffassung des Herrscheramts vermochte Friedrich der Große naturrechtlich zu umschreiben. Damit aber trieb er die Entpersönlichung des Königtums nur voran. Seine Lehre, der Herrscher habe mit dem Volk einen Herrschaftsvertrag geschlossen, welcher den König folglich in die Pflicht nahm, hatte für die Untertanen wenig Konsequenzen, da Friedrich den Herrschaftsvertrag als unkündbar ansah. Während noch zu Friedrichs Lebzeiten der Kongreß zu Philadelphia verkündete, daß das Volk den Pakt mit dem Herrscher bei Nichtgefallen kündigen dürfe, vertrat andererseits Preußens Philosophieprofessor Immanuel Kant die Meinung, daß es ein Widerstandsrecht gegen die Obrigkeit nicht gebe. Immerhin: durch Friedrichs Wortwahl und durch seine Praxis wurde die Lösung des anstaltlich verstandenen Staats aus der patrimonialen Erbmasse seiner Dynastie beträchtlich vorangebracht. In seinem politischen Testament von 1752 sprach der König von einer »Pension«, die er vom Staat beziehe und die damals im Jahr rund 160 500 Taler betrug. Daraus habe er für sich 120 000 Taler entnommen, »worauf ich mir eine Pension von 10 000 Talern pro Monat bewillige, und den ganzen Rest habe ich zum Wohle des Staats verwendet«. Natürlich war diese Einteilung willkürlich, sie bestand im Rahmen des von Friedrich aufgestellten Etats und seines Kassensystems, und es gab keine verfassungsmäßige Gegenmacht, mit der der König über seinen Lebensunterhalt hätte verhandeln müssen. Die Tatsache der Abgrenzung ist dennoch bedeutsam, und deutlich tadelte der König seinen Großvater, den die Aufwendungen für seinen Hofhalt derart niederdrückten, daß er einstmals in schlimmsten Pestzeiten nicht 20 000 Taler für die Ausgabe von Brot an Notleidende erübrigen konnte.

Friedrich bediente sich schon in seinem Politischen Testament von

Das Uhrwerk war eine beliebte Metapher des 18. Jahrhunderts, der Epoche Friedrichs des Großen, dem diese Uhr gehörte. Jene Zeit liebte das Regelmäßige. Um die Wende zum 19. Jahrhundert begann man sich dann für »organische« Formen und für die »Individualität« zu interessieren.

1752 des Begriffs der »Bürgerpflicht«, als sei er nur als ein aus der großen Zahl zufällig Herausgegriffener mit dem Herrscheramt ausgestattet worden. »Mit dem höchsten Staatsamt beauftragt, habe ich die Gelegenheit und die Mittel gehabt, mich meinen Mitbürgern nützlich zu erweisen.« Mit dieser Formulierung stellte Friedrich jedoch lediglich einen Anspruch für die Zukunft auf. Noch bis zum nächsten Jahrhundert sollte es dauern, ehe aus der ständisch gegliederten Gesellschaft mit ihren abgestuften Privilegien wirklich eine Bürgergesellschaft wurde.

An anderer Stelle im selben Text hat Friedrich die Rolle des Beauftragten noch stärker akzentuiert. Der Souverän werde gut bezahlt, aber »man fordert von ihm, daß er wirksam für das Wohl des

Staates arbeite und daß er wenigstens die Hauptgeschäfte mit Aufmerksamkeit leite«. Es ist dies eine der Stellen, an denen das berühmte Wort vom »ersten Diener des Staates« fällt. Friedrich hat es noch öfter gebraucht, unter anderem auch in einem theoretischen Traktat von 1777: »Essai sur les formes de gouvernement et sur les devoirs des souverains«.

Die Entzauberung des fürstlichen Hofes, die Friedrich Wilhelm I. mit radikalen Einschnitten in den Aufwand Friedrichs I. und mit einer Reduzierung der Etikette vorgenommen hatte, hat Friedrich der Große nicht rückgängig gemacht. Die Gepflogenheit seines Vaters, anstelle goldbestickter Prunkgewänder den Uniformrock als Dienstkleidung zu tragen, hat er fortgeführt wie alle preußischen Herrscher nach ihm. Hierin hat Preußen schließlich für ganz Europa Schule gemacht.

Dennoch hat diese Neigung zur Einfachheit, die die Nachfolger fortsetzten, die besondere Aura um Friedrich nicht verringert. Friedrich Wilhelm I. und sein Sohn haben, wie Theodor Schieder zu Recht hervorhob, die barocke Feierlichkeit durch den Ernst der militärischen Hierarchie ersetzt, und überdies war Friedrich, als der geniale einzelne, den Europa schließlich in ihm zu sehen lernte, vom Charisma seiner geistigen Ausnahmestellung umgeben. Da das Charisma aber nicht übertragbar war, hat er am Ende doch daran gearbeitet, die Stellung des Königtums zu untergraben. So sah es jedenfalls schon Goethe, als er davon schrieb, das Verhalten der Fürsten seiner Zeit müsse zum Sansculottismus führen, wenn sie weiterhin auf Feldbetten schliefen und durch Nichtbeachtung der Etikette die Distanz zum Volk weiter einebneten. Er dachte dabei ausdrücklich auch an Friedrich, der sich »vom Hofe sondert«. Diese Selbstentheiligung der europäischen Monarchen, die Goethe mit Friedrich beginnen ließ, aber über Kaiser Joseph II. und dessen Schwester Marie Antoinette fortgeführt sah, müsse immer weiter gehen, »bis der König von Frankreich sich selbst für einen Misbrauch hält«[6].

Friedrichs unmittelbare Nachfolger, Friedrich Wilhelm II. und Friedrich Wilhelm III., haben zur ideellen Grundlegung der preußischen Monarchie nichts Wesentliches beigetragen. In ihrer Regierungszeit begann allerdings sich das Bestreben zu regen, die Bindung von Volk und Dynastie propagandistisch abzusichern. Nur weniges davon geht freilich auf die Monarchen selbst zurück. Die bedeutendste Leistung war die Stiftung des Eisernen Kreuzes durch Friedrich

Wilhelm III. im Jahr 1813, das als die Stände übergreifendes Ehrenzeichen gedacht war, von seinem Sohn Wilhelm I. 1870 erneuert wurde und spätestens 1914 gesamtdeutsche Bedeutung erhielt.

Die Pläne für ein imposantes Friedrich-Denkmal, das zu einem Wallfahrtsort der in der Entstehung begriffenen »preußischen Nation« hätte werden können, wurden von den ersten beiden Nachfolgern Friedrichs II. verschleppt. Erst 1851 konnte das Friedrich-Denkmal von Christian Daniel Rauch abgeschlossen werden, das wesentlich bescheidener ausgefallen ist als jener pompöse, ins 20. Jahrhundert weisende Entwurf, den Friedrich Gilly 1796 bei einem Wettbewerb der Königlichen Akademie der Künste eingereicht hatte.

Die Trias von Gott, König und Vaterland erscheint in dem Abzeichen der Landwehrmütze von 1813. Schon um 1800 meldeten sich die ersten Vorschläge, die Loyalität der Untertanen durch die Anbringung der Namen Gefallener in den Dorfkirchen ihrer Heimat zu heben, womit die Idee des neuzeitlichen Kriegerdenkmals geboren war. Diese Vorschläge kamen aus Kreisen der gebildeten Öffentlichkeit, in der offensichtlich das preußische Identitätsgefühl noch als mangelhaft betrachtet wurde. In der Tat mußte ja den Menschen der verschiedenen durch Erbgang oder kriegerische Eroberung allmählich an die Dynastie gekommenen Provinzen erst das Empfinden vermittelt werden, daß sie eine Gemeinschaft bildeten. Friedrich der Große schrieb, er habe sich während seines ersten Krieges »alle Mühe gegeben«, seinem Adel »den Namen Preußen einzuhämmern, um alle Offiziere zu lehren, aus welcher Provinz sie auch kommen mögen, daß sie alle Preußen sind und aus allen diesen Provinzen, auch wenn sie verstreut liegen, einen zusammenhängenden Körper zu bilden«. Der Staatsreformer Hardenberg beabsichtigte von 1810 an bis zu seinem Tod im Jahr 1822, das Zusammengehörigkeitsgefühl der Staatsbürger durch eine zentrale »Nationalrepräsentation« für die gesamte preußische Monarchie zu stärken und den »Partikularismus« der jeweiligen Landstände zu bekämpfen. Weil dieses Projekt aber das Zugeständnis einer Verfassung und eine auf dem Papier festgehaltene Beschränkung der Gewalten des Königs von Preußen bedeutet hätte, torpedierte der damalige Kronprinz das Vorhaben.

Selbst König geworden, bemühte sich Friedrich Wilhelm IV. statt dessen um die Schaffung eines Surrogats für das preußische Staatsbewußtsein, indem er eine Wiederbelebung des Gottesgnadentums versuchte und eine christliche Staatslehre ausarbeiten ließ. Der Inspirations- und Sendungsglaube Friedrich Wilhelms IV. erscheint in bizarrer Überhöhung von neuem bei seinem Großneffen, dem Kaiser Wilhelm II.

Dieser Herrscher hat die Überlieferung des 18. Jahrhunderts gesprengt. Seine ständige Gewohnheit, die eigene Person in den Vordergrund zu stellen, seine von den Eltern bereits beklagte Prahlsucht, aber vor allem auch der gigantische Aufwand für seine Prunkentfaltung markieren den Traditionsbruch. Wilhelm II. entwarf eine neue Hoftracht, zu der Bismarck anmerkte: »Diese kostspielige Tracht, bei uns nur für Lakaien üblich, entwürdigt ihre Träger.«[7] Wilhelm II. ließ die Zahl der Hofbeamten und Hofoffizianten auf mehr als zweitausend ansteigen, er verdoppelte bis 1914 die Zahl der Offiziere in seiner Umgebung, er ließ in den letzten zwölf Regierungsjahren die Zahl der Kammerherren von 252 auf 283 anwachsen. Das Oberhofmarschallamt umfaßte um 1900 nicht weniger als 510 Beamte! Die Zahl der Hofbälle vermehrte sich ebenso wie die Zahl der teilnehmenden Gäste. Für den Unterhalt der kaiserlich-königlichen Familie und des Hofes wurden durch den Reichstag und den preußischen Landtag kurz vor dem Ersten Weltkrieg jährlich nicht weniger als 22,2 Millionen Goldmark bereitgestellt. Damit verschlang die Hofhaltung mehr, als der Reichskanzler, das gesamte Auswärtige Amt einschließlich des diplomatischen und des konsularischen Korps, das Reichskolonialamt und die Reichsjustizverwaltung zusammen kosteten.[8]

Ursprung dieser »Krondotation« war eine durch König Friedrich Wilhelm III. am 17. Januar 1820 beiseite gesetzte Summe aus den Einnahmen der königlichen Domänen gewesen, die damals auf jährlich 2,5 Millionen Taler gleich 7,7 Millionen Goldmark fixiert worden war. Abgesehen davon war Kaiser Wilhelm II. seinem Privatvermögen nach, das 1913 auf 140 Millionen Mark geschätzt wurde, der fünftreichste Privatmann im Königreich Preußen, der nur noch durch Bertha Krupp von Bohlen und Halbach, den Fürsten Henckel von Donnersmarck und zwei andere Personen übertroffen wurde. Auch für seinen Sohn war gesorgt: Der Kronprinz hatte von dem Herzog von Braunschweig die Herrschaft Oels in Schlesien geerbt, die aus 15 Gütern mit zusammen 10 000 Hektar bestand und deren Einnahmen er zusätzlich zu seiner Apanage verzehren konnte.

Das alles scheint aber nicht genug gewesen zu sein. Jedenfalls wurden die Baukosten für die Kaiserliche Hochseejacht (4,5 Millionen Goldmark) kurzerhand dem Rüstungsetat untergeschoben.

Da dieses »Florieren einer höfischen Kultur« (John C.G. Röhl) an der Schwelle zum 20. Jahrhundert mit einer inflationären Vermehrung der Ordensverleihungen und Standeserhöhungen einherging, hat man es als eine krankhafte Wucherung sehen wollen, als den verzweifelten Versuch, durch Prachtentfaltung ein Sinken der Popularität des Herrscherhauses aufzuhalten. In der Tat hatte sich ja nach Bismarcks Abgang (1890) der Bismarck-Kult eher vergrößert, die Bauwelle der unzähligen Bismarck-Türme zeigt dies an.

Wenn aber der eiserne Kanzler an Stelle der drei Kaiser seiner Amtszeit als die dominierende Figur der verflossenen Jahrzehnte gesehen wurde, mußte man befürchten, daß eine neue Bismarck-Figur, wenn sie denn käme, die Monarchie an den Rand der Auslöschung treiben würde.

An Wilhelm II. wurde auch der Verfall des Pflichtethos seiner Familie offenbar. Natürlich, nach außen hin, in seiner typischen selbstverliebten Pose, da gab es sie noch, die drückenden Pflichten. Sein Königtum, so prahlte Wilhelm II., sei das »Königtum von Gottes Gnaden, das Königtum mit seinen schweren Pflichten, seinen niemals endenden, stets andauernden Mühen und Arbeiten, mit seiner furchtbaren Verantwortung vor dem Schöpfer allein, von der kein Mensch, kein Minister, kein Abgeordnetenhaus, kein Volk den Fürsten entbinden kann«[9]. Die Geschichte, so könnte man in der Abwandlung des berühmten Marx-Zitats sagen, ereignet sich zweimal: als Faktum (wie bei Friedrich Wilhelm I.) und als Phrase.

Denn wie wurde Wilhelm II. seiner furchtbaren Verantwortung vor dem Schöpfer gerecht? Hören wir seinen Freund und Mentor, den Grafen Waldersee: »Die vielen Reisen, die rastlose Tätigkeit, die zahlreichen Interessen haben zur natürlichen Folge einen Mangel an Gründlichkeit. Die Kabinettschefs klagen, daß sie nur schwer Vorträge halten können und daß dann alles zu kurz und zu hastig abgemacht werden muß. Die Minister haben das Gefühl, daß der Kaiser ab und zu über ihre Ressorts gründlich sprechen müsse, er tut es aber fast gar nicht!«[10] Ein anderer Freund, sogar Verehrer, Philipp Graf von Eulenburg, hat den Tageslauf des jungen Kaisers im Sommer 1889, dem ersten Sommer nach seiner Thronbesteigung, so beschrieben: In Pröckelwitz jagt der Monarch täglich bis gegen Mittag. Er schläft dann bis 3, »zwischen 3 und 4 erledigt der Kaiser die persönlichen

Regierungssachen, die aus Berlin bei mir eingelaufen sind. Ich bin stets zu dieser Zeit bei ihm, die Eingänge vortragend und Dienstsachen besprechend. Dann Diner. Nachher amüsiert es den Kaiser, im Garten nach Donnerkeilen zu suchen, die sich viel unter den Steinchen des Sandes befinden und die meistens von Eberhard (Dohna) vorher hingestreut werden.«

Das hervorstechende Merkmal Wilhelms II. war seine Rastlosigkeit, die ihn beständig unterwegs sein ließ. Hierfür bekam er einen Hofzug aus zwölf Waggons, »Salonwagen in drei Abteilungen: großer Mittelraum, zwei kleinere, blaue Seide, Diwan, Kronleuchter, Wagen für Zivil- und Militärkabinett, Hofküche, Dienerschaft«[11]. In einem solchen Hofzug reiste er 1918 in das niederländische Exil. Wilhelms rastlose Bewegung entsprach seiner Auffassungsgabe. Die Quellen heben es immer wieder hervor, von Jugendzeit an: Wilhelm erfaßte, was ihn interessierte, schnell, begeisterte sich schnell, war äußerst lebhaft, doch ging er den Dingen niemals auf den Grund.

Wenn man unterstellt, es gebe bestimmte als »typisch preußisch« anzusehende Charakterzüge von Menschen oder Gruppen, so bestehen diese aus Prägungen, die nur von einzelnen der Herrscher des Hohenzollernhauses ausgegangen sind. Der wirkungsmächtigste unter ihnen war ohne Zweifel Friedrich Wilhelm I. An zweiter Stelle folgt ihm Friedrich der Große, der den Zug zur Rationalisierung, der von seinem Vater ausgegangen war, fortgeführt und verstärkt hat. Auch Friedrich pflegte, wenngleich weniger vom Jähzorn heimgesucht, den Zug des unberechenbar Selbstherrlichen, der Vergünstigungen nach Laune und weniger nach Gerechtigkeit gewährte.

Friedrich Wilhelm II., der an sich ein jovialer Mann war – höflicher als sein Oheim, der große Friedrich –, und Friedrich Wilhelm III. werden als Vorbilder des Potsdamer Offizierstons in Anspruch genommen. Insbesondere Friedrich Wilhelm III. tat sich mit seiner Redeweise in Infinitiven hervor. »Ist mir fatal!« war ein anderer, vom Hofbildhauer Johann Gottfried Schadow überlieferter Ausspruch, der Friedrich Wilhelm III. kennzeichnet.

Sieht man dagegen andere Züge an, die für Preußen in Anspruch genommen werden – die Toleranz wurde schon erwähnt –, so sind sie bisweilen eher Eigenschaften des Staates und seiner Beamtenschaft als seiner Herrscher. Dies gilt auch für das Rechtsstaatsprinzip, in dem sich das Selbstverständnis der deutschen Beamtenschaft des 19. und 20. Jahrhunderts verkörperte und das von den meisten seiner

Vertreter derart absolut gesetzt wurde, daß man demgegenüber glaubte, die Regierungsform – ob Monarchie, Demokratie oder Diktatur – vernachlässigen zu dürfen.

Zwar hat Friedrich der Große in der Tat die Justizreformen in Gang gesetzt, deren er sich in seinen Testamenten rühmt, ihre Ausarbeitung und die Verankerung des Prinzips einer unabhängigen Justiz aber war das Werk eines wissenschaftlich gebildeten Juristenstands, der wohl wußte, daß er eben mit dieser Unabhängigkeit seinen eigenen sozialen Aufstieg sicherstellte. Daß der Juristenstand zu solchen Ergebnissen gelangen sollte, hat Friedrich der Große allerdings dadurch erleichtert, daß er die Aufklärung zur herrschenden Staatsphilosophie machte. Das Verbot der königlichen Einmischung in die Rechtsprechung jedenfalls war zunächst eine vom Juristenstand aufgestellte Doktrin, die erst allmählich, gegen manche Rückschläge, gegenüber den Königen durchgesetzt werden konnte. Daß der Staatsapparat anschließend in Anspruch nahm, überparteilich zu sein, hat die deutsche Politik des 19. und 20. Jahrhunderts schwer belastet. Denn diese Überparteilichkeit war natürlich eine Legende. Seit der Demagogenverfolgung der ersten Hälfte des 19. Jahrhunderts herrschte eine sorgfältige Personalauslese in der preußischen Verwaltung, die nur monarchistische und linientreue Beamte emporkommen ließ. Doch bildete der Anspruch auf Überparteilichkeit ein unentbehrliches Element in der Legitimierung des Obrigkeitsstaates.

7. Hugenotten und Holländer

Das Königreich Preußen, auch wenn es sich von Aachen bis Tilsit erstreckte, hatte seinen Namen aus dem Osten. Er rührte von den heidnischen Prussen her, einem zu den baltischen Völkern gehörenden Volksstamm, der spätestens im 16. Jahrhundert durch Assimilation an die deutschen Siedler verschwunden war und außer eben diesem Namen nichts hinterlassen hat. Als Kernland der Hohenzollern-Monarchie wird man jedoch sicherlich nicht das Land jenseits der Weichsel, sondern Brandenburg anzusehen haben. Hier waren die Hohenzollern bereits mit Schlössern und Residenzstädten etabliert, als ihnen von der aussterbenden preußischen Linie im Jahre 1618 das dortige Herzogtum zufiel. Lediglich die Tatsache, daß allein Preußen als Bezugspunkt für das begehrte Königtum dienen konnte, hat zu der Namensübertragung geführt.

Das Herzogtum Preußen wiederum, das säkularisierte Gebiet des Deutschen Ordens, war, im Verhältnis zu den westlichen Teilen Deutschlands gesehen, ein Neusiedlungsgebiet. Der Orden hatte planmäßig Städte gegründet, Burgen errichtet und Siedler aus dem Innern Deutschlands angesetzt. Zahlreiche Urkunden dieser Zeit, etwa die »Kulmer Handfeste«, ein Dokument, in dem den Neusiedlern ein bestimmter Rechtsstatus zugesichert wurde (der oft besser war als in den Herkunftsgebieten), bestimmten den Rechtsalltag Ost- und Westpreußens bis in das 19. Jahrhundert. Von Ost-»Kolonisation« sprechen die Historiker heute nicht mehr gern, weil bei diesem Begriff heute zunächst an den Export überzähliger Menschenmassen in unterentwickelte Regionen der Erde gedacht wird.

Tatsächlich gehört die Wanderung nach Osten, von der jährlich nur Bruchteile von einem Prozent der während des 12. Jahrhunderts in Deutschland lebenden Bevölkerung erfaßt worden sind, zu der großen Bewegung des Landesausbaus, die in Westdeutschland durch Rodungen und Besiedlung der Mittelgebirge für weit mehr Menschen eine Existenz geschaffen hat.

Der Deutsche Orden hatte nur aus Verlegenheit, seiner Ver-

Albrecht, Enkel des Kurfürsten Albrecht Achilles, der als letzter die brandenburgischen und die fränkischen Lande zusammen regiert hatte, trat zunächst als Hochmeister an die Spitze des Ordensstaates in Preußen, bevor er hier 1525 die Reformation einführte und den Ordensstaat in ein weltliches, in seiner Familie erbliches Herzogtum umwandelte. Damit schuf er die Voraussetzungen dafür, daß Preußen schließlich 1618 endgültig den Brandenburgern zufiel. Gemälde von Lucas Cranach d. Ä.

treibung aus dem Heiligen Land wegen, seine Aktivitäten an die Gestade der Ostsee verpflanzt. Soweit es sich um bewußte Traditionspflege handelte, hat der preußische Staat lange Zeit vermieden, an den Orden anzuknüpfen. Nicht zuletzt war das Herzogtum Preußen – jenes, das die Kurbrandenburger Hohenzollern 1618 erben sollten – 1525 unter dem letzten Ordenshochmeister Albrecht von Brandenburg-Ansbach durch die Umwandlung des Ordensstaates im Gefolge der Reformation entstanden. Schon aus ihrem reformatorischen Selbstbewußtsein heraus konnten die Träger des neuen Staatswesens kaum ein positives Bild des Ordens entwickeln. Die Beamten, die der Orden zuletzt in wachsender Zahl sich zur Erledigung seiner Verwaltungsaufgaben herangezogen hatte, waren allerdings, sofern sie die Reformation mitvollzogen und evangelisch wurden, im Dienst des neuen Herzogtums verblieben.

Der in Westdeutschland weiterexistierende Orden aber hatte diesen Verlust seines eigenen Territoriums nicht anerkannt, und auch die Päpste hatten lange Zeit die Königswürde der Hohenzollern mit Nichtachtung gestraft. Während Friedrich der Große bereits dafür kämpfte, daß der Name Preußen sich in den Köpfen aller seiner Untertanen, auch der in Westdeutschland wohnenden, durchsetzen möge, verwaltete in Deutschlands Westen der Ritterorden weiter seine Reichtümer, besaß Kommenden und Balleien und, um Mergentheim, ein souveränes Gebiet, das dem Hoch- und Deutschmeister unterstand. Zuletzt waren die seit 1530 zusammengelegten Ämter des Hoch- und Deutschmeisters zu einer Versorgungsstelle für nachgeborene Habsburgerprinzen geworden, nicht anders, als sich die Hohenzollern unterdessen den Johanniterorden angeeignet hatten, dessen Herrenmeister bis heute ein preußischer Prinz zu sein pflegt.

Die konfessionell bedingte Ablehnung der mittelalterlichen Ordensvergangenheit in Preußen aber hat sich während der Aufklärungszeit sogar noch gesteigert, bis hin zu Johann Gottfried Herder, der die deutsche Ostsiedlung generell verurteilte, weil sich die Deutschen gegenüber den Slawen nicht besser aufgeführt hätten als die Spanier gegenüber den Einwohnern von Peru. Die Versklavung der Indios erschien in der Aufklärungszeit als eines der größten Verbrechen der Menschheitsgeschichte. Als Friedrich der Große 1772 weite Gebiete Westpreußens, die bis 1466 schon einmal dem Orden gehört hatten, durch die polnische Teilung annektierte, hat er jede Bezugnahme auf den Orden vermieden.

Ein Wandel in der Einstellung zum Deutschen Orden bahnte sich erst an, als die Romantik das Mittelalter generell besser beurteilte. Nachdem 1813 König Friedrich Wilhelm III. das Eiserne Kreuz als militärisches Ehrenzeichen für die Kämpfer im Krieg gegen Napoleon gestiftet hatte, erkannte man im Abzeichen der Ordensritter das Vorbild hierzu. Die Bestrebungen zur Erhaltung des Hochmeistersitzes, der Marienburg an der Nogat, wurden eher eingeleitet als die Bestrebungen zur Konservierung des Kölner Doms. Als man im Großen Remter der Marienburg nach 1820 neue Buntglasfenster einsetzte, bildete man einen Deutschordensritter und einen preußischen

Landwehrmann nebeneinander ab. Daß aber Friedrich Wilhelm III., der persönlich angegeben hatte, wie das Eiserne Kreuz aussehen sollte, die mittelalterlichen Ritter des Deutschen Ordens dabei im Sinn gehabt hätte, dazu gibt es keine Anhaltspunkte. Ordenskreuze, so dürfen wir anmerken, gleichen sich alle, und die mittelalterlichen Ritterorden sind das Vorbild aller europäischen Orden bis zum heutigen Tag.

Ein Resultat der Siedlungsbewegung aber war das Hohenzollernreich nicht nur in Preußen, sondern auch in Brandenburg, Schlesien, Pommern, selbst in jenen Landesteilen, die der Staatskanzler Hardenberg 1815 unter dem Namen einer Provinz Sachsen vereinigte und die unter anderem Burgen umfaßten, die deutsche Könige einst im Saaleraum zur Absicherung der damaligen Ostgrenze gebaut hatten. Auch für diese Gebiete galt: Sie sind von Deutschen später besiedelt worden als die westlichen Teile des Heiligen Römischen Reiches, auch in ihnen hat einmal eine frühere, in diesem Fall slawische Bevölkerung existiert, die mit den Einwanderern verschmolz, auch sie hatten andere Rechtstraditionen, auch in ihnen galt großenteils eine andere Agrarverfassung.

Kennzeichen der überwiegend östlich der Elbe liegenden, in der Altmark jedoch auch auf das linke Elbufer übergreifenden Agrarverfassung war, daß sich die im Mittelalter bestehende, im Verhältnis zum Westen günstigere Stellung der Bauern beim Beginn der Neuzeit in ihr Gegenteil verwandelt hatte. Die Unterschiede zum Westen, die sich etwa in der scharfen Ausprägung der Leibeigenschaft, in der Verpflichtung des Hörigen zu Hand- und Spanndiensten (statt zu Geldrenten wie im Westen), im Fortbestehen der gutsherrlichen Eigenwirtschaft (der Gutsherr bezog nicht nur Geldrenten, sondern war selbst Landwirt und zog dazu die Dienste seiner abhängigen Bauern und ihrer Kinder heran) ausdrückten, hat man mit polemischem Unterton unter dem Begriff »Ostelbien« zusammengefaßt.

Nicht an die mittelalterliche Ostkolonisation aber ist gedacht, wenn brandenburg-preußische Herrscher mit dem Kolonisieren in Verbindung gebracht werden. Hier denkt man vielmehr an den planmäßigen inneren Landesausbau, an die Eroberung einer neuen Provinz im Frieden, wie Friedrich der Große sich ausgedrückt hat. Dieser innere Ausbau hatte zwei Aspekte: Er betraf die Urbarmachung von Land, von dem es noch reichliche Reserven in der Monarchie gab, und die Ansiedlung von neuen Bürgern in solchen urbar gemachten Gebieten oder außerhalb.

Historisch war die Ansiedlung von Neubürgern der älteste Vorgang, der zunächst als planmäßig geförderte Einwanderung erscheint. 1685 eröffnete der Große Kurfürst diese Einwanderungspolitik mit dem Edikt von Potsdam; 15 000 bis 20 000 Glaubensflüchtlinge aus Frankreich wurden eingeladen, sich in Brandenburg-Preußen niederzulassen. Zu diesem frühen Zeitpunkt waren die Lücken, die der Dreißigjährige Krieg, Epidemien und Abwanderungen verursacht hatten, noch so groß, daß sich leerstehende Häuser und Bauplätze zur Genüge fanden, um die Einwanderer anzusiedeln. Die meisten der Refugiés, die Gewerbetreibende waren, zog es ohnehin in die Städte. Doch auch für diejenigen, die sich als Bauern niederlassen wollten, fanden sich in der Uckermark ganze Dörfer, denen man, zugeschnitten auf die Bedürfnisse der Siedler, einen besseren Rechtsstatus zusprechen konnte. Die Einwanderer brachten Obst- und Gemüsebau sowie die Tabakpflanzung mit.

Das Werben um Siedler reformierter Konfession, die aus dem Frankreich Ludwigs XIV., aber auch aus den Niederlanden und der Schweiz stammten, wurde durch konfessionelle Sympathien unterstützt. Es stand in erster Linie nicht im Zeichen der Hebung der Agrarwirtschaft, sondern des Merkantilismus und seiner bevölkerungs- und handelstheoretischen Lehren: Das Gewerbe, das die Einwanderer mitbrachten, machte Importe überflüssig, die die Handelsbilanz geschädigt hätten. Die Einwohnerzahl wurde in der frühen Neuzeit als bestimmender Machtfaktor und als Reichtum an sich betrachtet. Die Zuwanderung der Refugiés wurde ergänzt durch die 1670 beginnende Wiederzulassung von Juden. Von ihnen und ihren fortgeschrittenen Kenntnissen in Handel, Finanz und im Umgang mit Edelmetallen erhoffte man sich gleichfalls einen belebenden Impuls für den Wirtschaftskreislauf.

Nur aus merkantilistischem Denken heraus auch wird ein Projekt des Großen Kurfürsten verständlich, das unter seinen Nachfolgern lange Zeit kein Echo gefunden hat: der Versuch, sich an der Küste Afrikas festzusetzen. Der Niederländer Benjamin Raule, der den Kurfürsten hierbei beriet, erschien der Niederländisch-Westindischen Kompanie nur als einer der zahlreichen niederländischen Unternehmer, die eine fremde Flagge lediglich benutzten, um die Privilegien ihrer heimatlichen Kompanie zu umgehen. Reiht man

So stellt sich ein patriotischer Holzstecher des 19. Jahrhunderts die Landung der Brandenburger an der Küste Ghanas vor. Am 1. Januar 1683 begründete Major Otto Friedrich von der Groeben die Kolonie Groß-Friedrichsburg.

die Projekte Raules, die auch Grönlandhandel, Walfang und Reisen nach Indien einschlossen, aneinander, so hat man Beispiele windiger barocker Projektemacherei vor sich, wie sie typischer nicht sein können; übertroffen wurde Raule nur noch von dem Goldmacher, den König Friedrich I. engagiert hatte und von dem der Kronprinz Friedrich Wilhelm bemerkt hatte: wer wirklich Gold machen könne, benötige nicht fortwährende Subventionen eines fürstlichen Gönners.

Ein Schwindler war Raule nicht; doch mußte er fortwährend schnelle Erfolge vorspielen, die nach Lage der Dinge noch gar nicht eingetreten sein konnten. 1682 fuhren zwei Schiffe mit etwa fünfzig Soldaten aus, und der Major Otto Friedrich von der Groeben gründete an der westafrikanischen Goldküste sogar einen Stützpunkt, den er Groß-Friedrichsburg nannte. Als Heimatbasis mußte das ostfriesische Emden dienen, das damals gar nicht zur Monarchie gehörte und mit dem man sich infolgedessen nur vertraglich einigen konnte. Die kurfürstlichen Räte haben ihrem Herrn über die mangelnde Wirtschaftlichkeit des Afrika-Unternehmens reinen Wein eingeschenkt, und so hat der brandenburgische Kolonialeifer den Tod des Kurfürsten Friedrich Wilhelm im Jahr 1688 nicht überdauert.

Unter den Nachfolgern bürgerte sich die Überzeugung ein, daß Preußen eine Landmacht sei, die gut daran täte, mit den etablierten Seemächten nicht wetteifern zu wollen. Betrieb Bismarck den Kolonienerwerb der Jahre 1883/84 infolge günstiger Konstellationen großenteils nur, um die Forderungen, die von neuen Führungsschichten im deutschen Inland erhoben wurden, zufriedenzustellen, so hat eigentlich erst Wilhelm II. mit seinen griffigen Formulierungen wie jener: »Der Dreizack gehört in unsere Faust!« die maritime Orientierung zu einer erstrangigen Aufgabe Preußen-Deutschlands erklärt.

Doch zurück zum Großen Kurfürsten: Auch den inneren Landesausbau, der die preußischen Könige später berühmt machen sollte, hat er in Angriff genommen. Hierzu wurden neben den hugenottischen Flüchtlingen besonders gern Siedler aus den Niederlanden verwendet, die besondere Kenntnisse in Kanalbau und Entwässerung und in der Milchwirtschaft mitbrachten. Ein zur Milchwirtschaft angelegtes Gut hieß in Brandenburg fortan »Holländerei«, ein hiermit beschäftigter Experte wurde »Schweizer« genannt: überdeutliche

Hinweise auf die Regionen, aus denen man die fortgeschrittenen Kenntnisse samt dem Personal bezogen hatte.

Inbegriff fortgeschrittener Kultur war für Kurfüst Friedrich Wilhelm der Obstbau, und so scheute er sich nicht, mit hartem obrigkeitlichem Zwang für die Verbreitung der Obstgärten zu sorgen. »Ein jeder Unterthan und Einwohner«, so heißt es in einem Patent, das der Große Kurfürst zwei Jahre vor seinem Tod, am 5. März 1686, erließ, »in den kleinen Städten und Flecken, sonderlich aber auf dem Lande, soll hinter seinem Wohnhause, wenn er die Gelegenheit dazu findet, einen gewissen Platz abhegen, solchen in zwei Theile theilen, und den einen Theil zur Pflanzung allerhand Frucht-tragender Obst-Bäume, den andern aber zu einem Eichel-Kamp gebrauchen«. (Auf dem Eichelkamp konnten Schweine mit den Früchten der Eichbäume gemästet werden.) Die Obrigkeit jedes Ortes sollte gebührende Zwangsmittel anwenden, um die Ungehorsamen zur Befolgung des Edikts zu veranlassen.

Die Pfarrer, die erst recht in den Augen des unkirchlichen Friedrich II. keine bessere Aufgabe hatten, als die, Lautsprecher staatlicher Anordnungen und Erziehungsbestrebungen zu sein, wurden bereits durch den Großen Kurfürsten verpflichtet, ihre Zuhörer zweimal jährlich im Namen des Landesherrn zur Pflege des Obstbaus zu ermahnen, mehr noch, sie durften kein Paar trauen, dessen Bräutigam nicht ein Attest seiner Amtsobrigkeit beibrachte, er habe »zum wenigsten sechs Obstbäume gepfropfet und eben so viel Obstbäume an einen bequemen Ort gepflanzet«. Zu seiner Entspannung hatte sich Friedrich Wilhelm auch selbst einen Obstgarten geschaffen, in dem er persönlich Hand angelegt hat.

Unter Friedrich III./I. (1688-1713) kam insbesondere Ostpreußen stark herunter. Die Spätfolgen eines Tatareneinfalls von 1656/57, verbunden mit den Resultaten schlechter lokaler Verwaltung und der von 1708 bis 1711 wütenden Beulenpest (ihr fielen nicht weniger als 235 000 Menschen, oder ein Drittel der Bevölkerung, zum Opfer), hatten weite Strecken des Landes veröden lassen. Ganze Dörfer waren ausgestorben, das Vieh lief ohne Aufsicht umher und wurde von den Wölfen gerissen. In einer Reihe von Patenten, die ins Französische übersetzt und in den verschiedensten auswärtigen Zeitungen inseriert wurden, machte König Friedrich Wilhelm I. bekannt, daß Einwanderer gesucht würden, denen bestimmte Freiheiten, insbesondere Schutz vor Leibeigenschaft, sowie Hilfen für den wirtschaftlichen Neuanfang zugesichert wurden, Haustiere und Ackergeräte eingeschlossen. Neun Jahre lang, so versprach ein Patent aus dem Jahr 1724, würden die Siedler keine Abgaben zu entrichten haben. Als der Erzbischof von Salzburg 1731 die evangelischen Einwohner seines Landes auswies, forderte Friedrich Wilhelm sie im Patent vom 2. Februar 1731 auf, nach Ostpreußen zu kommen.

Als der Königliche Reisekommissar meldete, daß weit mehr als die veranschlagten 5000–6000 Kolonisten ins Land zu kommen gedächten, vermerkte der König auf dem Bericht: »Sehr gut. Gottlob! Was tut Gott dem Brandenburgischen Hause für Gnade! Denn dieses gewiß von Gott kommt.« Dem zweiten Zug der Salzburger begegnete Friedrich Wilhelm am 25. Juni 1732 auf der Landstraße bei Zehlendorf. Der Königliche Ökonomierat Rudolph Stadelmann hat 1878 in einer der ersten Darstellungen, die zum Thema Kolonisation erschienen, die rührende Episode, die sich nun ereignete, folgendermaßen wiedergegeben:

»Er ließ sie an sich vorbei marschieren, unterhielt sich mit ihnen auf das herablassendste (was 1878 noch ein Lob bedeutete), und befahl ihnen schließlich, das Lied: ›Auf meinen lieben Gott trau' ich in aller Not!‹ anzustimmen; als aber der Commissarius die Salzburger damit entschuldigte, daß die Melodie ihnen unbekannt wäre, fing der König selbst mit voller Stimme das Lied zu singen an, worauf die ganze Menge voll Rührung mit einstimmte und während des ganzen Vorbeimarsches das Lied zu Ende sang. Der König aber rief den Abziehenden ein herzliches ›Reiset mit Gott!‹ nach und fuhr seines Weges weiter.«[1] Von rund 20 000 Salzburgern, die der Einladung Friedrich Wilhelms I. gefolgt sind, haben sich schließlich rund 15 500 in Ostpreußen niedergelassen.

Stand unter Friedrich Wilhelm I. lange Zeit noch die Wiederbesetzung wüster Bauernhöfe auf dem Land oder wüster Bauplätze in den Städten, mit anderen Worten die Auffüllung der im Rahmen einer statischen Ökonomie freigewordenen »Nahrungsstellen« im Vordergrund, so schlug die Kolonisationspolitik unter dem Sohn und Nachfolger, Friedrich II., einen Expansionskurs ein. Die preußischen Provinzen lagen großenteils in der Tiefebene. Die die Ebene durchschneidenden Flachlandströme hatten weite Überflutungsgebiete und Sümpfe, dort als »Luch« oder »Bruch« bezeichnet, geschaffen, die jetzt von den Königen als Bodenreserven erkannt wurden.

Von Lebus an flußabwärts hatte die Oder durch zweimal jährlich

Die Erschließung Potsdams als Residenz begann nicht erst mit Sanssouci, sondern mit dem Potsdamer Stadtschloß, das auf den Großen Kurfürsten Friedrich Wilhelm zurückgeht. Es erhielt seine endgültige Gestalt unter Friedrich II. Noch die ausgebrannten Mauern haben mehr Eleganz als die Anlagen, die nach ihrem Abriß an der Stelle des Schlosses geschaffen wurden und im Zentrum der Stadt den Eindruck von Leere erwecken.

auftretendes Hochwasser von mehr als drei Metern eine 10–12 (preußische) Quadratmeilen umfassende Fläche unbewohnbar gemacht (die preußische Meile hat rund 7,5 Kilometer!). Der König Friedrich Wilhelm I. hatte ein Projekt zur Trockenlegung hinterlassen, das er mit dem Vermerk »für meinen Sohn Friedrich« versehen hatte. Dieser ließ den berühmten Mathematiker Leonhard Euler und den aus den Niederlanden stammenden Geheimen Finanzrat von Harlem das Terrain zunächst der Höhe nach vermessen und sodann ein Gutachten über die notwendigen Arbeiten anfertigen. Aufgrund dieses Gutachtens ging man vor, hob der Oder ein neues Bett aus, das den Flußlauf von sechs auf zweieinhalb Meilen verkürzte und dementsprechend die Fließgeschwindigkeit beschleunigte. Sowohl der neue Kanal als auch der alte Oderlauf wurden sodann mit Deichen in einer Gesamtlänge von elf Meilen eingefaßt. Für das so geschützte Gebiet brachte ein neuer Binnenkanal mit zahlreichen Abzugsgräben eine gewisse Entwässerung. Weit über tausend Arbeiter wurden neu ins Land geholt in der Hoffnung, daß sie nach Abschluß der Meliorationen als Kolonisten bleiben würden. Widerstand der alteingesessenen Bevölkerung, die zum Teil von Jagd und Fischerei gelebt hatte, bis hin zu den Gilden und Gewerken von Stettin wurde, notfalls mit Hilfe militärischer Exekution, niedergemacht.

Friedrich hat die mit den einzelnen Unternehmern für die Erdarbeiten abgeschlossenen Kontrakte und die sich anschließenden Rechnungen kontrolliert und sich auch selbst auf den Baustellen blicken lassen. 1753 war das Deichbauwerk abgeschlossen, und es wurden zunächst 1 200 Familien angesetzt. Im Oderbruch sind in den folgenden Jahrzehnten über vierzig neue Dörfer gegründet worden.[2] Nach dem Siebenjährigen Krieg nahm Friedrich den Warthebruch und schließlich, vor allem nach der Polnischen Teilung 1772, die Sümpfe der Netze in Angriff. Die Zahl der zum Zweck ländlicher Kolonisation nach Preußen eingewanderten Personen wird für die Regierungszeit Friedrichs II. auf 250 000 veranschlagt; 100 000 städtische Kolonisten kommen noch hinzu. Berücksichtigt man auch die Nachkommenschaft, so läßt sich sagen, daß seit der Zeit des Großen Kurfürsten ein spürbarer Teil der preußischen Bevölkerung auf Einwanderung zurückgeht.

Wenn Dörfer innerhalb kurzer Zeit nach standardisierten Plänen angelegt werden, mit Häusern, die gleichsam von der Stange gebaut werden, läßt sich ein Hauch von Monotonie schwer fernhalten. Insofern mag das kolonisatorische Element zu dem Eindruck der durchrationalisierten Uniformität beigetragen haben, den wir heute als Element des »Preußentums« ansehen. Eine üppige Tierwelt, die in den artenreichen Sumpflandschaften gelebt hatte, wurde vertrieben oder durch Abschuß ausgerottet.

Wer die Orgien heutiger Wasserbauämter mit ansehen muß und inmitten einer verarmten Natur zu leben gezwungen ist, mag die einhellige Bewunderung, die bis in die Mitte des 20. Jahrhunderts dem Meliorationswerk der preußischen Könige gezollt worden ist, nicht mehr nachvollziehen können und aus dem großen Pionier Friedrich gar einen Vernichter der Feuchtgebiete machen. Er wird auch nicht mehr begreifen können, daß eine Publikation des Direk-

Ein Gewerbe, das in Berlin um 1800 besonders gepflegt wurde, war der Eisenkunstguß. Man konnte hierbei eine Feinheit der Ausführung erzielen, die bisher nur bei Edelmetallen möglich gewesen war. Das abgebildete, ungefähr 1830 entstandene Schmuckstück aus »Berliner Eisen« zeigt somit ebenso den Leistungsstand der Berliner Gießereitechnik an, wie es andererseits die Bereitschaft – oder die Notwendigkeit – demonstriert, das schlichte Eisen als Werkstoff für Schmuckstücke zu akzeptieren.

tors Stubenrauch aus dem Jahr 1787 die Wölfe, Bären und Fischotter des Warthebruchs mit »Ungeziefer« gleichgesetzt hat.[3] Doch ist dies eben ein Luxusstandpunkt, den wir erst einnehmen können, nachdem der unter anderem auch durch solche Steigerungen der landwirtschaftlichen Anbaufläche ermöglichte Wohlstand uns die Freiheit gegeben hat, über die Grenzen des Wachstums nachzusinnen.

Viel eher sollte uns die Frage beschäftigen, inwieweit die Tätigkeit des Kolonisierens, die sich mit Preußen und Preußentum in Verbindung bringen läßt, denn überhaupt eine genuine Angelegenheit der Hohenzollern und ihres Staates gewesen ist. Hier muß die Antwort lauten, daß das Kolonisieren wie manches andere, das der rationalistischen Staatsauffassung des 18. Jahrhunderts entsprungen ist, unter andern Zeptern ausgedehnter betrieben worden ist. Man denke nur an die umfangreichen Ansiedlungen, die Maria Theresia in Ungarn und an der sogenannten »Militärgrenze« der Habsburger Monarchie gegen die Türkei vorgenommen hat, aber auch an die Einwanderung so vieler Deutscher, die auf Einladung Katharinas II. in unbewohnte Gegenden des Russischen Reichs gekommen waren, um diese, besonders am Unterlauf der Wolga, urbar zu machen. Warum aber nehmen wir es nicht als dermaßen prägend wahr?

Nun, das ist ganz einfach eine Folge des Reichtums und der Vielfalt der Historie sowohl Österreich-Ungarns als auch Rußlands, wenn man sie mit derjenigen Preußens vergleicht. Zu Österreich-Ungarn gehört eben so unendlich viel mehr als der pfennigfuchserische Effizienzgedanke, der sich auch hier unter Maria Theresia und Joseph II. zeitweise Bahn gebrochen hat, Bahn brechen mußte, um die Vorsprünge des friderizianischen Preußen aufzuholen. Wir verbinden es mit dem sternengläubigen Kaiser Rudolf auf dem Hradschin ebenso wie mit der Federkrone Montezumas in der Wiener Hofburg, mit dem aufgeklärten Regiment des Großherzogs Leopold in der Toskana oder dem Aufstieg Budapests zur Metropole des Fin de siècle.

Wir verbinden die Geschichte Rußlands ebenso mit dem Goldglanz der Ikonen wie mit der Pracht der Eremitage, und wer denkt schon daran, daß auch die Eremitage auf Kolonialboden steht? Von Preußen aber, dessen welthistorische Rolle, eingezwängt zwischen den Verwüstungen des Dreißigjährigen Krieges und den noch ausgedehnteren Verheerungen der Weltkriege, sich auf dreihundert Jahre beschränkt, wissen wir in erster Linie, daß es sich emporgehungert hat.

8. *Militär und Krieg*

Preußen, so sagte man schon ausgangs des achtzehnten Jahrhunderts, sei eine Militärmonarchie. 1806, kurz vor den vernichtenden Niederlagen bei Jena und Auerstedt, definierte der preußische Staatsanzeiger: »Ein militärischer Staat ist ein solcher, worin der Chef durch die Kraft des Militärs die Tendenz des Staatsvereins erreichen will, und diesem alle anderen Mittel, die auch dahin führen, unterordnet, als Handlung, Industrie, Ackerbau, usw.«

Die Tendenz des Staatsvereins: das meinte den Staatszweck, der zu jener Zeit in der Glückseligkeit seiner Bürger erblickt wurde. Mit anderen Worten: Das Militär sollte das Mittel zum Zweck sein. Der Zweck aber war nach dem Verständnis von 1806 nicht die Steigerung der Macht an sich. Dieses zu behaupten war dem Kaiserreich und dem größten Demagogen unter Preußens Historikern, Heinrich von Treitschke, vorbehalten. Der Zweck war höchstens, wenn schon nicht das Ziel der Glückseligkeit an sich direkt angesteuert wurde, dasjenige, was man als seine Vorbedingung ansehen kann: Sicherheit und Wohlstand. Hat man dies akzeptiert, so wundert man sich weder über den Satz, daß die Preußen so schnell nicht schießen, noch ist man erstaunt über den so unterschiedlichen Gebrauch, den Preußens Herrscher vom Militär gemacht haben.

In der Tat beginnt Preußens Aufstieg mit einem militärischen Entschluß, mit einer Entscheidung noch dazu, die jeder ökonomischen Vernunft ebenso hohnzusprechen schien, wie sie der verfassungsmäßigen Tradition entgegen war. Friedrich Wilhelm, der Große Kurfürst, hatte nach seinem Regierungsantritt 1641 zunächst seine Soldaten entlassen, was nicht einfach war, da die Obersten der Landsknechtsregimenter nicht einsahen, weshalb sie auf einmal von der Futterkrippe vertrieben werden sollten. Bald danach erkannte Friedrich Wilhelm, daß er mit der Auflösung seiner Armee gleichzeitig auch seine Unabhängigkeit preisgegeben hatte, denn den weiterhin im Land stehenden Schweden – es herrschte noch immer der Dreißigjährige Krieg – hatte er nichts entgegenzusetzen. So warf er

1644 das Ruder herum, begann von neuem Truppen anzuwerben, um sie nie wieder loszulassen. Zwar wurde 1648 in Deutschland der Westfälische Friede geschlossen, und mit dem Hinweis darauf verlangten die Stände, das Heer zu vermindern, da man ein stehendes Heer in Friedenszeiten nicht gewohnt sei. Friedrich Wilhelm aber widersetzte sich ihnen, und als das zum Unterhalt der Truppen nötige Geld von den Ständen nicht freiwillig beigesteuert wurde, trieb er es auf dem Weg der militärischen Exekution ein.

Der Dreißigjährige Krieg hatte die Kurmark derart verwüstet, daß die Folgen heute noch zu sehen sind – dem Reichtum mancher nordwestdeutscher oder auch süddeutscher Dörfer hat das Land zwischen Elbe und Oder nichts Vergleichbares entgegenzusetzen. Dennoch entschloß sich Friedrich Wilhelm, nicht etwa eine »Friedensprämie« einzustreichen, sondern hochgerüstet zu bleiben. Die Stände protestierten, remonstrierten und beklagten sich. Zuletzt mußten sie den *»miles perpetuus«,* das stehende Heer, akzeptieren. Gleichwohl ließen sie sich ihr Zugeständnis teuer abkaufen. Im Kurmärkischen Rezeß von 1653 wurden ihnen ihre sozialen Vorrechte garantiert, und diese Konstellation: Einwilligung in die militärische Hochrüstung im Tausch gegen die Konservierung der sozialen Ordnung hat Preußens Schicksal ausgemacht. Von ihr ist die Ära der Reformen unter Stein und Scharnhorst ebenso bestimmt wie noch die Realpolitik Bismarcks.

Waffen können zu zweierlei Zwecken dienen. Es gibt den heißen und den kalten Krieg. Im kalten Krieg ist die Superwaffe – wie die Schlachtschiffe des aus der Mark Brandenburg stammenden Richterssohns Alfred Tirpitz – das Mittel, um eine Positionsverbesserung zu erzwingen. Man hofft auf die Risikoscheu des Gegners, muß freilich durch seine eigene Rüstung dabei ein Risiko eingehen, weiß man doch nie bis ins letzte, was das Gegenüber, von dem man die Zugeständnisse sich erdrohen will, tun wird. Im Lauf der Jahre beginnt man seine Superwaffe zu lieben, betrachtet sie wie den Joker, den man verliert, wenn man ihn einsetzt. So rieten Wilhelm II. seine Admiräle 1914, doch mit der Flotte möglichst schonend umzugehen, und so schonte Friedrich Wilhelm I., der »Soldatenkönig«, seine Armee.

»Mein lieber Successor«, so schrieb er in seinem Politischen Testament von 1720, »bitte ich euch umb Gottes willen die Armée wohll zu conserviren und sie mehr und mehr zu verstercken und sie formi-

Zweimal preußische Monarchen in militärischer Aktion: Während die Schlittenfahrt des Großen Kurfürsten über das Kurische Haff – 1679, im Schwedenkrieg – auf dem Gemälde Wilhelm Simmlers von 1898 rückwirkend verklärt ist, haben wir es bei der Darstellung des Königs Friedrich II. (folgende Seite) vor seinen Truppen durch Daniel Chodowiecki mit einer zeitgenössischen Arbeit zu tun. Chodowieckis Bilder erreichten, oft reproduziert, eine weite Verbreitung und prägten das populäre Bild Friedrichs des Großen.

Um Rekruten für seine Riesengarde zu finden, scheute Fried rich Wilhelm I. weder Kosten noch Rechtsbrüche oder Verstim mungen mit seinen Nachbarn. Wenn das Ausmaß seiner Vor liebe auch irrational war, so hatte das Beharren auf Körpergröß doch einen praktischen Sinn. Wer lange Arme hatte, konnt Gewehre mit längerem Lauf handhaben, die wiederum ein größere Treffgenauigkeit erzielten.

dabeler zu machen.« Friedrich Wilhelm I. weigerte sich, seine Soldaten gegen Geld zu verleihen, wie das noch sein Vater getan hatte. Wollte man seine Soldaten, so mußte man ein Bündnis mit ihm schließen und konnte dann auf die Unterstützung durch seine ungeteilte Armee rechnen. »Warumb sollet Ihr Euer Armée Sacrificieren laßen, geldt Kriget Ihr ümmer wieder.«

Menschen waren diesem König unersetzlich. Das fügte sich in die Bevölkerungspolitik des merkantilistischen Zeitalters, als das Gewicht eines Staatswesens nach der Zahl seiner produzierenden und konsumierenden Einwohner geschätzt wurde; es fügte sich in die Bedürfnisse Mittel- und Ostdeutschlands in dem Jahrhundert, als es galt, die Bevölkerungsverluste des Dreißigjährigen Kriegs aufzuholen, es entsprach aber auch der Religiosität dieses Monarchen. »Mein lieber Successor bitte ich umb Gottes willen keinen ungerechten krihg anzufangen und nicht ein aggressör sein den Gott die ungerechte Krige verbohten und Ihr iemahls müßet rechenschaft gehben von jeden Menschen der dar in ein ungerechten Krig geblіben ist.«

Die Armee ist das Hilfsmittel, das dem Staatswesen in der internationalen Auseinandersetzung Gewicht verleiht. Sie garantiert Bündnisfähigkeit und macht das Land zu einem begehrten Partner. Alles dies ist aufs Spiel gesetzt, wenn die Armee um kurzfristiger Geldeinnahmen willen zerstreut wird oder gar sich in einem Krieg verbluten muß.

Die Armee gewährt Sicherheit. Seine Sicherheit aber riskiert man nicht. In einem kühnen Diagnosezugriff haben die Schweizer Psychohistoriker Kurt und Kati Spillmann die Soldatenspielerei Friedrich Wilhelms I. auf die Sicherheitsbedürfnisse des Kleinkinds zurückgeführt, das sich von der Mutter löst und auf seinem Weg in die Welt ein Objekt bei sich haben muß, dem es all die Anhänglichkeit schenken kann, die es bisher der Mutter zugewandt hat. Im Gegenzug verspricht das »Übergangsobjekt« eine Fortdauer des mütterlichen Schutzes, auch wenn die Mutter nicht mehr gegenwärtig ist. Die »Langen Kerls« als die Teddys des heranwachsenden Preußenlandes? Als es groß geworden war, wurden sie tatsächlich abgeschafft. Erst Friedrich Wilhelm III. hat die blechernen Grenadiermützen wieder eingeführt, wie so manch Erwachsener sein Lieblingsspielzeug hervorsucht.

Im Schutz der Armee baute Friedrich Wilhelm I. sein Land auf und baute es aus. Er fürchtete den Krieg, weil der Verlust seiner

Armee gleichbedeutend gewesen wäre mit dem Verlust eines äußeren Objekts, das er zur Regulierung seines inneren Gleichgewichts zeitlebens benötigte. Gleichzeitig aber lieferten ihm seine Lebenserfahrung und das Bewußtsein, sich Gott gegenüber für jedes verlorene Menschenleben rechtfertigen zu müssen, auch gute Gründe für seine Kriegsscheu. Er hat in seiner Kronprinzenzeit, als er schon mit dem Herzog Leopold von Anhalt-Dessau an der Vereinheitlichung des Erscheinungsbilds der Armee gearbeitet hatte, auf dem Schlachtfeld von Malplaquet gegen die Franzosen gekämpft und dabei den Verlust so vieler braver Offiziere betrauert, für die er sich schon jetzt, obwohl noch nicht Herrscher, persönlich verantwortlich fühlte.

Friedrich Wilhelm hatte bei Malplaquet die preußische Kavallerie selbst angeführt. Ganz umgekehrt sein Sohn: Der zarte Friedrich, der den blauen Rock einmal seinen Sterbekittel genannt hatte, blieb vor Krieg und Not bewahrt, mußte nur einmal, 1734, im Polnischen Thronfolgekrieg an einem Feldzug im Lager der Kaiserlichen teilnehmen. Meriten als Kommandeur erwarb sich der Zweiundzwanzigjährige dabei nicht. Die von seinem Vater aufgesetzte Instruktion für diesen Ausbildungsaufenthalt sah vor, daß der Prinz sich um alles kümmern müsse, von den Schuhen des Musketiers und deren Tragdauer »bis zur hundertpfündigen Kanone«, den Dispositionen des Oberfeldherrn und den Beweggründen für die Wahl eines Lagerplatzes. Den Prinzen Eugen, den in siebzehn Schlachten siegreichen Generalissimus des Kaisers, erlebte er nur noch als den Schatten seines einstigen Heldentums. Die Sucht nach Ruhm war sicherlich ein wichtiges Motiv des jungen Fürsten. Doch hat er sich dieses Verlangen nicht in der persönlichen Begegnung mit dem alternden Feldherrn erworben. Es war das Resultat seiner ausgedehnten historischen Lektüre, als deren Ergebnis Friedrich sich ein Pantheon großer Vorbilder schuf. In diesem Pantheon war für ihn der Prinz Eugen einem Scipio Africanus und Julius Caesar gleichrangig.

Daß gerade Friedrich es war, der das in langen Friedensjahrzehnten durch seinen Vater Geschaffene in einem waghalsigen Unternehmen aufs Spiel setzte, mag schon mit dieser unvollkommenen Einführung in die nüchterne Wirklichkeit des Kriegs zu tun haben. Es liegt aber auch in der Form begründet, in der Friedrich den entsetzlichen, lebensbedrohenden Kampf mit seinem Vater bewältigt hatte. Anekdoten über Friedrich, die von glaubwürdigen Zeugen überliefert sind, zeigen ihn als einen zur Einfühlung oftmals unfähi-

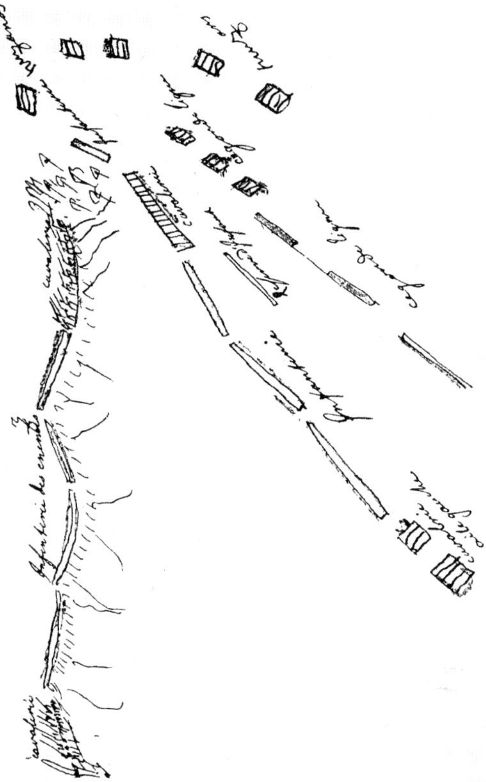

In dieser eigenhändigen Skizze aus dem Jahr 1746 zeigte Friedrich der Große seinen Generälen, wie er sich die »schiefe Schlachtordnung« vorstellte. Seit der oranischen Heeresreform am Anfang der Neuzeit waren alle Überlegungen über Strategie, Taktik und militärischen Drill auch Gegenstand einer kriegstheoretischen Literatur, die zahlreiche Anleihen bei den antiken Militärschriftstellern machte.

gen, bindungslosen und grenzenlos einsamen Menschen, der gelernt hatte, sich vor Verletzungen dadurch zu schützen, daß er sein Herz an gar nichts hängte, nicht einmal an seine Armee. Der Sohn des Sicherheitsfanatikers war ein Hasardeur, der sich noch zusätzlich anstachelte, indem er, nach den Worten Theodor Schieders, Vermutungen als Gewißheiten einsetzte und Gefahren bis zu ihren äußersten Konsequenzen ausmalte, »nicht, um dann vor ihnen zurückzuschrecken, sondern sie dienten ihm immer als Ansporn für seinen Aktionismus«.

Friedrich begründete sein riskantes Vorgehen beim Überfall auf Schlesien mit der Behauptung, in Europa seien ganz allgemein derart unsichere Zustände eingerissen, daß man sich nicht mehr zu helfen wisse. Die Gleichgewichtspolitik, die im Frieden von Utrecht 1714 einen solchen Triumph gefeiert hatte, gelte nicht mehr. Dies ist ein bemerkenswertes Urteil, das den Augenschein gegen sich hat. Es dürfte auch für Friedrich nicht ausschlaggebend gewesen sein. Vielmehr folgte er der reinen Opportunität, als er 1740 Schlesien angriff. Da sich ihm die Gelegenheit bot, sich eine bedeutende Ländermasse anzueignen, die die Geschlossenheit seines Territoriums verstärkte und ihm damit eine neue Art von Sicherheit verlieh, griff er zu.

Friedrich betrachtete das Kriegshandwerk als eine Kunst, die höchste Anforderungen stellte, die er aber weitgehend wertfrei aufgefaßt hat. Er wollte sehr wohl auch in diesem Bereich des menschlichen Lebens die Aufklärung wirken lassen, doch nur insoweit, als Aufklärung für Rationalität, Effizienzsteigerung, das Brechen mit alten Gewohnheiten und dem Aberglauben steht, nicht aber im Hinblick darauf, daß Verbreitung der Aufklärung etwa Humanisierung im Gefolge haben sollte. Friedrich hat selbst seinen Nachahmern geraten, lieber zehn großartige Pläne in Angriff zu nehmen, von denen dann höchstens zwei gelingen könnten, als sich in kleinlicher Vorsicht zu beschränken und sich damit die Möglichkeit zu verscherzen, unsterblichen Ruhm zu erlangen. Der Ruhm, der ihm dann tatsächlich zuteil wurde, und der Tribut, den ihm der andere große Feldherr, Napoleon, gezollt hat, aber gründeten sich nur auf das unbedingte Wollen, nicht auf geniale strategische *grand designs*, denn die besaß er nicht. Der einzige aus einem Guß geplante Feldzug, der von 1757 in Böhmen, war ein Fehlschlag, und die längste Zeit des Siebenjährigen Kriegs überstand er durch die Genialität seiner regelwidrigen Aushilfen. Dieses Überleben selbst gegen die Große Koalition Europas war es schließlich, das ihm mythische Bedeutung zuwachsen ließ.

Wie Friedrich »der Einzige« sich nicht scheute, die kostbaren Soldaten, Symbole der Sicherheit, zum Zweck einer »höheren Form« von Sicherheit aufs Spiel zu setzen, so unterstellte man ihm auch, er habe für den einzelnen Kämpfer oft kein Herz gehabt. Es gehört zu den weniger liebenswerten Anekdoten, wenn wir in einer Nachlese zu seinem Leben aus dem Jahr 1790 hören: »Wie schlecht er indeß in seinem Dienst zu Krüppeln geschossene Soldaten versorgte, davon brauchte man wohl keinen stärkern Beweis, als wenn man ihn von Sanssouci nach Potsdam reiten sah, wo ihn fast täglich 10 bis 12 alte Soldaten mit hölzernen Beinen, mit einem Arm oder durch andere Wunden verstümmelt, in alten, zum Dienst, so wie sie, unbrauchbar gewordenen Montirungen begleiteten. War er guter Laune, so befahl er einem von denen ihm folgenden zwei Leib-Pagen: ›Gieb ihnen was!‹ und dann warf der Page einen Thaler (mehr tat er nie gut) unter die armen alten Krieger hin; so wie man einem vor Hunger bellenden Hunde ohngefähr einen Knochen vorwirft. Doch geschahe dies mehrenteils die Woche nur einmal. War er nicht gut aufgeräumt, so erhielten die Pagen den in dem Munde eines Königs entsetzlich klingenden Befehl: ›O! Jagt doch die Canaillen weg!‹ Alsdann machten sich die jungen angehenden Helden den Spaß, einigemal unter die, die Schrecken des Kriegs und die Härte des Königs laut verkündigenden abgelebten Sieger, mit der Peitsche zu hauen.«[1]

Dankbarkeit des Kriegsherrn oder guter Lohn aber war es am wenigsten, was den mythischen Zusammenhalt der Regimenter Friedrichs des Großen gewährleistete. Der Ehrenstandpunkt, der *esprit de corps*, neudeutsch *»corporate identity«* genannt, kann eine gewaltige Macht entfalten. Menschen opferten sich auf, um Teilhaber seines Ruhms zu sein.

Sicherheitsdenken kann einen gefährlichen Automatismus entwickeln. Es kann zur Sicherheitsneurose werden, wenn jede gerade erreichte Gebietsvergrößerung nach neuen Schutzmaßnahmen, jedes eben geschaffene Glacis zu seinem Schutz nach der Gewinnung eines neuen Vorfelds ruft. Diese Zwänge lernten auch die Hohenzollern kennen. Nachdem sie einmal in das Geschäft der polnischen Teilungen eingetreten waren, konnten sie gleich den Russen und Österreichern nicht ruhen, ehe nicht der letzte Fetzen eines freien Polen, der zum Ausgangspunkt einer Wiederbelebung Polens hätte werden können, von der Landkarte getilgt war. So wurde Warschau 1795 eine preußische Stadt, und Friedrich Wilhelm II. wurde Herr über Millionen polnische Untertanen. Preußen hörte auf, ein deutsches Land zu sein, und wurde zu einem Nationalitätenstaat.

Um Polen erobern und halten zu können, hat sich dieser Nachfolger Friedrichs des Großen also in einen strapaziösen und verlustreichen Feldzug gestürzt. Der Krieg gegen Polen, in dem er sich monatelang aufhielt, und zuvor schon die Feldzüge von 1792, 1793 und 1794 gegen das revolutionäre Frankreich untergruben seine

Preußen als Freund, niemand fürchtet es als Feind. Wie Preußen zu einer Macht wurde, erzählt uns die Geschichte; wie es eine bleiben will, kann niemand sagen.«

Hier waren die Grenzen der vom Soldatenkönig und von Friedrich Wilhelm III. gleichermaßen verfolgten Politik, die »formidable Armee« als Trumpf in der Hand zu behalten, ohne sie jedoch einzusetzen. Wer zu lange zögerte, setzte in den Augen einer europäischen Öffentlichkeit, die den Krieg als legitimes Mittel der Politik betrachtete, sein Ansehen herab.

Doch war das Beharren auf Neutralität, das so schwierig durchzuhalten war von einer Macht, die, in der Mitte Europas gelegen, sich in den Kriegen ihrer Geschichte niemals ohne Verbündeten hat halten können, nicht nur Resultat des Bestrebens, das eigene Machtinstrument zu schonen. Neutralität, das war auch Ausfluß des Wunsches, das eigene Gewissen rein zu halten, nicht sich beschmutzen zu müssen an den Streitigkeiten dieser Welt. »Man mische sich nie in fremde Händel, die einen nichts angehen, und unterscheide sehr wohl das wahre vom falschen Interesse und lasse sich nicht durch einen vermeinten zu erlangenden Ruhm verblenden, denn der wahre besteht darin, daß man seine Unterthanen glücklich mache ... Um aber nicht wider seinen Willen in fremde Händel gemischt zu werden, so hüte man sich vor Alliancen, die uns früh oder spät in solche verwickeln könnten«, so formulierte Friedrich Wilhelm III. als sechsundzwanzigjähriger Kronprinz seine Ansichten. Er hatte sich sogar die berühmten Worte aus der *Farewell Address* George Washingtons aus der Zeitung abgeschrieben, in denen der scheidende amerikanische Präsident 1796 vor »*entangling alliances*« gewarnt hatte. Daß Friedrich Wilhelm den Unterschied nicht wahrnahm, der zwischen der isolierten Lage der amerikanischen Union, die aus dem Westen ihres Kontinents keine Gefahren zu befürchten hatte, und der Situation Preußens bestand, erhellt das Ausmaß, zu dem sein Denken Wunschdenken war. Nur zu bald, schon kurz nach seinem Regierungsantritt, sollte er darüber belehrt werden. Im Herzen immer noch an der Neutralität und dem Wunsch nach Unschuld festhaltend, ließ er sich dann doch 1803 zu Bündnisverhandlungen und zu einer das Gewissen belastenden Besitznahme verleiten, hierin von dem alles überragenden Gedanken der Sicherheit geleitet. Um sein Territorium zu konsolidieren, wie Friedrich der Große es mit dem Raub Schlesiens getan hatte, wollte er sich von Napoleon den Besitz

Hannovers zusprechen lassen und hoffte sogar auf eine nachträgliche Zustimmung des englischen Königs zu diesem Schritt, die anläßlich eines allgemeinen Friedensschlusses in Europa erfolgen sollte. Halbherzig und ungeschickt ausgeführt, wie sie war, hat ihm diese Politik außer einer britischen Kriegserklärung nur einen Verlust an moralischer Glaubwürdigkeit eingebracht.

Die Neutralität war auch das Herzensanliegen Friedrich Wilhelms IV., der 1854 formulierte: »Preußens Neutralität soll wirklich unbeteiligt, nicht hierhin, nicht dorthin neigend seyn, aber selbständig und selbstbewußt ... Nur wenn es nöthig wird, auch bewaffnet.« Friedrich Wilhelm IV. hat als König niemals in den Krieg ziehen müssen. Mehr der Zufälligkeit der Ereignisse als der Klugheit seiner Voraussicht wegen konnte Preußen seine Neutralität im Krimkrieg erhalten und daraus sogar gestärkt hervorgehen. Der Monarch selbst war so unkriegerisch, wie man es sich nur denken kann: Schon von Jugend an dick und stark kurzsichtig, gab er auch äußerlich nicht das Bild eines strammen Militärs ab. Seinen Pflichten als Inspizient der Regimenter und Aufseher der Revuen und Paraden kam er lustlos und in bloßer Pflichterfüllung nach, wie auch seine Briefe an den Vater aus der Kronprinzenzeit erkennen lassen.

Dennoch kannte er den Krieg aus eigener Anschauung, hatte er doch, noch nicht zwanzigjährig, die Kampagnen der Befreiungskriege mitgemacht. Es war am Tag nach der Schlacht von La Rothière am 1. Februar 1814, daß der Generalfeldmarschall von Blücher mit dem Kronprinzen über das Schlachtfeld ritt. »Er benutzte die Gelegenheit«, erzählt das Tagebuch des Kavalleriegenerals Graf Ferdinand von Nostitz, den Thronfolger »auf die schrecklichen und unvermeidlichen Folgen des Krieges aufmerksam zu machen, er zeigte ihm die Menge der zerstreut liegenden todten oder verstümmelten Krieger, alle die verbrannten und verwüsteten Wohnungen friedlich lebender, im Laufe eines Tages unglücklich gewordener Einwohner und schloß mit der Bemerkung, daß eine große Verantwortung jeden Monarchen träfe, welcher leichtsinnig das Losungswort zu einem andern als zu dem für das Wohl des Vaterlandes unvermeidlichen Kriege gäbe.«[3]

Der geborene Soldat war dagegen der zweitälteste Sohn Friedrich Wilhelms III., der 1797 geborene Wilhelm. Gleich dem Kronprinzen war er Augenzeuge der Feldzüge von 1813 und 1814, darunter der Rheinüberquerung in der Neujahrsnacht 1814 bei Mannheim. Während des russisch-türkischen Kriegs, der 1828 ausgebrochen war, drängte er seinen Vater Friedrich Wilhelm III., in den Krieg einzugreifen, da es hier gegen die Heiden gehe. Friedrich Wilhelm III. aber, der an den religiösen Hintergrund des Kriegs nicht glauben konnte – wenngleich er sich ihn gewünscht hätte –, verwendete sein Gewicht und das seiner Armee vielmehr zur Vermittlung und führte durch den General von Müffling 1829 den Frieden von Adrianopel herbei.

So mußte Prinz Wilhelm, gleich dem Vater mit Verbesserungen an Uniformen und im Drill beschäftigt, noch Jahrzehnte auf seine Stunde warten. Früh stand auf jeden Fall für ihn fest, daß das Militär eine wesentliche Funktion nicht nur bei dem Schutz nach außen, sondern auch bei der Sicherung der monarchischen Herrschaftsordnung nach innen hatte. Man muß sich in Erinnerung rufen, daß das Königreich Preußen bis zum Erlaß der ersten Verfassung im Dezember 1848 ein absolutistischer Staat war. Dieser Staat stand seit 1789, wie ganz Europa, im Schatten der Revolutionsdrohung. Wenn die Kanone die *ultima ratio regum* in Fragen der äußeren Beziehungen war, so war sie es für Prinz Wilhelm nicht minder für den Fall, daß die Stabilität der absolutistischen Herrschaft durch innere Unruhen oder Aufstände gefährdet sein würde.

Das Militär, das mit Hilfe des Generaladjutanten und durch dessen Büro, das »Militär-Kabinett«, unter Umgehung des Ministeriums direkt vom König geführt wurde, war dessen exklusives Machtinstrument. Es konnte aber nur diesen Zweck erfüllen, wenn es aus linientreuen Liniensoldaten bestand. Unzuverlässig erschien, wegen ihrer Volksnähe, eine Miliz, wie Preußen sie seit 1813, neben dem stehenden Heer, in Gestalt der Landwehr besaß. Wilhelm gehörte daher zu dem Kreis derjenigen, die schon bald nach dem Ende der Befreiungskriege an der Daseinsberechtigung der Landwehr zu zweifeln begonnen hatten. Landwehroffiziere waren meist bürgerlicher Herkunft und von der Mentalität her Zivilisten. Ihnen fehlte der exklusive esprit de corps.

»Ich glaube«, schrieb Prinz Wilhelm 1840, »daß eine längere Dienstzeit nur wünschenswert ist, um den Menschen zum Soldaten zu erziehen, was aber nur durch Gewohnheit erlangt wird.«[4]

Prinz Wilhelms erste Chance, selbst ein Kommando zu führen, kam, als er das Kommando der Armee übernahm, die im Jahr 1849 in der Pfalz und in Baden die letzten Anhänger der von der Paulskirche verabschiedeten gesamtdeutschen Reichsverfassung niederwerfen ließ. Zu diesem Zeitpunkt hatte ihm die Opposition bereits das Etikett »Kartätschenprinz« angeheftet.

Als sich die in der Festung Rastatt eingeschlossenen letzten Streiter der badischen Armee den Preußen ergeben hatten und mit klingendem Spiel aus dem Tor gezogen kamen, da wurden sie nicht wie Kriegsgefangene, sondern wie Aufrührer behandelt. Der Tatsache, daß man der Gegenseite das Recht auf Kriegführung abspricht, verdanken Bürgerkriege ihre besondere Grausamkeit. Der Prinz von Preußen hatte dem Abzug der Revolutionäre zunächst überhaupt nicht zusehen wollen, sich dem Anblick dann jedoch nicht entziehen können. Er legte allerdings Wert auf sein Inkognito. An dem Todesurteil, das ein im Namen des Großherzogs von Baden urteilendes preußisches Militärgericht über den Festungskommandanten Gustav Nikolaus Tiedemann verhängte, wirkte Prinz Wilhelm nicht mit. Er soll auch, so hält der große Geschichtsschreiber jener Revolution, Veit Valentin, als glaubwürdig fest, besonderen Verdruß geäußert haben, daß er die Erschießung des Redakteurs Ernst Elsenhans nicht habe verhindern können. Dieser hatte den Prinzen in seiner Publizistik besonders beleidigt, und Prinz Wilhelm hatte die Gelegenheit ergreifen wollen, zu beweisen, daß er keine persönliche Rachsucht hege. Daß aber in den folgenden Wochen Kriegsgerichte insgesamt vierzig Todesurteile verhängten, stieß nicht auf Wilhelms Widerstand, auch nicht, daß im Gefolge der preußischen Intervention Baden zunächst einmal unter militärisches Besatzungsrecht gestellt wurde. Der spätere König der Reichsgründungszeit, dessen Charakter als geborener Soldat vor allem in seinem Alter die Lobhudler zu preisen nicht müde wurden, hatte seine militärische Reife das erste Mal als Führer einer konterrevolutionären Bürgerkriegspartei unter Beweis gestellt. Man sollte dies nicht aus den Augen verlieren.

Die preußische Landwehr hatte sich, wie das ihre Kritiker prophezeit hatten, in der Revolution teilweise als unzuverlässig erwiesen oder sogar, wie in Neuß, Elberfeld, Krefeld und Essen, den Gehorsam verweigert. Die Armee umzustrukturieren und die Landwehr ihres Milizcharakters zu berauben erschien deshalb dringender denn je. Rein fachliche Gründe kamen hinzu, und darüber hinaus schien es erlaubt, an eine Vergrößerung der Armee zu denken, war doch ihre Gliederung auf ein 10-Millionen-Volk berechnet, während die Einwohnerzahl Preußens in den 1850er Jahren auf 18 Millionen angestiegen war. 1859 hat Wilhelm, inzwischen Prinzregent, eine Teilmobilmachung anordnen müssen, um gegebenenfalls die Integrität des Deutschen Bundes zu verteidigen, falls der damals zwischen Österreich und Frankreich um die italienischen Besitzungen Österreichs tobende Krieg auf Deutschland übergreifen sollte.

Diese Mobilmachung stellte in Wilhelms Augen mindestens so sehr wie das Jahr 1849 einen großen Test für die Leistungsfähigkeit der Armee und ihrer Organisation dar. Daß Preußen sowohl während des Krimkriegs als auch während des Kriegs von 1859 einen zaghaften Kurs gesteuert habe, weil es sich der Schlagkraft seiner Armee nicht mehr sicher gewesen sei, daß es auch 1850 schon vor Österreich militärisch zurückgewichen war (in der Konfrontation, die in dem Treffen von Olmütz gipfelte), ist in der Folgezeit zu einem Argument der monarchistischen Anhänger einer Heeresvermehrung auf der Basis einer verlängerten Dienstzeit im stehenden Heer geworden.

Neben einer – problemlos zu bewerkstelligenden – verbesserten Ausschöpfung der jeweiligen Rekrutenjahrgänge wurde die Dienstzeitverlängerung – von zwei auf drei Jahre – der Mittelpunkt aller Pläne, die Wilhelm für Preußens Zukunft hegte. Das schien das probate Mittel, um die von Wilhelm seit langem geforderte Gewöhnung zu erreichen. Auch Edwin von Manteuffel, der Chef des Königlichen Militärkabinetts, hatte 1849 gemeint: »Heute ist leider Gottes der Kampf gegen den Aufruhr im eigenen Land die nächste Aufgabe.« Weiterhin liefen die Entwürfe, die das Kriegsministerium und Wilhelm nunmehr ausarbeiteten, darauf hinaus, das alte Landwehr-Offizierkorps verschwinden zu lassen und den Reserveoffizier, wie er künftig aussehen sollte, fest in die Linientruppe mit ihrer streng monarchistischen Gesinnung zu integrieren.

Es versteht sich, daß diese Absichten in der Argumentation dem preußischen Landtag gegenüber nicht ausgesprochen werden konnten. Den zweifelsohne ebenfalls vorliegenden machtpolitischen Aspekt hat Wilhelm, noch als Prinzregent, in einer Kabinettsorder vom 24. November 1859 an seinen als eher liberal eingeschätzten Kriegsminister Eduard von Bonin (er hatte sich den durch seinen Bruder entlassenen Minister wiedergeholt) folgendermaßen formuliert: »Sehr richtig erwähnen Sie, daß die militärischen, staatswirtschaftlichen und finanziellen Interessen in einer gewissen Harmonie stehen müssen, aber ebenso wahr ist es, daß in einer Monarchie, wie die unsrige, der militärische Gesichtspunkt durch die beiden anderen nicht geschmälert werden darf; denn die europäische Stellung des Staates, von der wieder so vieles andere abhängt, beruht darauf. Der Friede selbst, ohne welchen keine Wohlfahrt des Ganzen noch der Einzelnen zu denken wäre, würde durch eine Beschränkung der inneren Tüchtigkeit und Schlagfertigkeit des Heeres gefährdet werden.«[5] Eine »Monarchie wie die unsrige«: Preußen wollte eben nicht ein Staat sein wie jeder andere. Das Militärische als Wesensbestimmung lag fest und sollte fernerhin festgeschrieben bleiben.

Um dieses Ziel durchzufechten, hat König Wilhelm I. alle Konsequenzen auf sich genommen, ja er wollte lieber abdanken, als auf das Militär als das genuine Machtinstrument der Krone zu verzichten. Zu diesem Zweck stellte er sich dem jahrelangen Verfassungskonflikt mit dem preußischen Abgeordnetenhaus, der schließlich jenseits aller Fragen nach der zweckmäßigsten Form der Ausbildung von Rekruten in einen Streit darum mündete, ob die Ausgestaltung des Heeres in die verfassungsmäßige Gewalt des Parlaments gehöre oder ob sie eine aus dem monarchischen Oberbefehl entspringende Prärogative der Krone sei. In dieser Auseinandersetzung hat die Krone gesiegt, nur mühsam wurde durch Wahrung der Form dem Parlament ein vollständiger Gesichtsverlust erspart.

Schon über siebzig Jahre alt, ist Wilhelm dann 1866 und 1870 persönlich ins Feld gezogen, wohnte auf den Feldherrnhügeln den Schlachten bei und empfing – bei Sedan – das Schreiben, mit dem sich Kaiser Napoleon III. in seine Hände begab. Wilhelm antwortete, indem er nach einem von Bismarck durchkorrigierten Entwurf des Grafen Hatzfeldt schrieb: »Mein Herr Bruder! Indem ich die Umstände, unter denen wir uns begegnen, bedauere, nehme ich den Degen Eurer Majestät an und bitte Sie, einen Offizier zu bevollmächtigen, um über die Kapitulation der Armee zu verhandeln, welche sich so tapfer unter Ihrem Befehle geschlagen hat. Meinerseits habe ich den General von Moltke hierzu bestimmt.« Noch einmal leuchtet hier jene Ritterlichkeit auf, die 1849 den Gegnern im Bürgerkrieg verweigert worden war und die ab 1914 aus den Umgangsformen der Europäer fast ganz verschwinden sollte. Die preußischen Historienmaler mit Anton von Werner an der Spitze bekamen hier die Vorlagen für einige ihrer großartigsten Gemälde.

Zu Pferd gestiegen, um seine Armee unter den Augen zu haben, ist Wilhelm nach der Heimkehr aus dem Krieg auch weiterhin, als er die Achtzig längst hinter sich hatte, wenn es sich auch nur noch darum handeln konnte, die Manöver zu beaufsichtigen. Zuletzt ließ man den Monarchen in dem der Öffentlichkeit entzogenen Schloßhof das Pferd besteigen oder schüttete eine Rampe für ihn auf, die mit Laub bedeckt wurde.

In anderen Schlachten der Einigungskriege traten andere Hohenzollern, Prinzen des Königlichen Hauses, an: Friedrich Karl, der Neffe König Wilhelms, in Düppel und neben ihm Kronprinz Friedrich Wilhelm, der spätere Hunderttagekaiser, beim Eindringen nach Böhmen während des 1866er Kriegs. Die Korps der beiden Prinzen trafen sich, wie es Moltkes sprichwörtliche Generalstabsplanung vorsah, auf dem Schlachtfeld von Königgrätz – keine Minute zu früh, um die Schlacht noch zu gewinnen –, und vor den Augen der hurra schreienden Truppen umarmten sich die Cousins. Am Abend hängte König Wilhelm, der auf dem Schlachtfeld den Oberbefehl geführt hatte, seinem Sohn, der bis dahin immer als unmilitärisch, als Schwächling gar gegolten hatte, den Orden Pour le mérite um. Der Generalstabschef der Zweiten Armee, von Blumenthal, hat das Verhalten des Kronprinzen während des Feldzugs folgendermaßen charakterisiert: »Äußerlich immer ruhig und gelassen, ließ er sich auch nicht leicht zu Übereilungen verleiten, liebte es vielmehr, wenn die Zeit es gestattete, die Situation zu besprechen und sie nach allen Seiten zu beleuchten. Hatte er aber einen Entschluß gefaßt und die erforderlichen Befehle gegeben, dann blieb er fest, und die Versuche Unberufener, ihn zu anderer Ansicht zu bringen, waren stets vergeblich. Er hatte richtig erkannt, daß ein Schwanken in dem einmal gefaßten Entschluß fast noch gefährlicher ist als Übereilung. Seine Herzensgüte gestattete es ihm nicht, denen, die ihm in der besten Absicht ihre Ansichten vortrugen, scharf und bestimmt entgegenzutreten; er zog es dann vor, mit seiner eigenen Meinung zurückzuhalten. Dadurch erweckte er nicht selten den Glauben, als sei er unentschlossen und schwankend. Wie wenig kannten ihn diejenigen, die da glaubten, seine Entschlüsse beeinflussen zu können, weil er ihnen nachgebend und leicht zu überzeugen erschien. Andererseits wurde durch diese Eigenart des Kronprinzen der Dienstbetrieb im Stabe unendlich erleichtert und geregelt. Die Gewißheit, daß einmal gegebene Befehle nur durch die allerzwingendsten Gründe geändert werden würden und daß weder Einflüsse Unberufener noch Vorliebe für Details oder Personen daran etwas ändern konnten, gab den

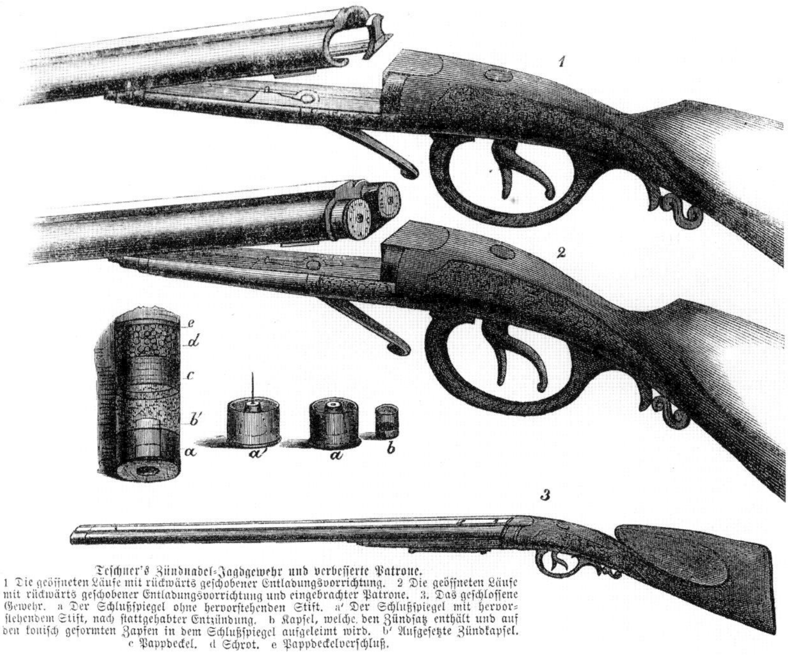

Das (hier an einer Jagdwaffe demonstrierte) Zündnadelprinzip ermöglichte es auch den Soldaten der preußischen Linienregimenter, Hinterladergewehre zu verwenden. Dadurch erhöhte sich die Feuergeschwindigkeit, was im Krieg von 1866 die Überlegenheit der preußischen Armee mit begründete.

Unterführern ein Gefühl der Sicherheit, das nicht hoch genug angeschlagen werden kann.«[6] Zweifellos sind das nur Mindesteigenschaften für den Befehlshaber auf einem derart hohen Posten, doch der spätere Kaiser Friedrich III. wußte von sich, daß er kein Genie war, und verhielt sich entsprechend – anders als sein Sohn, Wilhelm II.

Wilhelm, der Hunnenredner, der damit prahlte, er sei imstande, das Alexander-Garderegiment zu alarmieren und höchstpersönlich die Straßen Berlins von Aufrührern zu säubern,[7] der bei Wahlrechtsdemonstrationen die Polizisten nicht mit der flachen, sondern der scharfen Klinge zuhauen lassen wollte,[8] der 1899 davon redete, man müsse die Sozialdemokraten aus dem Reichstag holen und füsilieren,[9] er hat mit seiner Rhetorik viel dazu beigetragen, die Grenzen zu verwischen und Hemmungen abzutragen, die zwischen dem herkömmlichen Ideal ritterlicher Kriegführung und der Anbetung der nackten Macht sowie des nationalen und rassischen Egoismus noch bestanden. Und doch war er, das unterscheidet ihn von Adolf Hitler, kein Mann ohne Gewissen. Im Gegenteil, gerade das Wissen von seiner inneren Weichheit war es, das ihn immer wieder zu seinen Tiraden trieb.

Seit einer denkwürdigen Beratung am 8. Dezember 1912, an der nicht der Reichskanzler, wohl aber die Spitzen von Generalstab und Marine teilgenommen hatten, hatte die deutsche Führung die Möglichkeit eines Weltkriegs gegen gleich drei Großmächte – Rußland, Frankreich und England – ins Auge gefaßt. Dennoch wußte Wilhelm, daß er den Krieg fürchtete und in der nächsten Krise dazu neigen würde, wieder einzulenken. Als wollte er sich durch sein Wort unwiderruflich binden, hat Wilhelm am 6. Juli 1914 gegenüber Gustav Krupp von Bohlen und Halbach geäußert: »Dieses Mal falle ich nicht um!« Der Gewährsmann, ein Direktor des Krupp-Konzerns, berichtet weiter: »Die wiederholte kaiserliche Betonung, in diesem Falle werde ihm kein Mensch wieder Unschlüssigkeit vorwerfen können, habe sogar fast komisch gewirkt.«[10] Der Versuchung entzog Wilhelm sich, indem er auf seine traditionelle Nordlandfahrt entschwand, während in Berlin die Generäle und Diplomaten die Weltkatastrophe einfädelten. Vor Kriegsausbruch war er jedoch schon zurück, zu früh für manche, die immer noch fürchteten, der Kaiser könne weich werden.

Mobilmachung und Aufmarsch des kaiserlichen Heeres waren durch den Schlieffenplan vorgeschrieben. Hier war kein Raum für strategisches Genie. Doch überraschte es selbst die Kundigen, wie vollständig Wilhelm II., der Oberbefehlshaber des deutschen Heeres, ein Mann, der Offizierspatente persönlich zu unterschreiben gewohnt war, als Feldherr ausfiel. Er war zunächst geistig, dann auch physisch nicht dabei, wenn die Schlachten geplant wurden. Seine Einwirkung auf den gemeinen Soldaten beschränkte sich auf gelegentliches Auftauchen hinter der Front. Kein Vergleich bestand mehr zu der unmittelbaren Art, in der noch sein Vater sich dem Kugelregen ausgesetzt hatte. Hierin spiegelte er nicht nur die Veränderungen in der militärischen Führungsweise wider – auch die Generäle waren eher hinter dem Telefon als auf dem Feldherrnhügel zu finden –, er überbot sie noch. In Briefen klagte er darüber, unausgefüllt zu sein. Während die Oberste Heeresleitung der verfassungsrechtlichen Figur nach ein Anhängsel des Kaiserlichen Hauptquartiers war, war de facto dieses Hauptquartier mit seinem Hofstaat und seinem Luxus ein läppischer Wurmfortsatz der Heeresleitung geworden. (Noch im letzten Kriegsjahr wurde aus Kupfer, das man in Brüssel erbeutet hatte, ein Badewagen für den Hofzug gebaut.)[11]

Mit treffendem Instinkt hatte sich Wilhelm, solange er konnte, der Berufung des sieggekrönten Paul von Hindenburg in die Oberste Heeresleitung widersetzt, ahnend, daß dieser charismatische General ihn unwiderruflich aus den Herzen der Deutschen verdrängen würde. Es konnte nicht ohne Folgen bleiben, wenn überlebensgroße Hindenburg-Figuren in den Städten aufgestellt wurden, in die man für Spendenzwecke Nägel schlagen durfte. Wie der Kaiser es befürchtet hatte, so ist es gekommen: Schon 1917 gingen Briefe bei der Heeresleitung ein, die die Abdankung Wilhelms II. forderten – wie man sagen könnte, wegen erwiesener Überflüssigkeit. Der Kaiser stolzierte herum, trank Tee, ließ sich von den Krupp-Arbeitern brüskieren und sägte Holz. Ein übles Ende mußte befürchtet werden.

9. Fürstliche Wohnungen und repräsentative Architektur

Was ein Mensch baut, kann verschiedenerlei Zwecken dienen. Es kann ein Gehäuse für seine liebsten Beschäftigungen werden – dann ist es gewissermaßen um ein Inneres herum gebaut –, oder es kann der Verkörperung einer Idee, eines Programms dienen. Dann ist es Innerstes, nach außen gekehrt.

Gehäuse für die liebsten Beschäftigungen, ja Zufluchtsort sogar war für König Friedrich Wilhelm I. das Schloß Wusterhausen. Seine Liebe zu diesem bescheidenen Jagdschloß dürfte sich darauf gründen, daß er Schloß und Herrschaft schon als Zehnjähriger von seinem Vater zum Geschenk bekommen hatte. Wusterhausen diente in den kommenden Jahren als ein Ort, an dem Friedrich Wilhelm Sicherheit vor den Anforderungen fand, die seine Mutter Sophie Charlotte an höfische Eleganz und feine Kavalierssitten stellte. Darüber hinaus wurde die Eigenwirtschaft Wusterhausens ein Laboratorium für die ökonomischen Experimente des zukünftigen »Plusmachers«.

Hier exerzierte er eine Privatgarde, die aus Wusterhausener Jagdbedienten und Treibern bestand. Bei ihr fanden sich schon die hohen blechernen Grenadiermützen, die später als Kopfbekleidung des Regiments der »Langen Kerls« die Größenerscheinung dieser ausgesuchten Riesensoldaten noch verstärkten. Von Wusterhausen aus aber konnte Friedrich Wilhelm auch leicht auf die Jagd gehen, die seine Leidenschaft war und seinem Männlichkeitsideal entsprach. Zur Regierung gelangt, zog er sich hierhin vor unbequemen Repräsentationsbedürfnissen zurück, war er doch der erste Fürst im Königshaus, der die Feierlichkeit des höfischen Zeremoniells als eine Last empfand und dessen Erfordernissen lediglich soweit nachkam, als es zur Sicherung seiner Herrschaft unumgänglich war.

So wurde Wusterhausen auch der Ort, an dem sich Friedrich Wilhelm nach seiner Thronbesteigung in Klausur begab, um hier den neuen Sparetat auszuarbeiten. Tabak rauchend oder während seiner Gichtanfälle Bilder malend, die heute im restaurierten Schloß wieder gezeigt werden sollen, hat er in seinen späteren Jahren immer wieder

Weil das Tabakrauchen in guter Gesellschaft weithin abgelehnt wurde, zog sich Friedrich Wilhelm I. von Zeit zu Zeit in sein »Tabakskollegium« zurück. Hier hatte er in reiner Männergesellschaft Gelegenheit, mit seinen Offizieren zusammenzusein und alte Kriegserinnerungen zu pflegen.

Schloß Rheinsberg bei Neuruppin: Fontane nannte die Naturschönheiten der Gegend »nicht verächtlich«. Friedrich II. lebte hier als Kronprinz. Vor allem aber wurde Rheinsberg während fünf Jahrzehnten der Wohnsitz seines Bruders Heinrich, der weiterhin Schloß und Park mit dem Geist des Rokoko und der Aufklärung erfüllte.

hier gelebt. Die »Tabagie« von Wusterhausen – der König unterhielt solche Rauchergesellschaften auch in Berlin und Potsdam – war der Ort, an dem der Monarch, der sonst, schwer zugänglich, aus dem Kabinett zu regieren pflegte, mit seinen höheren Offizieren zusammentraf. Seine Kinder, großenteils inzwischen erwachsen, behielten indessen Wusterhausen und den einfachen Lebensstil, der dort herrschte, in schlechter Erinnerung.

Es scheint, als könne ein Monarch seine Vorstellungen von privatester Lebensführung nur in ländlicher Abgeschiedenheit verwirklichen. Für den Kronprinzen Friedrich, der sich mit der Unterwerfung unter den väterlichen Zorn einen relativen Freiraum erkauft hat, wird Rheinsberg ein solcher Ort. Die Rheinsberger Jahre – es waren nicht mehr als vier – sind bis heute konstituierender Bestandteil des Glanzes, der von der Persönlichkeit Friedrichs des Großen ausgeht, sofern man nur an die heitere, sonnige Seite dieser Persönlichkeit denkt.

Wiederum nicht ahnend, wie sehr er mit seinem Bedürfnis, in Ruhe gelassen zu werden, dem Vater ähnlich war, schrieb Friedrich, nachdem er einige Monate in Rheinsberg zugebracht hatte: »Ich lebe jetzt wie ein Mensch, und ziehe dieses Leben der majestätischen Gewichtigkeit und dem tyrannischen Zwang der Höfe weitaus vor. Ein Leben nach der Elle ist nichts für mich.«

Wir besitzen Friedrichs eigenes Zeugnis, daß er in Rheinsberg das erste Mal Gelegenheit hatte, die Bildungsrückstände aufzuholen, die die Intellektfeindlichkeit seines Vaters bei ihm verschuldet hatte; um aber die Versäumnisse seiner ganzen Jugend wettmachen zu können, mußte er mit harter Disziplin studieren.

Er sei um vier Uhr früh aufgestanden, hat er berichtet, um dann sechs Stunden zu lesen, anschließend zwei Stunden zu exzerpieren, nachmittags dann wieder zu seinen Büchern zurückzukehren und bis in die Nacht hinein weiterzulesen. Daß Friedrich nie ein systematischer Denker geworden ist, weiß man. Ob dieser Mangel – falls es überhaupt ein solcher ist – auf die Behinderungen zurückzuführen ist, die er in seiner Jugend erfuhr, oder aber die logische Entsprechung seines zerrissenen Wesens und seines »Königtums der Widersprüche« (Schieder) bildet, wird man schwerlich entscheiden können. Hätte sein Denken eine geschlossene Form gehabt, meint Theodor Schieder, wären es »philosophisch-anthropologische Aphorismen im Stil der französischen Moralisten gewesen«.

Das Arbeitszimmer, in dem Friedrich danach strebte, ein Bürgerrecht im Reich des Geistes zu gewinnen, beschreibt Theodor Fontane folgendermaßen:

»Nur sehr klein (höchstens zwölf Fuß im Quadrat), hat es nach drei Seiten hin eine entzückende Aussicht über Wald und See. Vor 140 Jahren muß es auch in seiner Ausstattung einen durchaus heiteren und angenehmen Eindruck gemacht haben. Es ist ein Achteck, das mit drei Seiten in der Mauer steckt, während fünf Seiten frei und losgelöst nach vorn hin liegen. Das Ganze setzt sich abwechselnd aus Wand- und Glasflächen zusammen ... Die Fensternischen sind sehr tief und boten deshalb Raum zur Aufstellung von Polsterbänken, die sich an beiden Seiten entlangziehen. An den Paneelwänden stehen altmodische Lehnstühle mit versilberten Beinen und schlechten, dunklen Kattunüberzügen. Über den Lehnstühlen aber, in ziemlicher Höhe, sind Konsolen mit den Büsten Ciceros, Voltaires, Diderots und Rousseaus angebracht. In die Holzbekleidung ist vielfach Spiegelglas eingelassen, während sich zu Häupten der Eingangstür allerlei Zeichen des Freimaurerordens befinden und ... ein Pesnesches Deckengemälde den Plafond bedeckt. Dasselbe zeigt die Ruhe beim Studieren; ein Genius überreicht der sitzenden Minerva ein Buch, auf dessen Blättern man die Namen Horaz und Voltaire liest ... In der Mitte des Zimmers steht auf vergoldeten Rokokofüßen und etwa von der Größe moderner Damenschreibtische der Arbeitstisch des Prinzen.«

Zwischen der Wohnform und dem philosophischen Lebensideal besteht ein tiefer Zusammenhang. So dient das kleine Schlößchen zwar der Zurückgezogenheit, doch muß diese Stille durch Geselligkeit und Freundschaft ausbalanciert werden. Das erfordert die Einsicht. Gelehrte Verdrießlichkeit, in jener Zeit eine typische Plage des deutschen Intellektuellen, des »Hypochondristen«, darf nicht aufkommen, muß gemildert werden durch Scherz und Zerstreuung, damit es nicht ein Zuviel an philosophischer Gravität gebe, »die sich die Denkerstirn nicht ganz gutwillig durch die Grazien glätten läßt«, wie Friedrich damals schreibt. Der Vertreibung der Verdrießlichkeit diente ein Konzertsaal, zu dem Antoine Pesne noch 1739 ein schönes Deckengemälde geliefert hat, passenderweise mit dem Grundgedanken: »Die aufgehende Sonne vertreibt die Schatten der Finsternis.«

Zur Heiterkeit gehört darüber hinaus eine anmutige Natur, eine Anforderung, die die märkische Landschaft nicht ganz so leicht

Im Schloß von Wusterhausen konnte Friedrich Wilhelm I. am besten seinen Neigungen nachgehen. Seine Jagdleidenschaft und das Tabakrauchen bedeuteten ihm mehr als höfischer Glanz.

erfüllt wie jenes Arkadien, das die Maler und Poeten des Rokoko gern zum Hintergrund wählten. Immerhin nannte Fontane die aus See und Wald bestehende Naturschönheit von Rheinsberg »nicht verächtlich«. Die Anlage des Parks und mancher »herkömmlicher Schaustücke«, die dazugehörten, trug zu Fontanes Zeit das Gepräge, das ihm in der Ära des Prinzen Heinrich aufgedrückt wurde. Dieser jüngere Bruder des großen Königs hat nicht weniger als ein halbes Jahrhundert hier residiert. Mit Fug und Recht könnte man ihn als die eigentliche Seele von Rheinsberg betrachten. Mit Haut und Haaren war er ein Mann des Rokoko, diesem auch noch treu bleibend, als die Welt sich längst weitergedreht und diesen Zeitgeschmack obsolet gemacht hatte.

Ob Friedrich oder Heinrich: Falsch wäre es auf jeden Fall, in der Rokokoanmut nur Süßlichkeit nach Art der Mozartkugeln zu erblicken. Hinter ihr steht vielmehr eine tiefe Einsicht, steht letzten

Endes wieder das Ideal des honnête homme. Dieser versteht es, noch die schwersten und ernstesten Dinge in eine Form zu bringen, sich durch sie nicht niederdrücken zu lassen. Die Leichtigkeit, die er seinem Auftreten gibt, aber ist das Ergebnis seiner in langer Übung gewonnenen Selbstbeherrschung und seines mühsam errungenen Gleichmuts.

Wozu er in Rheinsberg nur angesetzt hatte, das vollendete Friedrich in Sanssouci. Als nunmehr souveräner Bauherr vermochte Friedrich sich zu seinem Gebäude jetzt auch die Landschaft zu schaffen. Damit baute er an der parkartigen Kunstlandschaft fort, an deren Vergrößerung und Ausgestaltung die folgenden Generationen weitergearbeitet haben. Seit es mit dem Abbruch der Mauer wieder möglich wurde, dieses die Havel einschließende, bis zum Grunewald reichende Gesamtkunstwerk in seinen Bezügen wahrzunehmen, ist die Gartenlandschaft Potsdam vermutlich das bedeutendste kulturelle Erbe, das uns die Hohenzollern hinterlassen haben.

Der Name »Wüster Berg« für den Hügel, den Friedrich 1744 durch den Baudirektor Diterichs sechsfach terrassieren und in einen Weinberg verwandeln ließ, sagt deutlich genug, daß Friedrich fast neu anfing. Zwar hatten die Vorgänger bereits auf die Stadt Potsdam viel Geld und Mühe verwendet, doch war die Umgebung davon weniger berührt worden. Zwischen 1745 und 1747 entstand der Schloßbau auf dem Weinberg, für den Friedrich seinem Architekten Georg Wenzeslaus von Knobelsdorff die Vorgaben gemacht hatte. Es wurde ein Bauwerk von nur zwölf Räumen, das ein englischer Diplomat 1802 »a little snuggery«, ein kleines behagliches Nest, genannt hat. Es war damit zur Repräsentation sicherlich nicht geschaffen.

Der Name *Sans souci* jedoch ist geeignet, den Anschein zu erwecken, als sei hier auch nicht regiert worden. Dieser Anschein ist falsch. Vielmehr war der von Friedrichs Vater entwickelte Regierungsstil dazu geeignet, auch von einem solchen Rückzugsort aus praktiziert zu werden. Nicht von ungefähr spricht man davon, der König habe »aus dem Kabinett« regiert. Ein zierlicher Rokokoschreibtisch reichte aus, um die notwendigen Unterschriften zu leisten und Marginalresolutionen, d.h. Beschlüsse auf den Rändern der Aktenstücke, festzuhalten. Die Aktenverwaltung selbst konnte in Berlin stattfinden. Was man aus den Berliner Registraturen benötigte oder was dorthin zurückgebracht werden mußte, das wurde von

Erst nach einem bewegten Leben als Korrespondent in London und als Kriegsberichterstatter, den man beinahe wegen Spionage erschossen hätte, wurde Theodor Fontane der Dichter, der voller Altersweisheit märkische Verhältnisse beschrieb. In der Potsdamer Straße 134 c in Berlin befand sich sein stilles Arbeitszimmer.

Feldjägern befördert, die in Zehlendorf ihre Ablösestation hatten. Ein Depeschenpaket war so etwa zweieinhalb Stunden unterwegs.

Das wichtigste Geheimnis der Kabinettsregierung waren die zu bloßen Werkzeugen degradierten Kabinettssekretäre, die der Idee nach keinerlei Einfluß auf die Beschlußfassung des Königs zu nehmen hatten. Über sie und die von ihnen verlangte Entsagung berichtet Dieudonné de Thiébault, der zwanzig Jahre lang immer wieder Gelegenheit hatte, den König und seinen Alltag aus der Nähe zu beobachten:

»So wie er aufstand (was in der Regel um vier Uhr früh geschah), brachte ihm ein Page den Korb mit den an ihn eingelaufenen Briefen. Er blieb dann bis gegen acht Uhr allein, damit beschäftigt, sie zu durchlesen, indem er vorher genau die Siegel untersuchte um sich zu versichern, ob auch nicht vielleicht ein Unterschleif mit diesen Briefen getrieben worden sey, und um sich von dem Inhalt derselben im Voraus zu unterrichten. Aus dieser Gewohnheit ergab sich, daß er nach und nach sehr genau die Wappen der mehrsten adeligen Familien und selbst die Siegel vieler Privatleute kennen lernte, hierdurch aber auch oft veranlaßt wurde, Briefe von Personen, die ihn häufig mit unstatthaften Forderungen belästigten, wenn er deren Pettschaft erkannte, uneröffnet im Winter ins Kamin oder im Sommer zerrissen unter den Tisch zu werfen.

Die Briefe dagegen welche er öffnete und die theils aus den Depeschen und Rapporten seiner Minister und Verwaltungschefs, theils aus den Schreiben von Privatleuten oder Mitgliedern seiner Familie bestanden, wurden von ihm in vier Packete gesondert, von denen das erstere diejenigen enthielt, wo er das darin Gewünschte gewähren wollte und dies dadurch anzeigte, daß er das beschriebene Blatt nach innen zu umbog; in das zweite Packet kamen die Schreiben auf die er nur durch einen Abschlag zu antworten gedachte, und hier bog er das Blatt nach außen; das dritte Packet enthielt Sachen, über welche er sich erst noch zu bedenken gedachte oder die an irgend einen Minister oder Departement gesendet werden sollten; hier kniff er das Papier zweimal ein, einmal nach außen und einmal nach innen. Der letzte Stoß enthielt endlich alle Schreiben, auf die er selbst und ohne Secretär zu antworten gedachte.

Gegen acht Uhr, wenn er Alles auf diese Art durchgelesen und eingetheilt hatte, trat einer seiner Cabinetssecretäre bei ihm ein: gewöhnlich war dieser der älteste oder der von dem König gern gese-

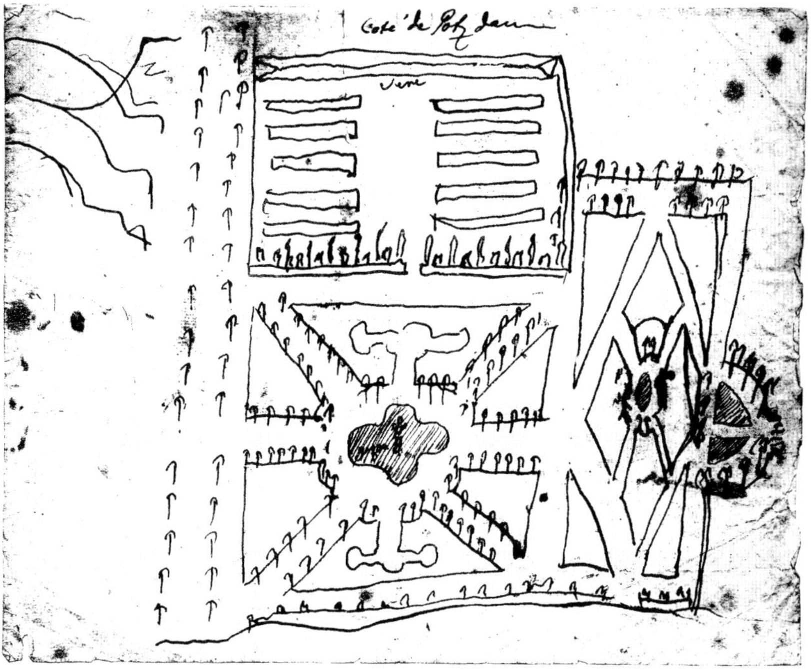

Friedrich der Große selbst hatte die Idee, das Schloß Sanssouci auf einem terrassenförmigen Weinberg anzulegen. Auch zu anderen Teilen der Gartenanlage lieferte er eigenhändige Entwürfe.

henste, weswegen man ihn auch als den Ersten betrachtete. Dieser Secretär nahm nun, während seine drei Collegen im Vorzimmer auf ihn warteten, die geordneten Briefe, einen nach dem andern und las, während der König frühstückte, dieselben in der Art vor: »der und der bittet dies und dies, oder beklagt sich über das und das;« worauf denn der König mit derselben laconischen Kürze seine Resolution ertheilte, jedoch öfters dabei auch kleine Bemerkungen anhing ... Der Secretär deutete hierauf durch ein Zeichen mit einem Bleistifte oben am Briefe die Antwort an, welche der König geben wollte, und die Briefe wurden dann von ihm den anderen Secretären zur Abfertigung übergeben.

... Wenn der Secretär, der die Briefe im Cabinet des Königs in Empfang nahm, das Zimmer des Monarchen wieder verließ, dann theilte er sich sogleich mit seinen Collegen in die Arbeit und alle vier gingen nun, da kein Augenblick zu verlieren war, ungesäumt an's Werk, denn schon um vier Uhr Nachmittags mußte diese ganze große Masse von Briefen beantwortet seyn und dem Könige zur Unterschrift vorgelegt werden. In der That war bei diesen Männern auch nie die Rede davon zu Mittag speisen zu können, sie mußten sich mit dem Frühstück und einigen Tassen Bouillon bis zum Abend behelfen, wo ihre Arbeit vollendet war. In der Regel hatten sie Tag für Tag einen ziemlich ansehnlichen Korb voller Briefe und Depeschen zu beantworten und diese Antworten auch außerdem noch eigenhändig zu copiren, da der König durchaus nicht erlaubte, daß ein Anderer ihnen bei dieser Arbeit helfen durfte. Waren aber um vier Uhr alle diese Antworten dem Könige zur Unterzeichnung vorgelegt, dann mußten sie dieselben auch noch expediren, wobei ihnen jedoch einige Diener im Siegeln und Couvertiren helfen konnten; doch gehörte es zu ihrer Pflicht, selbst und eigenhändig die Ueberschriften zu machen … Gegen fünf Uhr Nachmittags war übrigens dies ganze Geschäft beendet, die Antworten unterzeichnet, versiegelt und überschrieben…

Man sieht hieraus, daß die vier Cabinetssecretäre ‹es gab seit 1768 tatsächlich insgesamt sechs Kabinettssekretäre und Chiffrierbeamte› eigentlich Sclaven für das ganze Leben waren. In der That verlangte auch der König von ihnen, daß sie höchst eingezogen lebten; man sah sie nirgends an öffentlichen Orten und nur höchst selten in Gesellschaft.«

Als der König den Kabinettsekretär Müller einstellte, soll er ihm gesagt haben: »Ich schlage Ihnen vor, sich für den Dienst des Staates zu opfern; sehen Sie zu, ob Sie den Mut dazu haben. Zwar hatte ich den Vorsatz, nie einen Verheiratheten in mein Cabinet zu nehmen und Sie haben Frau und Kinder: allein ich will zu Ihren Gunsten einmal eine Ausnahme von einer mir sonst wichtigen Regel machen und thue dies in dem festen Vertrauen auf Ihre Redlichkeit und in der Hoffnung, daß weder Frau noch Kind jemals in Ihr Arbeitszimmer kommen; daß sie nie etwas von den Geschäften erfahren und sich durchaus niemals in etwas mischen. Sie müssen wissen, daß Sie in meinem Dienst weder Familie noch Freunde noch Verwandte haben dürfen.«[1]

Die straffste bürokratische Regierung, die die Welt bis dahin gesehen hatte, beruhte auf der Verschleierung der bürokratischen Arbeitsweise: Wie das Schlößchen Sanssouci den Eindruck einer reinen Freizeitanlage macht, so hatten die Kabinettssekretäre sich und ihre Arbeit möglichst im verborgenen zu halten.

Die olympische Entrücktheit von Berlin bedeutete aber gerade nicht, daß der König seine Entscheidungen etwa blind getroffen hätte. Vielmehr entschied der König Angelegenheiten von grundsätzlicher Bedeutung erst, nachdem er die Berichte seiner Minister dazu gelesen hatte, die ja einen wichtigen Teil seiner täglichen Eingänge ausmachten. Die Spuren seines gründlichen und ausdauernden Aktenstudiums sind den Historikern seither in reicher Zahl begegnet.

Dennoch behielt Friedrich, vor allem in dem Friedensjahrzehnt nach den ersten Schlesischen Kriegen,noch genügend Zeit, sich dem Lebensgenuß hinzugeben, den er nach seinen Rheinsberger Äußerungen für die Wahrung der rechten Balance als notwendig ansah. Er wohnte in Sanssouci ja nicht allein. So klein das Gebäude war, es enthielt doch die Zimmer für die auserlesenen Freunde, deren berühmtester Voltaire wurde. Es enthielt wieder ein Konzertzimmer und einen Speisesaal, der trotz seiner intimen Ausgestaltung zehn Personen bequem aufnehmen konnte.

Als Thiébault 1765 dem König vorgestellt wurde, hatten freilich die Konzerte aufgehört und war Voltaire längst nicht mehr da. Die Glanzzeiten der Tafelrunde von Sanssouci waren bereits dahin. Doch hatte Friedrich das System nicht grundsätzlich geändert, denn es wohnten, wie Thiébault berichtet, immer noch besondere Gäste im Weinbergschloß:

»Wir kamen in dem Augenblick an als die Cabinets-Secretaire zu dem Könige gerufen wurden um dessen Unterschriften zu empfangen, eine Arbeit, die wie man mir sagte, eine reichliche halbe Stunde dauerte. Mein Begleiter führte mich einstweilen zu Mylord Marechal, einem ehrwürdigen Greis, der dicht neben den Zimmern des Königs wohnte und dessen innigster Vertrauter war. Mylord empfing mich ... mit Artigkeit, Einfachheit und Würde. Sie finden mich, sprach er zu mir, in dem Zimmer eines großen Mannes; d'Alembert wohnte hier. Sagen Sie ihm wenn Sie ihm schreiben, ich bitte Sie darum, daß ich Sie in seinem Cabinete an seinem Kamin um Nachrichten von ihm gefragt und Sie gebeten hätte, mich ihm zu empfehlen.«[2]

Parallel zur Hügelkette, auf der das Weinbergschlößchen errichtet ist, verläuft die Ebene, in der der Schloßpark angelegt wurde. Der

König konnte aus großen Fenstertüren, ohne durch Säle und Treppenhäuser laufen zu müssen, auf die Gartenseite des Schlosses treten, dann den Terrassenhang hinabsteigen und gelangte zuletzt in das Gartenparterre. Von ihm aus mochte der König dann auf einer Allee durch den Rehgarten, am 1757 fertiggestellten Chinesischen Teehaus vorbei, bis zu dem 1763 bis 1769 erbauten Neuen Palais spazieren. Thiébault zufolge soll Friedrich nachmittags fast täglich einen Spaziergang zwischen den beiden Schlössern von Sanssouci gemacht haben, den er seiner Gesundheit wegen für notwendig hielt und zu dem er sich gern Begleitung mitnahm. Da seine Begleiter meist zur Zielscheibe der königlichen Spottlust wurden, waren jene Spaziergänge bei den Personen, die den König umgaben, nicht sehr beliebt.

Zur Entstehung einer Atmosphäre heiterer Zwanglosigkeit trugen Bauten wie das Chinesische Teehaus ebenso bei wie die an der Nordseite des Schlosses errichtete theatralische Ruinenkulisse oder die Windmühlen. Um den »Müller von Sanssouci« bei sich zu halten, hat Friedrich II. ihm 1773 sogar den Pachtzins erlassen. So herum wird aus der Anekdote von dem Müller, der sich mit dem Verweis auf das Berliner Kammergericht gegen seine Verdrängung durch den König gewehrt haben soll, eine wahre, aber natürlich weniger amüsante Geschichte.

Ein typisches, der Person auf den Leib geschneidertes Gehäuse wurde, fast ein Jahrhundert nach Sanssouci, auch das Palais, das sich der spätere Kaiser Wilhelm I. an der Straße Unter den Linden, Nummer 9, bauen ließ, als er noch ein Prinz von Preußen und der mutmaßliche Thronfolger seines kinderlosen Bruders war. Das Gebäude erhielt im Kaiserreich eine mythische Bedeutung. Jenes Fenster, in dem ein bewunderungsbereites Publikum den alten Monarchen gelegentlich von der Straße aus zu erblicken vermochte, wurde »historisches Fenster« genannt. Die Innenräume dieses Gebäudes, das auch nach der Revolution 1918 und der anschließenden Vermögensauseinandersetzung im Besitz der Hohenzollernfamilie blieb, sind dem Zweiten Weltkrieg zum Opfer gefallen. Die Fassade wurde erhalten und trägt dazu bei, daß auf der provinziell gewordenen Lindenallee wenigstens ein Abglanz der hauptstädtischen Vergangenheit liegt. Bei der Ausgestaltung hatte Wilhelms Gemahlin, Prinzessin Augusta von Sachsen-Weimar, ihren Einfluß geltend gemacht. Anläßlich des Einzugs schrieb Prinz Wilhelm: »Eigen ist das Gefühl, endlich die Räume zu bewohnen, die man so viele Jahre lang erst im

Das Palais des Prinzen Albrecht von Preußen in der Wilhelmstraße 102 in Berlin ist 1737-1739 für den Baron Matthieu Vernezobre de Laurieux erbaut worden. Seit 1772 im Besitz der Hohenzollern, wurde das Palais nach 1830 durch Karl Friedrich Schinkel umgebaut. Es blieb auch nach dem Tod des Prinzen Albrecht (1872) und nach der Revolution und anschließenden Vermögensauseinandersetzung im Besitz der Erben des Prinzen. Das Palais vermieteten die Hohenzollern 1934 an die SS, die hier die Zentrale des SD einrichtete. Reinhard Heydrich leitete von dieser Adresse aus das Reichssicherheitshauptamt.

Kopf trug, dann zeichnete, dann entstehen und endlich vollenden sah! Wir sind sehr zufrieden für uns selbst mit der Einrichtung.«

Die Zufriedenheit wurde noch dadurch gesteigert, daß »Papa« (Friedrich Wilhelm III.) das Ganze teilweise »sehr brilliant« fand und der Sohn ihm melden konnte, daß er um 180 Taler unter der bewilligten Bausumme geblieben war.

Mit Parkettfußböden, Mahagonisesseln, rotem Damast, Marmorstatuen, Wintergarten und maurischem Bad hatte Augusta dem Haus eine klassische Eleganz zu verleihen gesucht. Noch im hohen Alter gab sie hier des Abends ihre kleinen Teegesellschaften, zu denen sie auch Leuchten der Wissenschaft wie den Physiker Hermann von Helmholtz einlud. Stets liebenswürdig und heiter wirkte bei diesen Gelegenheiten der alte Kaiser: »an allen Konversationen teilnehmend«, wie der Generalstabschef Graf Waldersee es schildert, »und von einer reizenden Zwanglosigkeit«. Was immer auch der einzelne aus den politischen Kämpfen der verflossenen Jahrzehnte gegen Wilhelm I. vorzubringen gehabt haben mochte, spätestens mit dem Regierungsantritt Wilhelms II., des Enkels, mußte er sich unweigerlich nach der schlichten Würde zurücksehnen, die im Palais des »Alten Kaisers« geherrscht hatte.

Wollte man aber ein Symbol schaffen, eine Idee nach außen kehren, dann konnte man nicht kleine überschaubare Palais errichten, sondern mußte imposante Größe erreichen und auf einen bedeutungsgeladenen Standort achten. Beides war im Fall des Berliner Stadtschlosses erfüllt.

1443 begannen die Bauten auf der Insel Kölln in der Spree, mit denen sich die Markgrafen von Brandenburg aus dem Haus Hohenzollern einen Wohnsitz errichteten, von dem aus sie die Doppelstadt Berlin-Kölln unter Kontrolle nehmen konnten. »Es war ein Zwing-Berlin«, schreibt der Berliner Denkmalexperte Paul Ortwin Rave, »zugleich ein Rückhalt gegen äußere Feinde.« Im 16. Jahrhundert erhielt das Schloß Renaissancecharakter. Einzelne Gebäudeteile, so der »Apothekenflügel«, entstanden, die bis zum Ende des Schloßkomplexes überlebt haben. Zu einzigartigem Rang aber stieg das Stadtschloß erst unter Friedrich I. auf. Durch ihn wurde Berlin, bis dahin nur eine mittlere Hauptstadt im spröden Norddeutschland, eine Stadt des Barock. Wenn das Bewußtsein dafür, daß Barock auch ein Baustil des Protestantismus sein konnte, heute verloren ist, dann hat das vor allem auch mit der zwischenzeitlichen Vernichtung der evangelischen Barockhauptstädte Dresden und Berlin zu tun.

Die erste künstlerische Großtat war noch nicht architektonischer, sondern bildhauerischer Art: 1694 hatte Friedrich I. Andreas Schlüter zum Hofbildhauer nach Berlin berufen. Sein erster Auftrag lautete, ein Denkmal des verewigten Vaters, des Großen Kurfürsten Friedrich Wilhelm, zu schaffen. Bereits diese erste Berliner Arbeit Schlüters wurde ein großes Werk. Es gibt natürlich Parallelstücke hierzu, erinnert sei an das Standbild des Kurfürsten Johann Wilhelm von Pfalz-

Friedrich II. war ein großer Liebhaber Jean Antoine Watteaus, dessen Gemälde er in Sanssouci sammelte. Darunter befand sich auch diese Darstellung der Einschiffung zur Insel Kythera, der heiligen Insel der Venus. Bei der Vermögensauseinandersetzung zwischen dem preußischen Staat und der Hohenzollernfamilie wurde dieses Gemälde dem Familienvermögen zugeschlagen. Inzwischen gehört es der Berlin-Brandenburgischen Schlösserverwaltung.

Der Weiße Saal des Berliner Schlosses, hier nach der Neugestaltung durch Ernst von Ihne 1894/95. Er war Schauplatz großer Zeremonien: der jährlichen Ordensfeste, Hofbälle, Fürstenhochzeiten und Parlamentseröffnungen.

Neuburg auf dem Marktplatz zu Düsseldorf, das Gabriel Grupello im Jahre 1714 fertiggestellt hat. Grupello arbeitete seit 1695 in Düsseldorf. Beiden Figuren liegt als Urbild die Reiterstatue des Kaisers Mark Aurel auf dem Kapitol zu Rom zugrunde. Der Düsseldorfer Kurfürst aber hatte gegenüber seinem Berliner Gegenstück ein glücklicheres Schicksal. Er wurde nicht verpflanzt, sondern steht noch heute an seinem ursprünglichen Standort, der ihm eine optimale Wirkung garantiert. Demgegenüber wurde Schlüters Kurfürst, der 1703 auf der Langen Brücke an der Ostfront des Stadtschlosses aufgestellt wurde und dort jahrhundertelang gestanden hatte, durch die Vernichtung des Schlosses seiner Umgebung beraubt. Vor den Bomben in ein Westberliner Magazin gerettet, erlebte er seine Wiedererweckung im Ehrenhof des Schlosses von Charlottenburg.

Von entscheidender Bedeutung aber wurde Schlüters Neugestaltung des Berliner Stadtschlosses. Bestehende Bauten wurden zusammengefaßt oder abgerissen. Durch Schlüter bekam das Schloß einen einheitlichen Charakter. Als geschlossener Kubus, der alles um sich her überragte, wirkte es geradezu abweisend. Keine Staffelung von Höfen lud ein, der Majestät näherzutreten, wie in Versailles, wo der Sitz des Königs an den Rand einer Randstadt der Metropole gerückt erscheint und einen Riegel zwischen städtischer Bebauung und weiter Parklandschaft bildet. Wer die Vorbilder zu Schlüters Bau sucht, wird nur in Rom fündig, wo die Stadtpalazzi ebensolche düstere Häuserblocks bilden. Der Standort des Schlosses aber war zentral: mindestens so, als hätten die Könige von England im Jahre 1700 beschlossen, an die Stelle ihrer zwischen 1078 und 1285 errichteten normannischen Festung, des Tower, ein Barockschloß zu setzen. Im Gegensatz zum Tower aber war das Berliner Schloß auch noch Zielpunkt der wichtigsten Straßenverläufe der Stadt. Die Luftaufnahme von 1910 läßt erkennen, daß hier ein steinerner Ring aus dem Häusermeer aufragte, neben dem die bescheidenen Grünanlagen des Lustgartens bedeutungslos wirkten. Dieser steinerne Ring aber hielt die Stadt zusammen.

Von Schönheit wagen wir erst zu sprechen, wenn wir die Fotografien betrachten, die von den Innenhöfen des Berliner Schlosses erhalten sind. Hier war die Fassade reicher gegliedert, hier hatte Schlüter Figurenschmuck verteilt. (In diesen Höfen waren in der Nacht des denkwürdigen 18. März 1848 die Gardesoldaten versammelt, die, mit 4000 Broten und 100 000 Patronen reichlich versorgt, darauf warteten, am folgenden 19. März das Schloß zu verteidigen. Es kam nicht dazu.

1918 wurde das Schloß zwar zum Kampfplatz, doch jetzt schossen sich Truppen, die der republikanischen Regierung dienten, mit solchen Republikanern herum, denen die Regierung noch nicht republikanisch genug war.)

Wer sich aber, aus dem Schloßportal tretend, der Schloßbrücke zuwandte, um den Weg zum Brandenburger Tor einzuschlagen, der hatte das klassische Berlin vor sich, das sich ein Jahrhundert lang, von 1840 bis zum Zweiten Weltkrieg, folgendermaßen darstellte:

Er ließ zu seiner Rechten den Lustgarten zurück, hinter dem sich, als Pendant des Schlosses, das von Schinkel erbaute »Alte Museum« mit seinem klassischen Portikus erhob. Über die seit 1845 von Marmorfiguren verschiedener Bildhauer gesäumte Schloßbrücke querte er die Spree, sah zur Rechten das ebenfalls unter König Friedrich I. gebaute barocke Zeughaus, passierte dann die von Karl Friedrich Schinkel im Auftrag König Friedrich Wilhelms III. errichtete Neue Wache, die mit ihren dorischen Säulen den Eindruck schnörkelloser Strenge vertiefte, den das (ionische) Alte Museum zurückgelassen haben mochte. Standbilder der Generäle aus den Befreiungskriegen faßten das Wachgebäude ein. Gegenüber sah er das Kronprinzenpalais, ein um die Mitte des Jahrhunderts aufgestocktes schlichtes Gebäude, in dem vier Jahrzehnte lang der König Friedrich Wilhelm III. seinen Hauptwohnsitz gehabt hatte.

Das Kronprinzenpalais mit dem angebauten »Prinzessinnenpalais« stieß an das Forum Fridericianum, eine Schöpfung Friedrichs des Großen: Der geräumige Opernplatz wurde eingefaßt durch die unter Friedrich durch Knobelsdorff erbaute Oper (1843 nach einem Brand in alter Gestalt wiedererrichtet), hinter der, halb verborgen, die dem Pantheon in Rom nachempfundene Hedwigskirche hervorschaute, und, der Oper gegenüber auf der rechten Seite des Platzes, die »Kommode« genannte Königliche Bibliothek, eine wenig geglückte Nachahmung von Wiener Herrschaftsarchitektur. Auf der anderen Seite der Lindenallee fand der Opernplatz seine Entsprechung im Vorhof des Universitätsgebäudes, das Friedrich II. ursprünglich als Palais für seinen Bruder, den Prinzen Heinrich, hatte erbauen lassen.

Dieses »klassische Berlin«, zu dessen Ausläufern noch das Palais des Prinzen Wilhelm, weiter unterhalb an der Lindenallee, und der Blickfang des Brandenburger Tors gehören, ebenso wie der nicht

In dem Maß, in dem die Mäzenatenrolle des fürstlichen Hofs sich weiterentwickelte zum Selbstverständnis des modernen Staats als eines Kulturstaats, wurden Kunstschätze als öffentlicher Besitz verstanden. Dadurch, daß sie ihre Erwerbungen in repräsentativer Umgebung – wie hier in dem von Karl Friedrich Schinkel 1824-1830 erbauten Museum am Lustgarten – dem Publikum zur Verfügung stellten, arbeiteten die Hohernzollern gleich anderen Monarchen aber auch weiter an der Verherrlichung ihrer Dynastie.

Als unentbehrliches Element des klassischen Berlin empfinden wir das unter Friedrich II. durch Knobelsdorff errichtete Opernhaus. Trotz zweier verheerender Brände – 1843 und 1945 – hielt man an dem Gebäude fest, und bis 1986 stellte man seinen Originalzustand wieder her.

weit von der Hedwigskirche entfernt liegende Gendarmenmarkt mit dem klassizistischen Schauspielhaus Schinkels, das von den dem 18. Jahrhundert entstammenden Kuppeln des »Deutschen« und des »Französischen« Doms flankiert wird – dieser Mittelpunkt Berlins stellte die harmonische Gemeinschaft des 18. und des 19. Jahrhunderts, von Barock, Rokoko und Klassizismus, her. Es war eine Schöpfung der preußischen Könige, ohne daß ihm jemals ein Gesamtplan zugrunde gelegen hätte. Den ersten Gesamtbebauungsplan für das Zentrum Berlins hat Schinkel zwar 1817 ausgearbeitet, doch fand er bei seinem Monarchen kein Echo dafür. In Berlin hat nie die Strenge gewaltet, mit der ein Leo Klenze der Stadt München ein einheitliches Gesicht aufprägen durfte, weil es dem Kronprinzen und späteren König von Bayern so gefiel.

Die Mehrheit der hier aufgezählten konstituierenden Bestandteile des klassischen Berlin steht noch oder ist, zumindest als Fassade, neu errichtet worden, mit einer wesentlichen Ausnahme: dem von Ulbricht gegen die Proteste breitester Kreise, auch Ostberlins, vernichteten Schloß.

Außerhalb Berlins und Potsdams-Sanssoucis schuf der preußische Staat eine Unzahl achtbarer Bauten, von Regierungsbaumeistern wie Schinkel selbst oder seinen Schülern: Regierungspräsidien, Behördenhäuser, Gerichte, Dorf- und Stadtschulen, Kasernen, Getreidemagazine, Krankenhäuser, Sternwarten, teilweise normiert, sozusagen »von der Stange«, und wenn nicht, so doch immer noch eine einheitliche Handschrift verratend. Doch erscheint uns in ihnen das Abstraktum, der Staat; der Gedanke an die Persönlichkeit einzelner Monarchen will sich nicht einstellen, nicht einmal, wenn wir die für preußische Prinzen im Geist der Neugotik restaurierten Ritterburgen am Rhein aufsuchen: Stolzenfels und Rheinstein. Allenfalls der Kölner Dom erweckt die Erinnerung an Friedrich Wilhelm IV. und seine Ansprache auf dem Dombaufest von 1842.

Manch Bewunderer dieser Kathedrale, der über die Plazierung des Hauptbahnhofs ihr gegenüber entsetzt ist, mag mit Interesse erfahren, daß es ebendieser König und Patron der Vollendung des Doms selbst war, der dem Dom zu seinem lärmdurchtosten Gegenüber verhalf, weil er auf demonstrative Weise Alt und Modern, Tradition und Technik einander näherbringen wollte.

Das Gebäude, das die Gedanken Friedrich Wilhelms IV. und seine Staatsidee am klarsten zum Ausdruck brachte, dürfte die Friedenskirche in Potsdam geworden sein, deren Abmessungen sich nach den Dimensionen eines byzantnischen Mosaiks richteten, in dem Friedrich Wilhelm IV. seine christlich-monarchische Staatsauffassung verkörpert fand.

Friedrich der Große hat in Breslau ein Schloß bauen lassen, das er zur würdevollen Repräsentation in einer neueroberten Provinz für notwendig hielt. Historische Bedeutung errang es im Frühjahr 1813, als König Friedrich Wilhelm III. seine Residenz vor dem Zugriff des französischen Militärs in Sicherheit brachte, indem er sie nach Breslau verlegte. Wer aber verbände das Breslauer Schloß mit Friedrich? Es verabschiedeten sich die Hohenzollern aus der Baugeschichte, indem sie ein englisches Landhaus errichteten – Cecilienhof –, in dem 1945 über die Entmachtung Deutschlands beraten wurde, während sein ursprünglicher Eigentümer, Kronprinz Wilhelm, in zwei Räumen der Hechinger schwäbischen Stammburg als Gefangener der französischen Militärregierung hauste.

Schon in den letzten Jahren Friedrichs des Großen geht die Zeit des Rokoko zu Ende, in der Architektur wie in der Bildhauerei und selbst beim Porzellan. Das berühmte Service, das Friedrich dem Großfürsten Paul von Rußland in Erinnerung an dessen Siege im russisch-türkischen Krieg 1776 schenkte, bezeugt die fast gänzliche Abkehr vom Geist des Rokoko. Vorbilder des neuen Stils glaubt man in englischem Steingut und französischen Sèvresmodellen gefunden zu haben.

Im Jahr seines Todes 1786 machte Friedrich der Große dem Herzog von Yorck, dem zweiten Sohn des Königs Georg III. von England, der als Soldat ein Verehrer des preußischen Königs war, das Service »Arabesque« zum Geschenk. Es war aller Wahrscheinlichkeit nach das letzte Porzellanpräsent des Monarchen und demonstriert auf überraschende Weise, wie sich Friedrich am Ende seines Lebens selber vom Geschmack des Rokoko löste. Nicht nur in seinen zylindrischen oder konischen Formen und seinen Henkeln »a la Grecque« ist die Formensprache dieses Services ganz den strengen klassizistischen Idealen untergeordnet; auch die Bemalung zeigt die neue Huldigung an die Antike, die dann die nächste Generation beherrschen wird.

Schloß Charlottenhof im Park von Sanssouci – eigentlich nur eine ländliche Villa – errichtete Karl Friedrich Schinkel 1826-1829 für den ältesten Sohn des Königs, der 1840 als Friedrich Wilhelm IV. den Thron besteigen sollte. Im Geschmack des klassizistischen Biedermeier stattete Schinkel das ehemalige Hofdamenzimmer im »Zeltstil« aus, eine späte Erinnerung an den Orientalismus, der durch Napoleons Ägyptenzug Mode in Europa geworden war.

10. Ein Denkmal, dauerhafter als Erz

Was aber bleibt demjenigen, der sich mit Sanssouci und den Abzugsgräben des Oderbruchs nicht zufriedengeben möchte? Demjenigen, dem die Erfahrung der Weltbrände dieses Jahrhunderts und der denkmalstürmenden Barbarei kapitalistischer wie kommunistischer Städteplaner die Warnung nahelegt, alles Materielle sei, wie die Schönheiten der Schlösser von Berlin und Potsdam, vergänglich und vielleicht nach ein, zwei Jahrhunderten schon nicht mehr da?

Vielleicht der beste Teil der Leistungen hohenzollernscher Untertanen ist nicht mit Ziegel, Marmor oder Bronze errichtet, sondern ist eher immateriell.

Wissenschaft und Kunst dienen der Repräsentation und der Demonstration fürstlicher Macht: Das ist das Gemeingut der Höfe in der Barockzeit. Für protestantische Regierungen kommt hinzu, daß Bildung vermehrt auch als Volksbildung gesehen wird. Mit dem Anspruch, ein jeder sei grundsätzlich berechtigt, sich aus der Bibelexegese sein Glaubensbekenntnis selbst zu erarbeiten, ist ein Autonomiegrundsatz statuiert. Zum Selbstläufer geworden, bringt das Autonomieprinzip immer weitergehende Emanzipationsforderungen hervor. Sobald dies von der Obrigkeit erkannt wird, beeilt sie sich, die Zügel anzuziehen. Zugeständnisse werden einkassiert, und man gibt zu verstehen, daß es mit der Selbständigkeit im Alltag nicht so gemeint sei. Noch im 19. Jahrhundert versuchte Friedrich Wilhelm III., den Selbständigkeitsdrang pietistischer Konventikel einzudämmen. Im Zuge der Auseinandersetzung mit der Französischen Revolution wird, besonders ab 1819, die Verderblichkeit der Wirkungen des »Zeitgeistes« beklagt, der mit den Ideen des Liberalismus gleichzusetzen ist. Insbesondere die preußischen Gymnasien und Universitäten, so heißt es in zwei berüchtigten Gutachten des Potsdamer Hofpredigers Bischof Eylert von 1819 und 1821, hätten für die Verbreitung des Gedankens gesorgt, jedermann könne sich über politische Verhältnisse ein Urteil anmaßen. Die Zensurvorschriften des Vormärz, die die Strenge der Kontrolle mit dem Umfang der Publikation in Verbindung brachten (dicke Bücher kaufen nur die Gebildeten, das sind wenige, ihnen aber muß man notgedrungen mehr Ideen zugänglich machen, als das Volk verdauen könnte, ohne rebellisch zu werden), zeigen die Halbherzigkeit, mit der verfahren wird. Die Volksschulen sollten, das meinten schon eine Kabinettsorder und eine Verordnung Friedrich Wilhelms III. von 1798 und 1799, nur soviel Wissen vermitteln, wie der einzelne in seinem bäuerlichen oder sonstigen geringen Stand benötige: Wissen zur Legitimation der jeweiligen Position des einzelnen in der Gesellschaft war gefragt, nicht aber ein Wissen, das dem einzelnen die Möglichkeit gegeben hätte, diese Position selbst zu bestimmen.

Zu spät, könnten wir sagen: Der Geist war aus der Flasche. Langsam, aber unaufhaltsam breitete er sich aus. Es ist nach dem Gesagten nicht verwunderlich, daß unter den vierzig bis fünfzig Hochschulen, die das alte Deutschland während des 18. Jahrhunderts aufwies, diejenigen evangelischer Länder in der Wissenschaft ein gewisses Übergewicht hatten. Eine der bedeutendsten unter ihnen war die Universität zu Halle, 1694 als Gründung des Kurfürsten Friedrich III. von Brandenburg entstanden. Die treibende Kraft war Eberhard von Danckelmann gewesen, Erzieher, Premierminister und dann gestürzter Favorit des Kurfürsten und ersten Königs. Das Prestige dieser Hochschule gründete sich auf den Zusammenklang von moderner, naturrechtlich beeinflußter Jurisprudenz in der einen und dogmatisch flexiblem, der praktischen Verbesserung der Welt zugeneigtem Pietismus in der anderen ihrer führenden Fakultäten. In Halle vermitteltes Wissen war anwendbar, ließ sich zum Nutzen der Regierungsgeschäfte ausnutzen, weshalb denn bald die Söhne der Adligen nach Halle zogen, die sich Hoffnung auf die neuartigen Beamtenlaufbahnen machten. Eine relative Freiheit von Forschung und Lehre war von Danckelmann bedenkenlos als Standortvorteil eingesetzt worden, um der nahe gelegenen, von der lutherischen Orthodoxie eingeengten kursächsischen Staatsuniversität Leipzig die Studenten wegzufangen.

Unter den Hallenser Juristen ragte Christian Thomasius hervor, der die deutschsprachige Vorlesung eingeführt hatte und sich um die Vertreibung weltfremder Pedanterie aus dem Gelehrtenstand bemühte, auch manch kühnen Lehrsatz aufstellte wie den: »Die Tätlichkeit des Verstandes wirkt nur allein im Gehirn, denn die Gedanken sind außer dem Gehirn nicht.«

Den Universitäten erwuchs in jenen Jahren freilich eine starke

Der Fürstenhof eröffnete dem wissenschaftlichen Talent häufig die besten Möglichkeiten, sich zu entfalten. Voraussetzung war, daß der Gelehrte über höfische Umgangsformen verfügte wie Gottfried Wilhelm Leibniz, der um 1700 die Kurfürstin Sophie Charlotte von Brandenburg beriet. Holzschnitt aus dem Jahr 1855.

Konkurrenz in den überall aus dem Boden schießenden Akademien oder »Sozietäten« der Wissenschaften. Hier wurde von vornherein ein anderer Wissenschaftsbegriff vertreten, war die Rückbindung an empirische Forschung zur Norm erhoben. Den Universitäten sagte man nach, daß sie mit unfruchtbarer scholastischer Tradition schwer beladen seien – und daß manche von ihnen, wie Halle, längst bestrebt waren, sich freizukämpfen, wurde nicht jedem gleich offenbar. Gottfried Wilhelm Leibniz jedenfalls stand den Universitäten sehr kritisch gegenüber und favorisierte das Akademiekonzept. Der damals in den Diensten des Kurfürsten von Hannover stehende Gelehrte schrieb, kurz nach der Gründung der Universität Halle, in einer für Friedrich von Brandenburg bestimmten Denkschrift:

»Es haben Churfst. Durchlt. vier Universitäten und viel vornehme Gymnasia in dero Landen; überdieß so müssen in so weitläufftigen

Landen viel wackere Ingenia begriffen seyn, welche theils in Churfstl. und andern Bedienungen, theils für sich. Wenn nun sub Auspiciis Friderici eine Societas Electoralis Brandenburgica exemplo Regiarum Londinensis et Parisiensis eingerichtet würde? Da gelehrte Leute in omni studiorum genere, sonderlich aber in Physicis et Mathematicis nüzliche Gedancken, Inventa et Experimenta zusammentrügen, daß ich zu guther Einrichtung eines solchen Vorhabens etwas beytragen köndte.«

Der letzte Anstoß entstand aus der Tatsache, daß die evangelischen Stände des Deutschen Reiches beschlossen hatten, mit dem Stichjahr 1700 den Gregorianischen Kalender zu übernehmen, der in den katholischen Gebieten Deutschlands schon seit 1582 galt. Die Kalenderreform machte nicht nur umfangreiche astronomische Berechnungen erforderlich, sie schuf auch erhöhte Nachfrage nach dem Druck neuer Kalender. Das Monopol auf diese Druckerzeugnisse sollte die Haupteinnahmequelle der neuen Sozietät der Wissenschaften werden. Am 11. Juli 1700 hat Friedrich III. Stiftungsbrief und Generalinstruktion der Sozietät, die von Leibniz ausgearbeitet worden waren, unterzeichnet. Ihr Quartier bezog die Sozietät der Wissenschaften als Nachbarin der Akademie der Künste in dem Obergeschoß, das zwischen 1695 und 1697 dem von Nering erbauten Marstall in der Dorotheenstadt aufgesetzt worden war – der berühmte Andreas Schlüter gehörte beiden Körperschaften gleichzeitig an. Marstall und Akademien, 1742 nach einem Brand erneuert, mußten zu Beginn des 20. Jahrhunderts dem Neubau der Königlichen Bibliothek, der jetzigen Staatsbibliothek Preußischer Kulturbesitz, weichen.

Unter den Nachfolgern Friedrichs I. konnte die Sozietät der Wissenschaften ihre Substanz bewahren. Die Tatsache, daß Friedrich Wilhelm I. den Präsidenten der Sozietät, Jakob Paul von Gundling (den er in einem großen Weinfaß beisetzen ließ), als Hofnarren mißbrauchte, täuscht nicht darüber hinweg, daß dieser so praktische König wußte, welche Rolle die Wissenschaften in seinem Entwicklungsprogramm spielen konnten. Mit dem Gespür, das man anscheinend nur unter despotischen Regimen entwickelt, haben die Wissenschaftshistoriker der DDR wahrgenommen, welche Dienste Gundling seiner Zunft im Gewand des Hofnarren geleistet hat. Ein glänzender Aufschwung war freilich unter solchen Umständen nicht möglich.

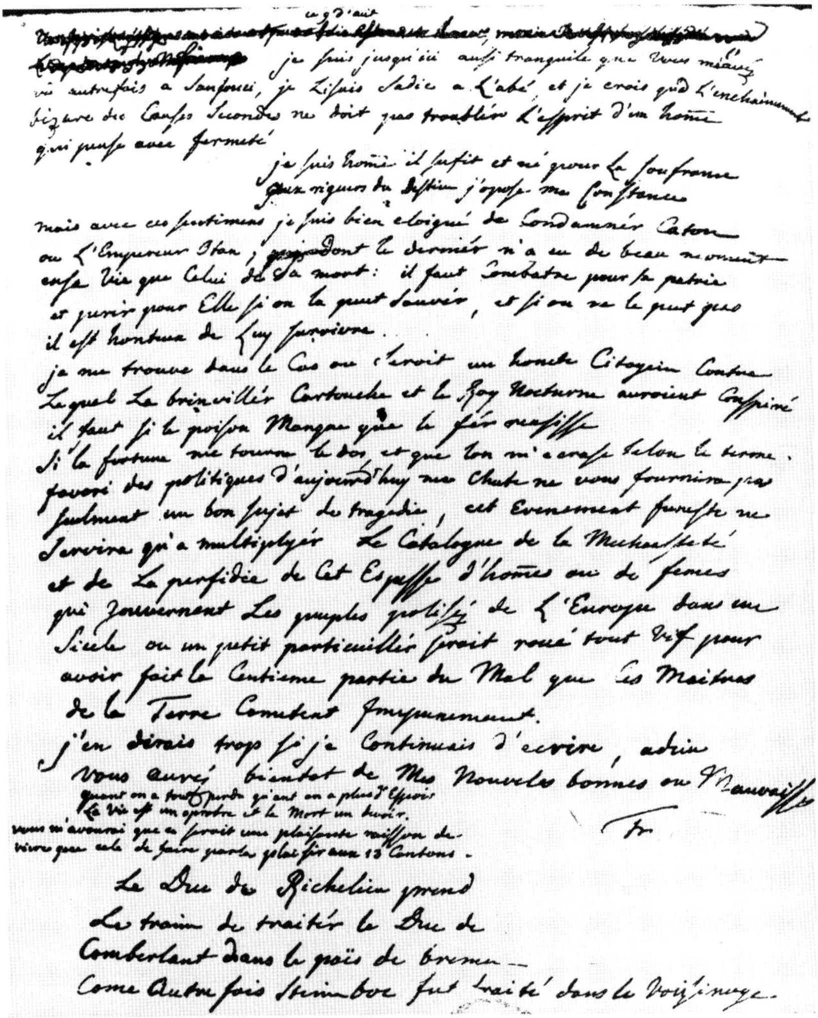
[illegible]
je suis jusqu'ici aussi tranquille que vous m'avez
vu autrefois a Sansouci, je lisois Sadie a L'abé, et je crois que L'enchainement
bizarre des Causes Secondes ne doit pas troubler L'esprit d'un home
qui pense avec fermeté
je suis home il sufit et né pour La soufrance
aux rigueurs du destin j'oppose ma constance
mais avec ces sentimens je suis bien eloigné de Condamnér Caton
ou L'Empereur Otan, pendant le dernier n'a eu de beau moment
en sa Vie que Celui de sa mort: il faut Combatre pour sa patrie
et perir pour Elle si on la peut sauver, et si on ne le peut pas
il est honteux de Luy survivre.
je me trouve dans le Cas ou seroit un honete Citoyen Contre
Lequel La brinvillér Cartouche et le Roy Nocturne auroient Conspiré
il faut si le poison Manque que le fér reüssisse
si la fortune me tourne le dos, et que l'on m'écrase selon le terme
favori des politiques d'aujourd'huy ma Chute ne vous fournira pas
seulement un bon sujet de tragedie, cet Evenement funeste ne
servira qu'a multiplyér Le Catalogue de la Mechanceté
et de La perfidie de Cet Espece d'homes ou de femes
qui gouvernent Les peuples polissés de L'Europe dans un
Siecle ou un petit particuillér seroit roué tout vif pour
avoir fait la Centieme partie du Mal que Les Maitres
de la Terre Comettent Impunement.
j'en dirois trop si je Continuois d'ecrire, adieu
vous aurés bientot de Mes Nouvels bonnes ou Mauvaisses
Quant on a tout perdu qu'ant on a plus d'Espoir
La Vie est un oprobre et la Mort un devoir.
vous m'avouerés que ce seroit une plaisante maisson de
vivre que cele de faire garde plat sur aux 13 Cantons.
Fr
Le Duc de Richelieu prend
Le train de traitér le Duc de
Comberlant dans le päis de bremen —
Come Autrefois Steinboc fut traité dans le Voisinage.

Die Beziehung Friedrichs des Großen zu Voltaire war kompliziert und von beiderseitigen Charaktermängeln belastet. Doch öffnete sich der König nur wenigen Menschen so wie dem französischen Genie. In diesem Brief aus dem Siebenjährigen Krieg vertraut Friedrich seinem Korrespondenzpartner an, daß seine verzweifelte militärische Lage ihn an Selbstmord denken läßt.

Zwischen 1744 und 1746 wurde die Gesellschaft umorganisiert und trug ab 1746 den Namen »Académie royale des sciences et belles-lettres«. Den Berufungen Friedrichs des Großen unterstellte schon Mirabeau, der König habe einseitig auf ausländische (meistens französische) Namen geschielt und dabei manches hervorragende einheimische Talent übersehen – von seiner Weigerung, dem von den Akademiemitgliedern geäußerten Wunsch nach Aufnahme Moses Mendelssohns zu entsprechen, ganz zu schweigen. Friedrich hatte sogar mit ansehen müssen, wie erneut ein Akademiepräsident lächerlich gemacht wurde. Diesmal war es nicht der König selbst, sondern sein Günstling Voltaire, der den Akademiepräsidenten Louis Moreau de Maupertuis durch den Kakao zog. Maupertuis hatte auf einer 1736 unternommenen Expedition nach Lappland Beiträge zur Vermessung der Erdgestalt geleistet und sich als Mathematiker und Physiker einen Namen gemacht. 1752 aber forderte sein Verhalten in einem Streit um das physikalische Prinzip der kleinsten Wirkung und die Priorität ihrer Entdeckung den Landsmann zu einem Pamphlet heraus, das Maupertuis unter Bezug auf einen »Docteur Acacia« angriff, der als Arzt des Papstes ausgegeben wurde. Friedrich ließ die Schrift öffentlich verbrennen.

Erst nach dem Tod Friedrichs des Großen konnte die Akademie wieder freier agieren. Sie entschloß sich zur Wahl verschiedener berühmter Männer als Korrespondierender Mitglieder, unter ihnen der Mathematiker Marie-Jean-Antoine de Condorcet (der 1793 wegen seiner Parteinahme für die Französische Revolution wieder ausgeschlossen wurde), der Königsberger Professor Immanuel Kant und der Graf Alessandro Volta aus Como.

Preußens Glanz im europäischen Geistesleben aber datiert recht eigentlich erst aus dem 19. Jahrhundert. Das ist bemerkenswert, denn es waren nicht die persönlichen Impulse, die von dem fast das halbe 19. Jahrhundert beherrschenden Friedrich Wilhelm III. ausgegangen sind. Ausschlaggebend war wohl eher das geistige Niveau der preußischen höheren Beamten, für die Bildung und freie Forschung das Medium geworden waren, mit dem sie sich als Schicht legitimieren und ihren Rang neben dem Adel behaupten konnten. Aber immerhin: Das Talent, die richtigen Leute gewähren zu lassen, ist nicht gering zu veranschlagen. Zu den richtigen Leuten gehörte Karl Friedrich Beyme, den Friedrich Wilhelm III. sich als Kabinettsrat, das heißt als seinen engsten Sekretär, berufen hatte. Beyme machte sich

Daß man auch in bürgerlicher Schlichtheit heitere Geselligkeit pflegen konnte, bewies zu Ende des 18. Jahrhunderts der Königsberger Professor Immanuel Kant, dessen Tafelrunde für ihren leichten Gesprächston bekannt war. Zu den Freunden zählten Kaufleute und Beamte.

Als vielseitiges Genie war Karl Friedrich Schinkel nicht nur Architekt, sondern auch Maler, und auf ihn gehen sogar einige der schönsten Theaterdekorationen zurück, die aus dem Berlin des frühen 19. Jahrhunderts erhalten sind. Auf diesem Bühnenbild zur »Zauberflöte« erscheint gerade die Königin der Nacht.

ausgerechnet im schwarzen Jahr 1807, da Preußen durch den Frieden von Tilsit die Hälfte seiner Fläche und seiner Einwohner aufgeben mußte, zum Anwalt des Gedankens, in der Hauptstadt Berlin eine neue Universität zu gründen. Die Stadt Halle war unter die im Friedensvertrag vereinbarten Abtretungen gefallen und die Zukunft der Universität samt ihren Professoren daher ungewiß. Man entsandte eine Delegation, die, geführt von dem Rektor, dem Juristen Theodor Anton Heinrich Schmalz, den König an seinem Zufluchtsort in Memel aufsuchte, um ihm die Zukunft der Hallenser Professoren ans Herz zu legen. Dem Zeugnis Schmalzens zufolge hat der König in der Audienz das Wort gesagt, an das man sich in vergleichbaren Situationen wieder erinnern sollte: Der Staat müsse durch geistige Kräfte ersetzen, was er an physischen verloren habe.

Jedenfalls gediehen die weiteren Arbeiten so gut, daß 1810 die Universität Berlin eröffnet werden konnte. Schmalz war, samt anderen Hallenser Kollegen, wieder dabei. Die Berufungsliste hatte im übrigen Wilhelm von Humboldt zu bearbeiten, der im Jahr 1809 – auf einen Vorschlag des Freiherrn vom Stein – Leiter der Abteilung für Unterricht und geistliche Angelegenheiten im Königlichen Ministerium des Innern geworden war. Kultusminister ist Humboldt nie gewesen, und er hat auch so schnell wie möglich wieder seinen Abschied genommen. Der Eindruck aber, den er in der kurzen Zeit seiner Wirksamkeit hinterließ, war nachhaltig.

Die Berufungsliste bereits war klangvoll: Der Theologe Friedrich Daniel Schleiermacher stand neben den Philologen Friedrich August Wolf und August Boeckh, den Medizinern Christoph Wilhelm Hufeland und Johann Christian Reil, dem Agrarwissenschaftler Albrecht Daniel Thaer, dem Botaniker Carl Ludwig Willdenow, den Chemikern Sigismund Friedrich Hermbstaedt und Martin Heinrich Klaproth.

Es ist typisch für die Beschäftigung mit Wilhelm von Humboldt, daß die verschiedensten Strömungen bis heute meinen, sein Erbe für sich nutzen zu können. Sein Ansatz zum Aufbau eines einheitlichen staatlichen Bildungswesens, in dem das Gymnasium die Stelle einer Gesamtschule vertreten würde, wirkt demokratisch und wurde noch von manchen Bildungspolitikern der 1970er Jahre so verstanden.

Die Weigerung Humboldts, das Gymnasium der Berufsvorbereitung dienstbar zu machen, bedeutete in der Tat eine Absage an das Konzept der schichtengebundenen Bildungsgänge des Ministers Karl

Als Friedrich Wilhelm IV. den Thron bestieg, gedachte er sich ein Denkmal durch seine Liberalität und Großzügigkeit zu setzen. So ergriff er persönlich die Initiative dazu, daß die Brüder Grimm, jene 1837 durch König Ernst August von Hannover aus dem Dienst geworfenen Göttinger Verteidiger der Verfassung, nach Berlin berufen wurden. Neben den Grimms kam 1841 auch Friedrich Wilhelm Schelling, der alte Freund Hegels aus Tübinger Jugendtagen und zugleich sein Konkurrent, in die preußische Hauptstadt. Er sollte ein Gegengift gegen den Radikalismus bringen, der sich unter den jugendlichen Adepten des 1831 verstorbenen Hegel breitgemacht hatte. Mit seinem Projekt, eine positive Philosophie der Offenbarung zu liefern, scheiterte Schelling jedoch kläglich. Im Hörsaal begann man zu spüren, daß der Siebenundsechzigjährige nicht mehr auf der Höhe seiner eigenen Ansprüche war (wir haben unter anderem die Tagebücher des jungen Sören Kierkegaard hierüber), und als man seine Vorlesungen nachschrieb und, mit lauter polemischen Zusätzen versehen, durch den Druck dem Spott der deutschen Öffentlichkeit preisgab, stellte Schelling seine Vorlesungen ein.

Dennoch und trotz mancher Ungeschicklichkeiten steht die Ära Friedrich Wilhelms IV. der seines Vaters an Bedeutung nicht nach. Dieser König hatte neben seinen vielen dem Mittelalter und dem Heiligen Land zugewandten Ideen auch die Vorstellung, das Sozialprestige der Gelehrten in Preußen müsse verbessert werden. Er stiftete daher zu dem traditionell an tapfere Offiziere verliehenen Kriegsorden Pour le mérite eine Friedensklasse, als deren ersten Kanzler er Alexander von Humboldt berief. Alexander hatte von jeher eine größere Geschmeidigkeit an den Tag gelegt als sein älterer Bruder Wilhelm und infolgedessen sich bei beiden Königen, Vater und Sohn, stets in Gunst befunden. Als königlicher Kammerherr war er selbst ein Höfling, und doch glaubte man eine Sympathie für den Liberalismus bei ihm heraushören zu können. Aus Paris zurückgekehrt, wo er 34 Bände seines Riesenwerks zur Dokumentation seiner Reise nach Lateinamerika in Druck gegeben und dabei sein ererbtes Vermögen geopfert hatte, hielt er in Berlin allgemeinverständliche naturkundliche Vorlesungen, bei denen ihm auch Friedrich Wilhelm III. samt Prinzen und Hofstaaten die Ehre gab. »Achthundert Menschen atmen kaum«, schrieb Karl von Holtei über einen der ersten Auftritte Humboldts im Dezember 1827 an Goethe, »um den Einen zu hören. Es gibt keinen großartigeren Eindruck, als die irdi-

Georg Wilhelm Friedrich Hegel faszinierte seine Studenten durch das Angebot eines Denksystems, das in seiner Vollständigkeit unübertroffen war. So durchdrang seine Philosophie die verschiedensten Wissensgebiete und ließ Hegel zum »Meisterdenker« werden.

sche Macht zu sehen, wie sie dem Geiste huldigt; und schon deshalb gehört Humboldts Wirken in Berlin zu den erhebendsten Erscheinungen der Welt.« [1]

Alexander von Humboldt hatte sich das Ziel gesetzt, Berlin mit der Zeit zum Wissenschaftssitz Nummer eins zu machen. Dazu gehörte – beispielsweise – der Bau einer neuen Sternwarte, die Karl Friedrich Schinkel entwerfen durfte und die 1835 ihren Betrieb aufnahm. Als nun Friedrich Wilhelm IV. mit der Idee des Ordens für die Gelehrten hervortrat, war es Humboldt ein Vergnügen, die ersten Ordensritter vorzuschlagen. In Zukunft sollte der Orden sich durch Nachwahl selbst ergänzen, aber niemals mehr als dreißig Mitglieder haben.

In seinem Anspruch, ein moderner Staat habe ein Kulturstaat zu sein und müsse noch umfangreicher als ein Staat der Barockzeit durch Förderung der Künste und Wissenschaften hervortreten, war Friedrich Wilhelm IV. freilich nicht allein. König Ludwig I. von Bayern und dessen Sohn, Maximilian II., fühlten diese Pflicht ebenfalls. Und so, wie Friedrich Wilhelm von Preußen den Philosophen Schelling aus München (wo es diesem besser ergangen war) nach Berlin

Mit Barock und Rokoko – Schlüter und Knobelsdorff – hatte das preußische Berlin den Anschluß an das deutsche und europäische Niveau gefunden; mit dem Klassizismus aber wurde es dessen Vorhut und prägte den Stil seiner Epoche. Bei Johann Gottfried Schadow (links oben in einem Selbstbildnis von 1794) ist der Übergang von der Sinnlichkeit des ausgehenden 18. Jahrhunderts zur neuen Welt geradezu mit Händen zu greifen; mit seiner »Prinzessinnengruppe« wird er der Begründer der Berliner Klassischen Schule. Sein Schüler Christian Daniel Rauch, hier in einer Büste Friedrich Tiecks von 1825, wendete die Empfindsamkeit Schadows ins idealisierende Pathos preußischer Staatskunst.

entführt hatte, so hat Maximilian, der mit der preußischen Prinzessin Marie verheiratet war, sich den Berliner Geschichtsprofessor Leopold Ranke »ausgeliehen« und von ihm Vorträge halten lassen.

Auch Museen, Schauspiel und Musikleben profitierten von dieser Auffassung, daß das Mäzenatentum eine herrscherliche Pflicht sei. Die geschichtlichen Wurzeln lagen ohnehin im Fürstenhof selbst. Das Nationaltheater war das alte Hoftheater, anfangs noch in den Schloßbau integriert, später, vom Schloß weiter entfernt, selbständig errichtet wie Schinkels Schauspielhaus auf dem Gendarmenmarkt oder das Wiener Burgtheater auf der Ringstraße.

Für die Einweihung des Schinkeltheaters hat Goethe den Prolog

Neben diese führenden Bildhauer ihrer Zeit traten die Baumeister, mit denen Berlin einen neuen Stil auch in der Architektur begründete. Friedrich Gilly, dessen Porträtbüste Schadow 1801 modellierte, war zum ersten Mal nicht mehr der römischen, sondern der griechischen Antike verpflichtet, und diese poetische Griechenschwärmerei ist auf unvergleichliche Weise seinem Bildnis abzulesen. Nach Gillys frühem Tod wurde sein Lieblingsschüler Karl Friedrich Schinkel der Architekt, der ganz Europa seinen Formwillen aufprägte. Sein Porträt von Karl Friedrich Tieck von 1819 will nicht die zufällige Individualität des Baumeisters festhalten, sondern im spätklassischen Sinne dessen ideale Gestalt und Idee.

geliefert, »Iphigenie auf Tauris« war Gegenstand der Festaufführung. Deutsches Theaterleben wäre ohne die Gestalt des Theaterdirektors August Wilhelm Iffland nicht denkbar. Und wenn das Schauspielhaus, gerade in der Zeit Friedrich Wilhelms III., dem seichten Unterhaltungsbedürfnis dieses Monarchen durch zahllose seichte Stücke Rechnung tragen mußte (und wenn die Oper den »Fidelio« nicht spielen sollte), so sind in der Ära dieses Königs doch wichtige Klassikeruraufführungen zu verzeichnen, bis hin zu einzelnen Szenen des »Faust«, die 1819 und 1820 unter maßgeblicher Mitwirkung von Herzog Carl von Mecklenburg, dem Schwager des Königs, zustande kamen und die sich Friedrich Wilhelm III. 1820 auch angesehen hat. Gerade in der Zeit der Restauration bemächtigten sich Zeitungskritiker und Stadtgespräch des Theaterlebens, das zum Ersatz des verbotenen politischen Räsonnements die Gemüter in Atem hielt. Bis 1918 aber haben das Berliner Schauspielhaus und die Knobelsdorff-Oper auf dem Etat des königlich preußischen Hofes gestanden! Die heutige Bayerische Staatsoper, ihrerseits ein Kunsttempel des 19. Jahrhunderts, ist sogar noch in unmittelbarer Nachbarschaft der Residenz errichtet, wie die Semperoper in der Nähe des Dresdner Zwingers.

Das Museum geht aus der Gemäldesammlung des Fürsten und aus seinem Raritätenkabinett hervor, wie sich an der Organisationsgeschichte der Berliner Königlichen Museen ablesen läßt. Noch bevor das heute sogenannte »Alte Museum« durch Schinkel erbaut wurde, hatte Friedrich Wilhelm III. durch den Erwerb der Gemäldesammlungen Giustiniani und Solly einen Grundstock von europäischem Rang geschaffen. Die Bibliothek schließlich, die beim Tod des Großen Kurfürsten noch im Apothekenflügel des Schlosses auf der Spreeinsel gestanden hatte (sie umfaßte damals 20 000 Druck- und 16 000 Handschriften), erhielt schon durch Friedrich den Großen mit der sogenannten »Kommode« ein stattliches Gebäude. Daß diese inzwischen auf 150 000 Bände angewachsene Einrichtung auch einmal ein Teil des fürstlichen Haushalts gewesen war, war längst in Vergessenheit geraten, und längst auch hatte Friedrich sich in Charlottenburg und Sanssouci seine eigenen, auf den persönlichen Bedarf zugeschnittenen, vor allem aber auch noch überschaubaren Büchersammlungen geschaffen. Wer das Bibliothekszimmer von Sanssouci gesehen hat, wird von der Grazie und Leichtigkeit, die sogar von Bücherschränken ausgehen kann, beeindruckt bleiben.

Daß die Entwicklung des deutschen Geisteslebens mit der Reichsgründung ihren Höhepunkt überschritten habe und insgesamt der Zuwachs an Macht dem Geist nicht bekommen sei, für diese These haben wir Friedrich Nietzsche und Jacob Burckhardt als Kronzeugen. Wie immer es auch damit stehen mag, neben den akademischen Historienmalereien eines Anton von Werner und den Scheußlichkeiten des wilhelminischen Denkmalsfiebers gediehen weiterhin in Berlin Leistungen von atemberaubender Modernität. Es ist eine Binsenweisheit, daß die Blüte der *»Weimar Culture«* ihre Anwachsphase gehabt haben muß, und diese Anwachsphase liegt in der Ära Wilhelms II. Nicht zuletzt waren diese Modernitätsphänomene im Wis-

Die »Linden«, Berlins glänzendster Prospekt, verändern wie die ganze Stadt ihr Gesicht alle dreißig Jahre. Aus der ländlichen Avenue mit zwei, höchstens dreigeschossiger Bebauung wird nach der Gründung des Kaiserreichs ein Boulevard mit vier und fünfgeschossigen Bauten im Stil des Eklektizismus des Kaiserreichs. Berlins berühmteste Ecke war die Kreuzung Unter den Linden und Friedrichstraße, an der das Café Bauer und das Café Kranzler lagen, der Schnittpunkt der eleganten Welt. Wie bescheiden der Zuschnitt auch noch dieses kaiserlichen Berlin vor dem Aufkommen des Automobilzeitalters war, zeigt die Photographie, die um das Jahr 1890 aufgenommen wurde.

senschaftsleben zu sehen. Oder war es nicht bedeutungsvoll, wenn zwei der berühmtesten Physiker der Welt, Max Planck und Walther Nernst, im Jahre 1913 den Zug nach Zürich bestiegen, um dort einen jungen Kollegen namens Albert Einstein zu überreden, er möge doch eine von sämtlichen Vorlesungspflichten freie Akademieprofessur in

An die Stelle der Kaffeehäuser der klassischen und romantischen Epoche traten nach der Gründung des Kaiserreichs die Vergnügungsetablissements, in denen sich die literarische und künstlerische Intelligenz der Epoche versammelte. Das Café Bauer Unter den Linden war eines der zahlreichen Restaurants, Cafés und Bierhäuser jenes Berlin, das nun langsam von einer preußischen Residenz zu einer deutschen Metropole wird. Der Holzstich nach einer Zeichnung von G. Theuerkauf aus dem Jahre 1877 verdeutlicht diese Welt des Übergangs vom königlichen zum kaiserlichen Berlin.

Berlin übernehmen, die auch noch gut bezahlt wurde? Das Geld hierfür aber stammte aus dem Budget der *Kaiser-Wilhelm-Gesellschaft* zur Förderung der Wissenschaften, die unlängst gegründet worden war. Ihr allerhöchster Protektor, dessen antisemitische Tiraden wir kennengelernt haben, hat *hiergegen* nichts einzuwenden gehabt, obwohl Einstein aus seinem Judentum kein Geheimnis machte.

Richtig ist, wie Peter Gay es formuliert hat, daß die Insider der Weimarer Zeit im Kaiserreich noch Außenseiter gewesen sind. Das wahre Ausmaß seines Außenseitertums ist Einstein vermutlich erst im Ersten Weltkrieg aufgegangen, als er sich mit seiner Ablehnung

Bei der Entwicklung eines innerstädtischen Telefonnetzes war Berlin in Europa führend. Im Vordergrund stand allerdings die Unterstützung staatlicher Funktionen. Die Arbeiter, die auf diesem Bild Berlins erste zentrale Fernsprechvermittlung verkabeln, lassen etwas von dem Stolz sichtbar werden, der aus der Verbindung technischen Fortschritts mit dem Gefühl entsteht, dem Staat wichtige Dienste zu leisten.

des Krieges isolierte, während Heerscharen deutscher Professoren dem chauvinistischen Wahn anheimfielen. Das war, bei Erziehung und politischer Orientierung des deutschen Bürgertums, nicht überraschend gewesen. Bestehen bleibt, daß alles Schnarren des Preußentums den gebürtigen Schwaben Einstein jedenfalls 1913 *nicht* von dem Umzug nach Berlin abgehalten hat.

11. Revolution und Nation

Muß eine Dynastie eine Bestimmung haben, ein Ziel, eine Idee? Oder kann eine Idee nur an einer Nation haften, einem Regierungssystem, einer, wie sich die Wissenschaftler ausdrücken, »politischen Kultur«? Dem Deutschen Reich ist von Wissenschaftlern die Existenz einer solchen Sendung bestritten worden; 1959 erregte Helmuth Plessner mit dem Wort von Deutschland als »Großmacht ohne Staatsidee« (das er schon 1935 im Exil geprägt hatte) viel Aufsehen, aber Jahrzehnte später hat Thomas Nipperdey dieses Urteil als Geschwätz abzutun versucht, da ein Nationalstaat eine solche Idee nicht benötige.

Am liebsten verwendet man Zeiten existentieller Bedrohung dazu, sich auf seinen besonderen Daseinsgrund, der einem seine Daseinsberechtigung verleiht, zu besinnen, und so konnte Winston Churchill große Wirkungen erzielen, als er 1940 die Sache Englands mit der Sache der Freiheit und des Menschheitsfortschritts überhaupt verband. Wohl kaum hätte jemand in England daran gedacht, diesen stolzen Gedanken mit dem Königshaus zu verknüpfen. Waren doch in den Jahrhunderten, die in der Interpretation der britischen Whig-Historiker allesamt nur dazu dagewesen waren, der Vorbereitung einer freiheitlichen Regierungsform und der Ausbreitung der britischen Zivilisation über den Erdball zu dienen, verschiedene Königshäuser aufeinander gefolgt. Auch hatte das Parlament sich angemaßt, einen König zu enthaupten und, ein andermal, einen Dynastiewechsel nach seinem Gutdünken zu vollziehen.

Wie also dann sollten die Hohenzollern den Gedanken an einen solchen Familienauftrag haben? Fest steht freilich, daß sie – oder zumindest doch drei überdurchschnittliche Persönlichkeiten aus der Dynastie –, die Mentalität, den Charakter eines Volkes stark geprägt haben und daß schließlich auch der Gedanke sich Bahn brach, daß Preußen von der Geschichte die Mission verliehen worden sei, an die Spitze Deutschlands zu treten. Wenn wir uns jedoch bemühen, aus den persönlichen Äußerungen und Entschlüssen preußischer Monarchen eine gemeinsame Linie abzulesen, wird die längste dieser Linien nicht jene sein, die von Preußens deutschem Beruf handelt, sondern eine andere, jene nämlich, die sich spätestens seit 1791 in den königlichen Deklarationen findet: daß es die Pflicht und das Amt des Monarchen sei, dem Drachen der Revolution entgegenzutreten.

Ursprünglich hatten König Friedrich Wilhelm II. und sein Minister Ewald von Hertzberg ihr Augenmerk eher auf das machtpolitische Resultat der Französischen Revolution gerichtet, das vorläufig in einer Schwächung der Rolle Frankreichs als Großmacht zu bestehen schien. Doch dann waren sie von Wien aus bearbeitet worden, und in der Deklaration von Pillnitz hatten Friedrich Wilhelm II. und Kaiser Leopold II. am 27. August 1791 zum ersten Mal anklingen lassen, daß sie in der Revolution das Anzeichen einer grundsätzlichen Auseinandersetzung ideologischen Charakters erblickten, so daß wir sagen könnten, der von Ernst Nolte für das 20. Jahrhundert diagnostizierte Weltbürgerkrieg habe eigentlich damals schon seinen Anfang genommen. Auf die Deklaration von Pillnitz folgten am 20. September 1792 die Konfrontation von Valmy, der Goethe in der Rückschau die welthistorische Bedeutung zusprach, und schließlich jene Kette von Kriegen der Koalitionen europäischer Mächte mit dem revolutionären Frankreich, die erst 1815 zu einem Ende fand. Oberflächlich gesehen, hatten die Mächte, zu denen Preußen sich zählte, gesiegt, die Mächte der Beharrung, die der Idee der Volkssouveränität die Idee des Gottesgnadentums entgegensetzten. (Tatsächlich haben sich in der Geschichte Europas nur diese zwei Möglichkeiten der Legitimation von Herrschaft als so stabil erwiesen, daß die Regierungen, die sich auf eine der beiden stützten, mit relativ geringen Repressionsapparaten auskommen konnten.) Der Sieg von 1815 war aber nicht von Dauer. Man hatte lediglich einen Damm errichtet, und zwar von der Art, die nach der zweiten oder dritten Flut zu brechen pflegt.

Während Friedrich Wilhelm II. für die Rechte entthronter Herrscher, seines Schwagers, des Statthalters der Niederlande, im Jahre 1787 nicht weniger als für Marie Antoinette von Frankreich 1792 gekämpft hat wie ein romantischer Ritter, wurde die Jugendzeit seiner Nachkommen vom Phänomen der Revolution ganz und gar überschattet. Friedrich Wilhelm III., der als Kronprinz auf den Feldzügen gegen das revolutionäre Frankreich mitmarschiert war, führte in seinen vor Regierungsantritt niedergelegten »Gedanken über die

Regierungskunst« (1796) die Französische Revolution nicht auf gesellschaftliche Ursachen, sondern auf die moralische Verkommenheit des französischen Hofs zurück. Entsprechend gering war seine Bereitschaft, ein Verlangen nach allgemeiner Emanzipation und vergrößerter Teilhabe an den öffentlichen Angelegenheiten als berechtigt anzuerkennen. In seiner an Enttäuschungen und Selbstzweifeln reichen Regierungszeit verdammte er den »Parteigeist«, womit wechselweise das Intrigenspiel am Hof oder aber das unruhige Sichregen einer erwachenden öffentlichen Meinung gemeint sein konnte.

Vollends aber stellte er, nachdem er in der Zeit der tiefsten Erniedrigung unter der napoleonischen Hegemonie seinen Ministern eine durchgreifende Reformtätigkeit gestattet hatte, nach dem militärischen Sieg über Napoleon seine Macht in den Dienst der Niederhaltung des Prinzips der Volkssouveränität. Hierin wurde er geradezu zum Werkzeug des österreichischen Staatskanzlers Fürst Metternich, der seinerseits das Weiterbestehen eines bürokratischen Absolutismus sans phrase als Grundvoraussetzung für das Überleben des habsburgischen Vielvölkerstaats erkannt hatte. Um das Weiterbestehen der Monarchie, in deren Dienst er stand, zu sichern, durfte Metternich den Gedanken an Nationen und deren Selbstbestimmung nicht aufkommen lassen, und so hat er sich die Unterdrückung beider Ideen in ganz Europa zur Aufgabe gemacht. Für die Zwecke dieses letztlich den Interessen der Habsburger Dynastie dienenden Abwehrkampfs suchte Metternich die Machtapparate ganz Europas einzuspannen, wo immer er auf sie Einfluß gewinnen konnte. Am größten war der Einfluß naturgemäß in Deutschland, wo der 1815 gegründete Deutsche Bund dazu auch verfassungsmäßige Voraussetzungen schuf. Auf persönlichen Begegnungen im böhmischen Badeort Teplitz gewann Metternich 1819 das Ohr des Königs von Preußen und erhielt die Erlaubnis, die Minister des Königs von Preußen »schriftlich zu binden« zu dem Zweck, daß ihnen die Form, in der in Preußen repräsentative Institutionen geschaffen werden würden, von diesem Minister einer fremden Macht vorgeschrieben werden sollte. Zu dieser seltenen Form von Souveränitätsverzicht war der König von Preußen bereit, nachdem ihm Metternich die Gefahren, die von der Wühlarbeit der demokratischen Bewegung ausgingen, so furchterregend wie möglich ausgemalt hatte.

Das ganze Ausmaß des Schreckens, den die staatliche Repression

Nachdem Napoleon Deutschland unterworfen hatte, suchte der Philosoph Johann Gottlieb Fichte während des Winters 1807/1808 in seinen »Reden an die Deutsche Nation« seine Landsleute aufzurütteln. Die Vorträge, in denen ein überheblicher völkischer Nationalismus gepredigt wurde, fanden natürlich im Hörsaal statt. Für sein Wandgemälde in der Aula der Berliner Universität machte der Maler Arthur Kampf daraus eine Versammlung unter deutschen Eichen.

in Deutschland während der sogenannten »Demagogenverfolgung«, die im Grunde schon vor den »Karlsbader Beschlüssen« von 1819 einsetzte, angerichtet hat, ist noch nicht zur Genüge beschrieben. Die Postüberwachung, die Entlassungen von Beamten und Universitätslehrern wegen mancher zum Teil nur in privaten Briefen geäußerter Ansichten, die Einschüchterung mehrerer Generationen von Studenten durch Verhörkommissionen und die Existenz einer ganz Deutschland überwachenden Zentral-Untersuchungskommission – all dies wirft über das 19. Jahrhundert einen düsteren Schatten. Entgegen den Absichten der Reformminister Stein und Hardenberg, die eine verfassungsmäßige Teilung der Gewalten zwischen dem Monarchen und einer wie auch immer gearteten, auf jeden Fall die ganze Nation vertretenden Repräsentation herbeiführen wollten, hielt Friedrich Wilhelm III. unter Metternichs Einfluß eisern an dem Kurs eines von der Fiktion des persönlichen Regiments ausgehenden Absolutismus fest. Wie dieser Absolutismus den Zeitgenossen erschien, hat der königlich preußische Landgerichtsrat Karl Lebrecht Immermann in seinem 1836 erschienenen Roman »Die Epigonen« anschaulich geschildert:

»Wir leben in der unumschränktesten Monarchie, welche vielleicht jetzt auf der Erde besteht, und selbst unsre östlichen Nachbarn ⟨die Russen⟩ können in dieser Hinsicht neben uns nicht genannt werden. Ich heiße unsern Staat so, weil das Volk in ihm von jeher nicht viel bedeutet hat, wir vielmehr von den Erinnrungen an einige große Regenten zehren, die das wundersame Geschick grade auf dieser dürftigen Erdscholle geboren wissen wollte. An diesen Erinnrungen hängt unser Dasein, aus ihnen ist Sturz und Wiederherstellung des Reichs hervorgegangen. Der Träger der obersten Macht ist alles bei uns, seiner Entscheidung und Beschlußnahme würde mit Erfolg weder ein Gemeingefühl der Beherrschten, noch die hemmende Kraft selbständiger Institutionen, auch wenn man die Absicht hätte, sie zu schaffen, entgegentreten können. So ist es, und so muß es sein, wenn wir uns erhalten wollen.« Auch in den rheinisch-westfälischen Provinzen, die Preußen auf dem Wiener Kongreß erhalten hatte und in denen das Erbe der französischen Herrschaft unvergessen war, regiere Preußen nach der Maxime, die dortigen Formen zu achten, »in den Sachen aber autokratisch nach alten Prinzipien« zu beschließen.

Nicht wenig an Pikanterie gewinnt diese Skizze der preußischen Regierungsform in der Restaurationszeit, wenn wir erfahren, daß die hochgestellte Persönlichkeit, der diese Worte in den Mund gelegt sind, später als heimlicher Förderer der demagogischen Umtriebe entlarvt wird. In der Tat hat es wohl eine Durchtränkung der Beamtenschaft mit liberalen Prinzipien gegeben, die letztlich verantwortlich dafür wurde, daß in jenen Jahrzehnten der Fortschritt an Preußen nicht vorbeigegangen ist. Die Könige jedenfalls sind für ihn nicht die Ursache gewesen. Im Gegenteil: Sie schlugen die Gelegenheiten aus, die sich ihnen geboten hätten, ihren Thron auf dem Weg einer schrittweisen Hergabe politischer Gewalten zu erhalten. Friedrich Wilhelm III. versuchte statt dessen, in seinem Testament seine Nachfolger auf den Absolutismus festzulegen: »Ich habe die Königl. Gewalt unbeschränkt von meinen Vorfahren in der Krone ererbt und werde dieselbe auch ungeschmälert meinem Nachfolger hinterlassen. Die Erfahrung anderer Staaten hat überzeugend dargetan, daß diejenigen Fürsten, welche die Grundformen ihrer Staaten veränderten und auf einen Teil ihrer Rechte verzichteten, oft auch den andern Teil eingebüßt und selbst die Möglichkeit, Gutes zu tun, verloren haben... Auf dieser Unbeschränktheit der Königl. Macht beruht vorzugsweise die Stellung, welche Preußen in dem allgemeinen Staatensystem einnimmt, und da eine Änderung dieses Grundpfeilers der Monarchie letztere selbst nachteilig berühren und wankend machen würde, bestimme ich hierdurch, daß kein künftiger Regent befugt sein soll, ohne Zuziehung sämtlicher Agnaten in dem Königlichen Hause eine Änderung oder Einleitung zu treffen, wodurch eine Veränderung in der jetzigen Verfassung des Staats, namentlich in Beziehung auf die ständischen Verhältnisse und die Beschränkung der Königl. Macht bewirkt oder begründet werden könnte.«

Mit anderen Worten: Die von Stein schon in seiner Denkschrift vom 27. April 1806 erhobene Forderung, daß die »oberste Gewalt...zwischen dem Oberhaupt und den Stellvertretern der Nation geteilt« werden müsse, sollte am besten überhaupt nicht, zumindest nur nach einer umständlichen Prozedur, erfüllt werden. Das Erfordernis der Hinzuziehung sämtlicher Agnaten hieß: Ein einzelner Prinz kann mit seinem Veto eine Verfassung blockieren. Tatsächlich hat König Ernst August von Hannover im Jahr 1837 die dort bereits erlassene Verfassung mit dem Argument suspendiert, daß er als einer der wichtigsten Agnaten des Welfenhauses seinerzeit beim Erlaß der Verfassung des Königreichs Hannover nicht gefragt worden sei.

Das Testament Friedrich Wilhelms III. besagte auch: Nicht nur die Revolution, die von außen oder durch die Agitation einiger gewissenloser Menschen zu uns kommt, ist verwerflich. Auch in der freiwilligen Selbstbeschränkung des Monarchen liegt eine Gefahr. Die Anhänger des Absolutismus wurden nicht müde, davor zu warnen, daß eine Berufung von Ständevertretungen, die nicht nur für eine Provinz, sondern für das ganze Land sprechen dürften, in die Revolution münden werde, wie man am Schicksal der französischen Generalstände von 1789 ablesen könne.

1831, als über Paris die Julirevolution hereingebrochen war und in ihrem Gefolge sich Belgien von den Niederlanden zu lösen versuchte, Polen sich gegen die russische Herrschaft aufbäumte und Friedrich Wilhelm III. die Gespenster der Vergangenheit zurückkehren sah, hat er in einem Brief an seinen Sohn Wilhelm die »politische Pest aus dem Westen« mit der von Asien her vordringenden Cholera gleichgesetzt.

Die königlichen Prinzen zeigten sich in jenen Jahren als jugendliche Heißsporne der Konterrevolution, die von ihrem Vater gar noch gezügelt werden mußten. Wünschte sich Friedrich Wilhelm, der

Kronprinz, die belgischen Rebellen möchten bald »Halali« sein, so hatte sein Bruder Carl schon nach dem Dekabristenaufstand, der den Thronwechsel in Rußland 1825 begleitet hatte, die mangelnden Fertigkeiten beim Hängen und Köpfen im Russischen Reich beklagt.

Im Jahr 1840 König geworden, bemühte Friedrich Wilhelm IV. sich, die Monarchie durch die Pflege von Formen, die auf der Basis der Tradition neu durchdacht worden waren, und durch eine Kunstpolitik, an der sein Herz hing, neu zu begründen. Anders aber als seine Zeitgenossin, die Queen Victoria, begnügte er sich nicht damit, auf das Bedürfnis der breiten Massen nach Objekten der Ehrfurcht zu spekulieren und im Schatten des Prunks und der Symbolik die aus dem Parlament hervorgegangenen Minister herrschen zu lassen, jene Männer, die hinter der achtspännigen Staatskarosse des Monarchen in bescheidenen Kutschen hinterherfuhren. Friedrich Wilhelm wollte nicht indirekt, kraft einer Mystifikation, sondern direkt herrschen. Den Staatstheoretiker Friedrich Julius Stahl berief er nach Berlin, wo Stahl eine Lehre vom christlichen Staat ausarbeitete. Stahl erkannte den modernen Staat als eine öffentlich-rechtliche Anstalt an, und er versuchte auch nicht, ihn der Kirche zu unterwerfen. Jedoch sollten beide ein gleichberechtigtes Bündnis eingehen und der Staat sich in seinen öffentlichen Handlungen zum Christentum bekennen. Nichtchristen konnten demnach keine politischen Rechte ausüben.

Gegenüber dem absolutistischen Standpunkt Friedrich Wilhelms III. stellte die Lehre Friedrich Julius Stahls einen Fortschritt dar. Unzweifelhaft sollte der Monarch, dessen Legitimität weiterhin von Gottes Gnaden war, nach wie vor der Mittelpunkt des Staatslebens sein. Er konnte aber unter Umständen eine Volksvertretung zulassen, dies aber nur auf dem Weg einer freiwilligen Selbstbeschränkung seiner Gewalt tun. Eine Verfassung konnte für Stahl niemals zwischen dem König und seinem Volk *ausgehandelt* werden, sie war durch den König zu *gewähren*.

Friedrich Julius Stahl blieb jahrelang ein treuer Streiter für diesen König, doch das Heraufkommen der Revolution auch in Deutschland konnte alle Gelehrsamkeit nicht verhindern.

Die Vorherrschaft im Geistesleben konnten die Konservativen nicht erringen. Rationalismus, Liberalismus, die Vorstellung, daß alle Institutionen sich vor dem Richterstuhl der Vernunft zu rechtfertigen hätten, beherrschten unweigerlich große Teile der Universitäten, der

Als letzter Monarch in der brandenburgisch-preußischen Geschichte nahm Friedrich Wilhelm IV. am 15. Oktober 1840 vor dem Berliner Schloß die Erbhuldigung der Stände seines Landes entgegen, die nach dem Thronwechsel im Juni desselben Jahres fällig geworden war. Die Rede, die er dabei hielt, ließ ihn dagegen als Akteur vor einer modernen Öffentlichkeit erscheinen.

Zeitungen, ja sogar des Beamtenapparats. Als sich die Folgen von Bevölkerungsexplosion, Mißernte und wirtschaftlicher Krise mit dem Lauffeuer einer revolutionären Ansteckung von auswärts, aus Paris, kombinierten, war das seit Jahrzehnten befürchtete Ereignis da.

Im deutschen Geschichtsbewußtsein haben dabei die Märztage 1848 in Berlin einen besonderen Platz eingenommen. Die besondere Symbolkraft der Szenen, die sich in Berlin abgespielt haben, hat dabei die Tatsache verdunkelt, daß die Revolution in Wien, der Hauptstadt Metternichs, des eigentlichen Drahtziehers der geistlosen Niederhaltungspolitik, sich eher durchgesetzt hat als in Berlin. Der österreichische Staatskanzler mußte schmachvoll aus Wien flüchten und in England unterschlüpfen, dessen Regierungssystem er immer als auf den Kontinent nicht übertragbar angesehen hatte. In Wien war Metternich, der im Kondominium mit einer exklusiven »Staatskonferenz« den Kaiser Ferdinand dreizehn Jahre lang wie eine Marionette gesteuert hatte, die eigentliche Autorität gewesen. In Berlin dagegen hatte der König den Anspruch, selbst Träger der höchsten Gewalt und letzte Instanz aller Entscheidungen zu sein, niemals aufgegeben.

Als sich jetzt in der Nacht vom 18. auf den 19. März 1848 die persönliche Konfrontation dieses Königs, der sich in seinem Schloß festgesetzt hatte, mit den enragierten Volksmassen davor bildhaft anschaulich zuspitzte, wurde auch das Durchsetzungsvermögen Friedrich Wilhelms IV. einer besonderen Belastungsprobe ausgesetzt. Am Ende hat Friedrich Wilhelm IV. nachgegeben. Er hat seine Armee, die im Begriff war, im Häuserkampf die Berliner Innenstadt zu unterwerfen, zurückgezogen und ihr den fast sicheren Sieg genommen. In der älteren Literatur dazu war die Tendenz anzutreffen, in dem schwankenden Charakter des angeblich seelisch auf das tiefste erschütterten Königs die Ursache für den Entschluß zum Nachgeben zu erblicken. Demgegenüber hat der Berliner Historiker Gerd Heinrich auf die »institutionellen und personellen Schwächen«[1] im Regierungszentrum hingewiesen, kurz gesagt: Die Inhaber der aus der Tradition hergeleiteten Macht waren nicht imstande, einen wirksamen Mechanismus der Entschlußbildung in dem kleinen Kreis der Entscheidungsträger zu schaffen. Weder war der König kompetent, selbst die Operationen des Militärs zu leiten, noch war er bereit, seine Macht an einen energischen Militärdiktator oder auch nur einen rücksichtslosen Ministerpräsidenten abzutreten, noch aber auch war eine Persönlichkeit in Sicht, die sich überhaupt dazu geeignet hätte, die zivilen und die militärischen Kommandofäden gleichermaßen in die Hand zu nehmen. Der zu jener Zeit in der Öffentlichkeit als ein Falke eingeschätzte Bruder des Königs, Prinz Wilhelm, wagte aus traditionsgeheiligter Ehrfucht dies nicht zu tun, auch ist fraglich, ob er das nötige Geschick und die nötige Übersicht besessen hätte.

In dieser Situation fielen die Einflüsterungen des liberalen Abgeordneten Georg Freiherr von Vincke: »Selbst angenommen, S.M. blieben heut und morgen Sieger, so würden Sie übermorgen unterliegen, und was dann?« auf fruchtbaren Boden. Friedrich Wilhelm IV. ließ die Regimenter aus der Innenstadt von Berlin abziehen, und das Schloß, in dessen Innenhof nur noch zwei Füsilierbataillone

Die Verlierer der Revolution von 1848 malten sich aus, daß die siegreichen Fürsten von den Furien geplagt würden: so der Kaiser Ferdinand von Österreich wegen der Hinrichtung Robert Blums, dessen Immunität als Abgeordneter der Deutschen Nationalversammlung die Schergen der Habsburger mißachtet hatten, und Friedrich Wilhelm IV. wegen der sinnlos geopferten Toten der Märztage 1848. Zeitgenössische Lithographie.

verblieben waren (ein weiteres Grenadierbataillion lag im Zeughaus), war so gut wie schutzlos.

Die Politik des Königs spiegelte folgerichtig die neuen Machtverhältnisse wider. Ein liberaler Ministerpräsident wurde berufen, am 21. März ritt Friedrich Wilhelm in Begleitung königlicher Prinzen durch die Straßen Berlins, wobei er die schwarzrotgoldenen Farben der Revolution, die zugleich die deutsche Einheit symbolisierten, angelegt hatte.

Was folgte, war eine Epoche königlicher Heuchelei. Die Anpassung Friedrich Wilhelms IV. an die Erfordernisse der Revolution war nur aus der Not geboren. Friedrich Wilhelm stand nicht hinter ihr, wie er nicht hinter der Verfassung stand, die am 5. Dezember 1848 dem Königreich Preußen von oben verliehen, das heißt oktroyiert wurde. Zu diesem Zeitpunkt hatte nach der blutigen Unterwerfung Wiens durch den Feldmarschall Fürst Windischgrätz bereits der revolutionäre Ebbstrom eingesetzt. Der preußische General Friedrich Graf von Wrangel hatte die Stadt Berlin militärisch okkupiert, man hatte aus den Märzereignissen gelernt. Die preußische Nationalversammlung hatte sich dem Druck militärischer Belagerung gegenübergesehen und war schließlich vom König aufgelöst worden. Die zur Besänftigung der Gemäßigten aber nun einmal unentbehrliche Verfassung wurde im Lauf der folgenden Jahre so lange abgeändert, bis sie leidlich den Vorstellungen Friedrich Wilhelms IV. entsprach. Insbesondere führte er ein Oberhaus ein, dessen Mitglieder größtenteils von ihm selbst berufen werden durften. Er nahm sie aus dem Adel, und diese Kammer erhielt konsequenterweise den Namen »Herrenhaus«.

Tief im Innern hat sich Friedrich Wilhelm IV. mit der Tatsache, daß er jetzt ein konstitutioneller Monarch war, niemals abgefunden. Das belastete ihn, als er die Verfassung nun auch beschwören sollte, denn sein in diesem Punkt sehr empfindliches Gewissen sagte ihm, daß ein Eid nur aus vollem Herzen, nicht aber mit einer Reservatio mentalis geleistet werden dürfe. Sein Zwiespalt ließ sich nicht verbergen, und so sprach er am 6. Februar 1850 die merkwürdigen Worte: »Das Werk, dem Ich heute Meine Bestätigung aufdrücken will, ist entstanden in einem Jahre, welches die Treue werdender Geschlechter wohl mit Tränen, aber vergebens wünschen wird, aus unserer Geschichte hinauszubringen ... Und so erklär' ich, Gott ist deß Zeuge, daß Mein Gelöbnis auf die Verfassung treu, wahrhaftig und ohne Rückhalt ist.« Sein Biograph Walter Bußmann bemerkt dazu: »Einen seltsameren Verfassungseid hat die Geschichte kaum je gesehen.«

Um seinen Nachfolgern derartige Qualen zu ersparen, versuchte Friedrich Wilhelm IV., ihnen einzuschärfen, ihrerseits niemals einen Verfassungseid abzulegen. Doch sah sich sein Bruder Wilhelm, der 1859 zunächst die Regentschaft übernahm, außerstande, ihm hierin zu folgen. Der Prinz von Preußen stand seinem Bruder zwar in herrscherlichem Stolz nicht nach. Noch 1847 hatte er, ein gesetzter Herr von fünfzig Jahren, dennoch auf dem Bahnhof in Berlin einen Wutanfall bekommen, weil ein Reisender nicht den Hut vor ihm zog; dieser hatte sich darauf herausgeredet, daß er aus Hamburg sei, wo man von Fürstlichkeiten nichts wisse. Prinz Wilhelm hatte aber

Bei der Eröffnung des Vereinigten Landtags am 11. April 1847 hatte Friedrich Wilhelm IV. von dem »natürliche(n), gerade bei uns durch seine innere Wahrheit so mächtig machende(n) Verhältnis zwischen Fürst und Volk« gesprochen und davon, daß sich »zwischen unseren Herrgott im Himmel und dieses Land« kein »beschriebenes Blatt« eindrängen dürfe. Der Karikaturist machte 1848 aus Friedrich Wilhelms Ablehnung einer Verfassung eine vielsagende Darstellung, auf der Friedrich Wilhelm, unterstützt durch seinen am Militärhelm erkennbaren Bruder, den Prinzen Wilhelm, die Volksvertreter von der Macht auszusperren sucht.

König Friedrich Wilhelm IV. habe sich die Revolution aufgeladen, da er es versäumt habe, zur rechten Zeit einen preußischen Landtag zu berufen: so lautete schon das Urteil des linker Ansichten unverdächtigen Berliner Historikers Heinrich von Treitschke. Die blutigen Kämpfe zwischen dem Militär und den Bürgern auf der Barrikade während der Märztage 1848 in Berlin haben sich mehr als alle anderen Episoden dieses Revolutionsjahrs in das Gedächtnis der Deutschen eingeprägt.

schon im Vormärz die Einsicht gewonnen, daß die Berufung einer Repräsentation für das Königreich notwendig sei, und sich infolgedessen jetzt entschieden, mit der Verfassung, wie sie in der Zeit seines Bruders entstanden war, vorliebzunehmen.

Auch er brüskierte aber große Teile der liberalen Öffentlichkeit mit der Art, in der er sich nach dem Tod Friedrich Wilhelms IV. 1861 zum König krönte. Ursprünglich hatte er sogar eine Erbhuldigung der Stände haben wollen, doch hatten seine Minister ihm mühsam klarmachen können, daß eine Huldigung nicht mehr in eine Zeit passe, in der das Volk über eine ständige Vertretung verfügte.

So reiste er denn nach Königsberg und setzte sich dort die Krone auf, wie sein Vorfahr, der erste Preußenkönig überhaupt, es im Jahr 1701 getan hatte. Den Augenblick, da er, im Krönungsmantel, das Schwert und den Reichsapfel den versammelten Gästen der Zeremonie entgegenstreckte und ein Sonnenstrahl darauf fiel, hat Adolph von Menzel malerisch verewigt.

Wilhelm hatte ein anderes Instrument, das er als Unterpfand der Vorrechte der Krone betrachtete. Es war ihm besonders um die Stärkung der Armee zu tun, deren exklusive Unterstellung unter den Monarchen auch die Verfassung von 1850 nicht angetastet hatte.

Um diese exklusive Verfügungsgewalt auch für eine fernere Zukunft zu erhalten, war Wilhelm bereit, eine Konfrontation mit der Volksvertretung zu riskieren. In dem Konflikt, der sich 1862 zuzuspitzen begann, ging es um alles: Während der König darum kämpfte, die wichtigste Stütze seiner real existierenden Regierungsgewalt zu sichern, versuchte das preußische Abgeordnetenhaus, sein Budgetrecht zum Hebel zu machen, mit dessen Hilfe dem König die alleinige Kontrolle über das Heer entwunden werden konnte. König Wilhelm I. war nahe daran, abzudanken – neben seinem Sohn hielt ihn vor allem ein Politiker davon ab, der aus dem ultrakonservativen Lager hervorgegangen war: Otto von Bismarck. Mit seinem Angebot, wie ein »kurbrandenburgischer Vasall, der seinen Lehnsherrn in Gefahr sieht«, handeln zu wollen, vermochte Bismarck den schwankend gewordenen König zum Durchhalten zu ermuntern und ihn von der naheliegenden Frage abzulenken, mit welchem Programm überhaupt denn Bismarck als der neue Ministerpräsident in die Auseinandersetzung mit dem Parlament eintreten wollte. Das Versprechen bedingungsloser Treue trat an die Stelle einer inhaltlichen Festlegung. Das Bild vom Vasallen, das so unzeitgemäß war wie nur irgend möglich in einer Zeit, da doch sogar Wilhelm mit seinem Verzicht auf die Erbhuldigung längst bewiesen hatte, daß er mittelalterliche Elemente aus seiner Herrschaftsauffassung aufzugeben bereit war, breitete zunächst einen Schleier über das wirkliche Verhältnis zwischen dem König und seinem ersten Minister. Denn natürlich war es in der Folgezeit Bismarck, der den König lenkte, und Bismarcks Vasallentreue bestand vor allem darin, mit Rücktrittsgesuchen die Verwirklichung seiner eigenen politischen Pläne zu erzwingen.

In der Folgezeit hat Bismarck die Welt immer wieder mit seinen überraschenden Manövern in Atem gehalten. Er hat sich eben nicht gescheut, mit dem illegitimen Herrscher der Franzosen, Louis Napoleon, zusammenzugehen, wenn es ihm zweckmäßig erschien. Er traf sich mit dem Sozialistenführer Ferdinand Lassalle. Er schreckte nicht davor zurück, mit dem Instrument des allgemeinen Männerwahlrechts, das die Arbeiter einschloß, die liberalen Besitzbürger unter Druck zu setzen, oder durch den Vorschlag, dieses Wahlrecht im künftigen deutschen Reichstag einzuführen, dem dynastischen Vielvölkerstaat der Habsburger ein Festhalten an einer großdeutschen Einigung unmöglich zu machen. Jahrzehnte später aber erzählte er seinen konservativen Anhängern, das allgemeine Wahlrecht sei ein Fehler gewesen, den er ungeschehen zu machen suche. Während der Reichsgründungszeit war Bismarck Freihändler, um später zum Protektionisten zu werden. Er bekämpfte die katholische Kirche und ihre Partei, das Zentrum, aber er schloß mit dem Zentrum Frieden, als er sah, daß er mit Hilfe dieser Partei eine neue Mehrheit rechts von der Mitte würde zusammenbringen können. Bismarck modernisierte Deutschlands ökonomische Basis, und unter seiner Regierung wurden bedeutende Strukturen geschaffen, die bis heute unser wirtschaftliches und gesellschaftliches Leben prägen, von der Sozialversicherung bis zur Zivilehe. Bismarck hat dafür gesorgt, daß die aufstrebende Bourgeoisie am Herrschaftskartell der wilhelminischen Gesellschaft ihren angemessenen Anteil erhielt. Daß die Modernisierung des politischen Systems in Deutschland aber bis zu dem konsequenten Ende einer Parlamentarisierung der Monarchie geführt worden wäre, hat er mit voller Absicht verhindert.

So ist es maßgeblich auf Bismarcks Wirken zurückzuführen, daß Preußen ebenso wie das Deutsche Reich weiterhin obrigkeitlich und autoritär geführt wurden und die breiten Schichten im Gefühl poli-

Während der Fiktion nach die Exekutivgewalt der Monarchen in den drei Reichen Rußland, Deutschland und Österreich-Ungarn allein ausschlaggebend war, war der größte Teil der realen Macht längst auf die Minister übergegangen, erst recht auf einen so machtbewußten Minister wie Otto von Bismarck, der in dieser Karikatur des »Punch« von 1884 die Drähte des Drei-Kaiser-Bündnisses zieht.

In der Anfangszeit von Bismarcks Ministerpräsidentschaft entstand diese Aquarellskizze Adolf Menzels (1865). Sie zeigt einen Mann, der weitgespannte Pläne in sich trägt, aber weit davon entfernt ist, ein »eiserner Kanzler« zu sein.

tischer Ohnmacht gefangen blieben. Gerade dies aber: die mangelnde Beteiligung selbst der Mittelschichten am Regime, züchtete zuletzt den Radikalismus, der aus der Verantwortungslosigkeit entsteht. Statt die Mäßigung kennenzulernen, zu der die Regierungsverantwortung erzieht, fielen Deutschlands Mittelklassen spätestens ab 1890 dem Chauvinismus, dem Imperialismus und der Großmannssucht anheim. »Das neudeutsche nationale Pathos«, schreibt Wolfgang J. Mommsen, »wie es sich die bürgerlichen Schichten seit der Mitte der neunziger Jahre immer stärker zu eigen gemacht hatten, war in mancher Hinsicht ein Surrogat wirklicher politischer Selbstbestimmung, welche der Nation verfassungsrechtlich bis zum Ende des Kaiserreiches vorenthalten blieb.«

Daß Bismarck ans Ruder kam, war 1862 ein Resultat der mangelnden Bereitschaft der Hohenzollern, sich stückweise von ihrer Macht zu verabschieden. In den Jahrzehnten seines Wirkens hat Bismarck alles in seinen Kräften Stehende getan, damit diese Macht erhalten blieb. Ihr hat er seine objektiv viel größere Machtstellung im letzten untergeordnet, so daß selbst der schärfste Kritiker Bismarck nur als einen Quasidiktator bezeichnen kann, wiewohl er das Zeug zu einem wirklichen Diktator besessen hätte.

Der Wille, die »Königliche Gewalt« »ungeschmälert« zu erhalten, wie ihn Friedrich Wilhelm III. in seinem Testament festgelegt hatte, ist das Schicksal aller Könige von Preußen bis auf Wilhelm II. geworden. Selbst Kaiser Friedrich III. hätte, wäre er nicht so schnell seiner tödlichen Krankheit zum Opfer gefallen, kaum zukunftsweisende Ideen gehabt – seine liberalen Berater hatten sich 1888 bereits überlebt wie er selbst. Schließlich aber erschien sogar das Ausmaß der in der Reichsverfassung vom 1. Januar 1871 erreichten politischen Teilhabe der Massen – versinnbildlicht im allgemeinen und gleichen Wahlrecht – zuviel, und Bismarck wie Wilhelm II. spielten, mal insgeheim, mal öffentlich, mit dem Gedanken einer Revision nach rückwärts. Bismarck selbst hatte solche Gedankenspiele einmal »staatsstreicheln« genannt. Gestaatsstreichelt wurde immer wieder. Wie ernst gemeint die Pläne jeweils waren, darüber mögen die Historiker sich weiterhin streiten. Der politische Effekt war auf jeden Fall verheerend genug.

Gewiß hat die parlamentarische Regierungsweise in den Jahrzehnten vor dem Ersten Weltkrieg dennoch Fortschritte gemacht. Allein die Tatsache, daß die Entscheidungsträger des Sommers 1914

Als maßvoller Beginn der Denkmalswut des späteren Wilhelminismus präsentiert sich die Enthüllung der Siegessäule auf dem Berliner Königsplatz am Sedanstag, dem 2. September 1873. Nationalsozialistische Architekten schoben die Siegessäule 1938 auf ihren heutigen Standplatz im Tiergarten und stockten sie auf.

wußten, Deutschland müsse um jeden Preis als der durch Rußland Angegriffene erscheinen, beweist den Einfluß des Reichstags. Dieser Anschein nämlich war erforderlich, um die Zustimmung der SPD-Fraktion des Reichstags zu den Kriegskrediten zu gewinnen, deren Notwendigkeit man voraussah, und um generell eine Atmosphäre des Burgfriedens in Deutschland herstellen zu können.

Der Reichstag war es auch, der es mit seiner Friedensresolution von 1917 wagte, das Bild einer voller Einigkeit in Annexionsphantasien schwelgenden Nation zu zerstören. Anläßlich dieser Resolution formierte sich erstmals jene Mitte-Links-Koalition, die zwischen 1918 und 1930 die Trägerin der Republik werden sollte.

Als es schon fünf Minuten nach zwölf war und die deutsche Heeresleitung den Weltkrieg schon als verloren betrachtete, wurden in Windeseile die Verfassungsänderungen durchgepeitscht, die aus dem Deutschen Reich und aus dem Königreich Preußen parlamentarisch regierte Staatswesen machten, mit dem Hintergedanken, den Generalquartiermeister Erich Ludendorff aussprach: daß man auf diese Weise die Schuld an der Niederlage den politischen Parteien zuschieben könne, die doch am Zustandekommen des Krieges nicht beteiligt gewesen waren.

Letzten Endes ist es ihre ein Jahrhundert währende Gegenwehr gegen einen allmählichen Übergang der Macht auf ein souveränes Volk, ihr zähes Festhalten am Gottesgnadentum gewesen, das die Hohenzollern um ihren Thron gebracht hat, auf dem sie samt den mehr als zwanzig übrigen deutschen Dynastien heute noch bequem sitzen könnten, wie ihre dänischen, niederländischen, belgischen Standesgenossen auch.

In einer seltsamen Verkehrung der ursprünglichen Absichten aber hat gerade die Gegenwehr der Hohenzollern gegen ihren Machtverzicht dazu geführt, daß unterdessen während des 19. Jahrhunderts Deutschland geeinigt wurde. Der Hexenmeister Bismarck machte es möglich. Man geht nicht fehl, wenn man annimmt, daß die Herbeiführung der deutschen Einheit für Bismarck kein Herzenswunsch war. Am Herzen lag ihm etwas anderes: die Erhaltung und Festigung der Stellung Preußens als einer der fünf europäischen Großmächte. Diese Stellung aber wurde immer wieder dadurch in Frage gestellt, daß Österreich in dem 1815 geschlossenen Deutschen Bund die Präsidialmacht darstellte und in der Lage war, im Verein mit den Mittelstaaten Preußen in die Rolle einer Macht zweiten Ranges herabzudrücken. In der ersten Hälfte des 19. Jahrhunderts hatten Friedrich Wilhelm III. und Friedrich Wilhelm IV. sich mit dieser Situation abgefunden; für König Wilhelm I. jedoch war dies nicht akzeptabel. Wilhelm fand den Staatsmann, der ihm die passende Politik lieferte, in dem achtzehn Jahre jüngeren Bismarck.

Ein Weg zur Aufwertung der preußischen Position mußte die Überwindung der Ordnung des Deutschen Bundes sein. Dazu hatte Preußen 1850 einen Versuch unternommen, dann aber einer österreichischen Kriegsdrohung nachgeben müssen. Im selben Jahr hatte Preußen auch schon einen Vorschlag gemacht, auf den Bismarck immer wieder zurückkam, der jedoch für Österreich unannehmbar war. Die deutschen Einzelstaaten sollten nicht nur einen Bundestag in der hergebrachten Form als einen Gesandtenkongreß beschicken, sondern sie sollten Abgeordnete in eine gesamtdeutsche Repräsentation wählen lassen. Ein solches Projekt war für Österreich unannehmbar, weil es die Frage der angemessenen Vertretung der verschiedenen in der Habsburgermonarchie versammelten Nationalitäten aufgeworfen hätte. Mit der Idee einer gewählten Repräsentation aber kam Preußen der liberalen Bewegung entgegen, deren Opposition durch die Macht der Bajonette allein auf die Dauer nicht niedergehalten werden konnte. Die Liberalen strebten nach größtmöglicher staatlicher Einheit, wenn es nicht anders ging, unter Verzicht auf Österreich. Einheit bedeutete einen geschlossenen Wirtschaftsraum, Rechtsangleichung, koordinierte Finanz- und Steuerpolitik, einen einheitlichen Arbeits-, Kapital- und Gütermarkt und militärische Macht nach außen. Alles dies war zum Besten der unternehmerisch eingestellten Bourgeoisie, die die liberale Bewegung dominierte. Nation war nicht nur eine Sache des Gefühls, sondern auch eine Sache der Bilanzen. Wenn es aber gelang, die gemäßigten Elemente dieser Bourgeoisie an die Seite der monarchischen Regierung zu ziehen, mußte es dann nicht auch gelingen, die Radikalen zu isolieren und unschädlich zu machen? So wurde Bismarck zum deutschen Staatsmann.

Schließlich gelang es den Preußen, die Sympathie einflußreicher liberaler Politiker auch anderer, vornehmlich norddeutscher, Staaten zu gewinnen. Die deutsche Frage, sagt Wolfgang Mommsen, war für Bismarck »eine Karte im Kampf um die Vorrangstellung Preußens als einer europäischen Großmacht in Deutschland und in zweiter Linie ein Terrain, auf dem es galt, der liberalen Bewegung durch Erfüllung des politisch tragbaren Teils ihrer Forderungen das Wasser abzugraben«.

Der Weg führte über drei Kriege: gegen Dänemark, um Schleswig-Holstein zunächst für Deutschland, insbesondere aber für Preußen zu gewinnen; gegen Österreich, das so gezwungen werden konnte, seine Zustimmung zu geben »zu einer neuen Gestaltung Deutschlands ohne Beteiligung des österreichischen Kaiserstaates«. Schließlich gegen Frankreich, das Preußen den Machtgewinn neidete, den es durch den Anschluß der süddeutschen Mittelstaaten gewinnen mußte.

Bismarck wurde ein gutes Stück ein Gefangener der Bewegung, deren Energien er auf seine Mühlen hatte leiten wollen. Schließlich

Königreich Hannover, Kurfürstentum Hessen, Herzogtum Nassau, die Herzogtümer Schleswig-Holstein und Lauenburg sowie die Freie Stadt Frankfurt/Main, 1866 von Preußen annektiert

Preußische Provinzen

Österreich

Grenze des Deutschen Bundes 1815–1866

aber gelang es ihm, das wichtigste Kunststück zu schaffen: Er gab den Liberalen den Nationalstaat, in dem sie – in Gestalt des Reichstags – ihre direkt gewählte Volksvertretung hatten. Dieser Reichstag verkörperte ein deutsches Volk als einen gesamtdeutschen Souverän. Gleichzeitig aber gelang es, in der Reichsverfassung, deren besondere Qualität darin bestand, daß hier wesentliche Entscheidungen umgangen waren, dem Durchbrechen einer parlamentarischen Regierungsform einen Riegel vorzuschieben. Die Regierungsakte und Gesetzesinitiativen des Reichs mußten zuvor im Bundesrat beschlossen werden, einem Gremium der souveränen Fürsten, dessen »Präsidium« der König von Preußen unter dem Titel »Deutscher Kaiser« innehatte. Das Deutsche Reich war gewissermaßen zweimal gegründet worden: durch das Volk von unten und durch die Fürsten von oben. Von hier aus konnten sich in die Zukunft verschiedene Wege abzeichnen, sowohl ein Weg in die volle Volkssouveränität als auch ein Weg zurück in den Fürstenbund. Gerade dies aber gab Bismarck und den Hohenzollern die manipulatorischen Möglichkeiten, die sie zum Schaden des deutschen Volks eingesetzt haben.

Zum Element der Manipulation wurde in den auf die Reichsgründung folgenden Jahrzehnten auch der nationale Gedanke. Einst hatte er sich mit der Opposition gegen den dynastischen Absolutismus verbunden. Friedrich Wilhelm III. hatte noch am Anfang des 19. Jahrhunderts erklärt: »Deutschland im ganzen sei nichts, es wären wohl Österreicher, Preußen, Bayern, nirgends aber Deutsche, im kleinsten Teil der österreichischen Staaten rede man Deutsch, in einem bedeutenden der preußischen andere Sprachen.«

Am Ende desselben Jahrhunderts aber wurde »nationale Zuverlässigkeit« synonym mit Zuverlässigkeit im Sinn der bestehenden Ordnung und der von Bismarck herbeigeführten Machtverteilung in Staat und Gesellschaft. Mit dem Verdacht der nationalen Illoyalität wurden Gegner der bestehenden Eigentumsverteilung, wie die Sozialdemokraten, diffamiert. Nation war zum Totschlagsbegriff geworden. Auf diese vertrackte Weise hingen Revolution – oder ihre Abwehr – und Nation zusammen.

Gewissermaßen en passant auf dem Weg an die Spitze des Deutschen Reichs haben sich den Hohenzollern sodann noch weitere Möglichkeiten geboten, Möglichkeiten, die wiederum eine Verleugnung des deutschen Charakters der Dynastie erfordert hätten. Denn auch im Zeitalter der Nationalstaaten war der Brauch noch nicht ausgestorben, für neugegründete Staaten auswärtige Dynastien zu gewinnen. Damit ließen sich Rivalitäten unter den führenden Familien innerhalb der neuen Staatswesen am besten verhindern. Schon als im Gefolge eines jahrelangen Freiheitskampfes das neue Königreich Griechenland auf der europäischen Landkarte erschienen war, hatte man daran gedacht, einen der Söhne Friedrich Wilhelms III.

Carol I., König von Rumänien, entstammte dem Haus Hohenzollern-Sigmaringen. Seine Thronbesteigung vollzog sich im Einvernehmen mit Rußland und den Westmächten.

zum König der Hellenen zu erwählen. Dieser hätte etwaige Ambitionen der Söhne als Abenteurertum eingeschätzt und gab ihnen zu verstehen, daß sie gut daran täten, die griechische Krone auszuschlagen. So wurde schließlich ein Wittelsbacher König in Athen, statt Schinkel baute dort Klenze, die griechische Fahne wurde weiß-blau, und der Bierbrauer Fuchs ließ sich unter südlichem Himmel nieder.

Ein anderes Balkanland, Rumänien nämlich, kam tatsächlich unter hohenzollerisches Regiment. Es erschien freilich dem europäischen Gleichgewicht zuträglicher, wenn dieser Hohenzoller nicht aus der brandenburgischen Linie stammte, sondern aus der schwäbischen genommen wurde. Prinz Karl von Hohenzollern-Sigmaringen, zweiter Sohn des letzten regierenden Fürsten der schwäbischen Lande, wurde 1866 zum Fürsten von Rumänien gewählt. Bei seiner Berufung stand Napoleon III., der Kaiser der Franzosen, Pate. Unter der Führung Karls gelang es den Rumänen, die türkische Oberhoheit abzuwerfen und einen souveränen Staat zu gründen, an dessen Spitze Karl trat, der sich Carol I. nannte und 1881 den Königstitel annahm. Sein Nachkomme, Michael I., steht noch heute zur Verfügung, sollten sich die Rumänen aufs neue dazu entschließen, die Monarchie einzuführen.

Nur vier Jahre später wurde eine Kandidatur, wie sie Napoleon III. für Rumänien guthieß, in einem andern Fall zum Kriegsgrund. Der ältere Bruder des späteren Königs von Rumänien nämlich, Prinz Leopold, kam 1870 als Anwärter auf den Thron Spaniens in Frage. Er eignete sich unter anderem deshalb, weil die Sigmaringer immer katholisch geblieben waren. Die völlig anders gelagerte geographische Situation aber verlieh seiner Kandidatur Brisanz. Der Balkan war damals Zankapfel zwischen Rußland, Großbritannien, das Rußlands Vordringen zum Mittelmeer hemmen wollte, und Österreich. Deutschland erschien hier desinteressiert, und ein deutscher Fürst war geeignet, die Gegensätze zu neutralisieren. Ganz anders Spanien. Ein deutsches Streben nach der spanischen Königswürde mußte in Frankreich alte Umklammerungsängste wachrufen. Ein Hohenzoller als König von Preußen an Frankreichs Nordostgrenze, an der Saar, und ein Hohenzoller als König von Spanien an den Pyrenäen, das erinnerte an die Tage, da die Erben Kaiser Karls V., des Habsburgers, in Spanien, Österreich und den Niederlanden regiert hatten.

So ließ denn Kaiser Napoleon III. seinen Botschafter Benedetti in Bad Ems gebieterisch von König Wilhelm I. die Zusicherung verlangen, daß weder im Augenblick noch in Zukunft ein Hohenzoller die spanische Thronkandidatur verfolgen werde. Die Herausforderung war da, der Anlaß zum Krieg war es ebenfalls, zu einem Krieg, dessen tieferer Grund in der französischen Besorgnis wegen des preußischen Machtzuwachses nach der Schlacht von Königgrätz zu suchen ist. Außenpolitik als innenpolitische Krisenstrategie – das Spiel, das Bismarck spielte, hat auch Kaiser Napoleon III., dessen Regime an Popularitätsverlust litt, probiert. Beider Schicksal war aufeinander bezogen. Am Ende hat Napoleon verloren, Bismarck und Wilhelm I. triumphierten. Wer ahnte schon, wie kurzlebig der Glanz sein würde, der sich jetzt an die Hohenzollernkrone heftete?

12. *»Welche Wendung durch Gottes Fügung!«*

Im November 1918 steht Deutschland nahezu da, wo Frankreich im September 1870 stand. Das Heer ist geschlagen, doch hat der Feind das Landesinnere noch nicht erreicht. (Allerdings hatte Frankreich 1870 nicht die Erschöpfung durch einen vierjährigen Krieg unter Blockadebedingungen auszuhalten.) Wenn, auf alle Fälle, der Zusammenbruch noch nicht vollständig ist, erwägt man, wie trotz aller Entmutigung der Wille zum Weiterkämpfen aufrechterhalten werden kann. Könnte es sein, daß man die Regierung opfern muß, um mit einer veränderten Spitze den Massen wieder einen Sinn zu zeigen? Als Napoleon III., der illegitime Bonapartekaiser, bei Sedan mit der Armee eingeschlossen ist, weiß er, daß man ihn in Paris stürzen wird. Er gibt sich in die Hand des Königs von Preußen. In der Tat findet erst das republikanische Frankreich den Atem, eine zweite Runde des Kampfes durchzufechten, der jetzt als Volkskrieg um die Integrität des Landes geführt wird.

Im November 1918 war es nicht nur der amerikanische Präsident Wilson, der eine Veränderung der deutschen Regierungsform zur Voraussetzung für einen Waffenstillstand erklärt hatte. Es waren auch die Führer der schon in die Regierungsverantwortung einbezogenen Sozialdemokratie, die, wie Friedrich Ebert am 6. November 1918, erklärten: »Die allgemeine Stimmung im Volke sähe jetzt ... im Kaiser den Schuldigen, ob mit Recht oder Unrecht, sei jetzt gleichgültig. Die Hauptsache sei, daß das Volk den vermeintlich Schuldigen an dem Unglück von seinem Platz entfernt sehen wolle. Daher sei die Abdankung des Kaisers, *wenn man den Übergang der Massen in das Lager der Revolutionäre und damit die Revolution verhindern wolle, unumgänglich.*«[1] Es war auch des Kaisers Erster Generalquartiermeister Wilhelm Groener, Nummer zwei in der Obersten Heeresleitung, der dem Kaiser sagte: »Das Heer wird unter seinen Führern und Kommandierenden Generalen in Ruhe und Ordnung in die Heimat zurückmarschieren, aber nicht unter dem Befehl Eurer Majestät; denn es steht nicht mehr hinter Eurer Majestät!«[2] Paul von Hindenburg, der Generalfeldmarschall, war keiner anderen Meinung als Groener, fühlte sich allerdings außerstande, dem Kaiser eine solche Eröffnung zu machen.

Die Forderung nach Abdankung Wilhelms II. ist mithin unter anderem auch mit dem Ziel erhoben worden, durch die Beseitigung des Repräsentanten der gescheiterten Politik den deutschen Widerstandswillen – ob nun mit kriegerischen oder, nach einem Waffenstillstand, mit unkriegerischen Mitteln – gerade zu festigen.

Wilhelm und ein Großteil seiner Offiziere, vor allem der Flotte, wo man nach einer langen Hungerzeit immer noch an getrennter Kost festhielt und die soziale Distanz zu Deckoffizieren und Mannschaften herausstrich – sie waren schlicht diskreditiert.

In München stürzten die Wittelsbacher schon in der Nacht vom 7. auf den 8. November, weil die Bevölkerung das Königshaus beschuldigte, Bayern den Preußen ausgeliefert zu haben, die wiederum für die endlose Kriegsdauer verantwortlich gemacht wurden.

Wilhelm hat sich dann am 9. November 1918 überzeugen lassen, daß es keinen Sinn hatte, gegen die schon mittags zwölf Uhr durch den Reichskanzler eigenmächtig bekanntgemachte Abdankung aufzubegehren. Er nahm jetzt auch den Rat an, den ihm Hindenburg, Groener und der Verbindungsbeamte des Reichskanzlers, von Hintze, erteilten, vom Hauptquartier im belgischen Spa in das nahe Holland zu fliehen, das sich aus dem Weltkrieg herausgehalten hatte. Wie sein Adjutant von Hirschfeld festhielt, kommentierte Wilhelm dies so: »Ich bin nicht feige und fürchte mich nicht vor dem Tode, aber ich will hier nicht hopsgenommen werden ‹d.h. von seiner eigenen Armee›. Ja, wer hätte das gedacht, daß es so kommen würde. Das deutsche Volk ist eine Schweinebande.«[3]

Wilhelm hatte sich also von der Gefahr überzeugen lassen, die ihm drohte. Einsicht in sein Versagen oder in eine Mitschuld an dem vierjährigen Morden entwickelte er nicht. Im Jahr 1919 verstieg er sich sogar zu dem Satz: »Die Strafe ‹Gottes› wird furchtbar werden. Ein solcher allgemeiner Verrat eines ganzen Volkes an seinem Herrscher ist beispiellos in der Weltgeschichte.«[4] Man fühlt sich versucht, mit Brechts Gedichtzeile zu replizieren: Wäre es nicht besser, die Regierung löste das Volk auf und wählte ein neues?

Schon im Dezember 1918 hatte die preußische Revolutionsregierung dem Exkaiser eine Million Mark nach Holland hinterhergeschickt, als erste Rate einer stattlichen Versorgung, und er lebte

Seine zentrale Lage machte das Berliner Schloß zu einem Symbol der Macht im Land. An den Weihnachtstagen 1918 verschanzte sich hier die »Volksmarinedivision«, die sich mit der Revolutionsregierung Ebert-Scheidemann-Landsberg überworfen hatte. Soldaten der Armee des Kaisers nahmen daraufhin das Schloß unter Feuer.

fortan das Leben eines wohlhabenden Landedelmannes, dessen Vergangenheit man höchstens daran ablesen konnte, daß die aus den Berliner Schlössern nachgesandten Möbel und Kunstgegenstände in die Räume des Schlößchens Doorn, das ihm von 1920 bis zu seinem Tod am 4. Juni 1941 als Wohnsitz diente, nicht recht passen wollten. Sie waren denn doch für größere Zimmer und Säle zugeschnitten gewesen.

Wilhelm blieb uneinsichtig und starrsinnig bis zuletzt. Er beteuerte, den Weltkrieg nicht gewollt zu haben – was insofern nicht falsch war, als Wilhelm in der Tat zwischen seinen forschen Attitüden und wirklicher Furcht vor den verheerenden Folgen eines großen Kriegs hin und her gerissen gewesen war. Er trug aber nun einmal die Verantwortung dafür, daß Personen wie der Generalstabschef von Moltke, der am 8. Dezember 1912 einen Krieg »je eher, je besser« gewünscht hatte, unter seiner Regierung hatten emporkommen können.

Seine Unbelehrbarkeit zeigte sich in seiner Einstellung zum Nachkriegsdeutschland. Nicht nur der republikanischen Staatsform, sondern auch den sie tragenden Kräften stand Wilhelm unversöhnlich gegenüber. Bis zu seinem Tod läßt sich kein Anzeichen dafür finden, daß er etwa den Versuch gemacht hätte, durch eine Modernisierung seiner Einstellung und durch eine Milderung seiner schroffen Feindseligkeit gegenüber dem Parlamentarismus die Chancen für eine Wiedererrichtung der Monarchie unter gewandeltem Vorzeichen zu vergrößern.

In einem Aufsatz aus dem Jahr 1928, der als repräsentativ für die von Wilhelm gewünschte Linie des Hauses Hohenzollern und seiner Anhänger gewertet werden kann, heißt es:

»Mit ganzer Leidenschaft, mit schärfster Logik, mit klarstem Zielbewußtsein Entfachung der großen nationalen Bewegung mit dem Ziel der Wiederherstellung der Monarchie, und uns auf diese Weise ein neues Deutsches Reich unter mir erobern. Und das losgelöst von jeder Partei, Parteipolitik, Parteiorganisation für das Parlament bestimmt. Also gegen jeden Parlamentarismus in jedweder Form. Er ist vollkommen westländisch, daher ungermanisch, undeutsch, und fristet nur noch sein innerlich durch und durch verlogenes Dasein. Bis dahin ist – nach der nun einmal stattgefundenen Entwicklung der Dinge – noch ein gewisser parlamentarischer Kampf erforderlich ... Bis der Tag anbricht, an dem die große, reine, heilige deutsche Bewegung für Kaiser und Reich das gesamte durch und durch verlogene parlamentarische Gebilde in Schutt und Trümmer schlägt...«[5]

Wilhelm setzte sein Vertrauen nicht auf eine bestimmte der nationalistischen, republikfeindlichen Parteien in Deutschland. So versprach er sich auch nichts von der Deutschnationalen Volkspartei, die das Erbe der konservativen Parteien des Kaiserreichs angetreten hatte, und bescheinigte ihr innere Unwahrhaftigkeit.[6] Wilhelm schloß aber andererseits auch keine Partei oder Bewegung des rechten Spektrums aus, wenn es darum ging, Verbündete für die Beseitigung der Weimarer Demokratie zu finden. So überrascht nicht, daß der Naziführer Hermann Göring schon am 17. Januar 1931 das erste Mal in Doorn zu Gast war. Immer wieder versuchten der Exkaiser und seine Vertrauten, der NSDAP in der einen oder anderen Form das Versprechen abzugewinnen, daß die Monarchie restauriert werden solle. Wilhelms zweite Gemahlin, Hermine, die er am 5. November 1922, eineinhalb Jahre nach dem Tod der Kaiserin Auguste Viktoria, geheiratet hatte, traf sich im November 1931 im Berliner Salon der Freifrau von Tiele-Winckler mit Adolf Hitler.

Am 25. Dezember 1931 schrieb Sigurd von Ilsemann, der den Dienst im deutschen Heer quittiert hatte, um Wilhelm bis an sein Lebensende als »Flügeladjutant« zu dienen, in sein Tagebuch: »In Doorn hört man seit Monaten nur noch, daß die Nationalsozialisten den Kaiser auf den Thron zurückbringen werden; alles Hoffen, alles Denken, Sprechen und Schreiben gründet sich auf diese Überzeugung.« Ilsemann hielt dies für eine Illusion.[7]

So sympathisierte die gestürzte Kaiserfamilie auch mit der Idee, alle antirepublikanischen Kräfte in der sogenannten »Harzburger Front« zusammenzufassen. Als im Frühjahr 1932 die Wahl des Reichspräsidenten anstand, erwog Wilhelm, der ehemalige Kronprinz, selbst eine Kandidatur. Von diesem Weg hielt ihn allerdings sein Vater zurück, indem er erklärte: »Es ist ein Ding der Unmöglichkeit, daß die Hohenzollern über den republikanischen roten Ebertschen Präsidentenstuhl wieder zur Macht gelangen.«[8]

Daraufhin gab der Exkronprinz wenige Tage vor dem Wahltermin, zu Anfang April 1932, bekannt: »Wahlenthaltung im zweiten Wahlgang der Reichspräsidentenwahl ist unvereinbar mit dem Gedanken der Harzburger Front. Da ich eine geschlossene nationale Front für unbedingt notwendig halte, werde ich im zweiten Wahlgang Adolf Hitler wählen.«[9]

Die Präsidentenwahl gewann – wie schon 1925 – Paul von Hindenburg, dem Wilhelm einst am 9. November 1918 den Oberbefehl über das deutsche Heer anvertraut hatte. Über diesen, der seinerseits längst auf eine Restauration der Monarchie hinarbeitete, und über die Zentrumspartei, in der es ebenfalls Bestrebungen hierzu gab, urteilte Wilhelm 1932 gegenüber seinem ältesten Sohn: »Bei der Besprechung mit H(itler) am 13. VIII. (1932) hat der F(eld) M(arschall) den unglaublichen Fehler gemacht, ihm zu erklären: Er könne mit seinem Gewissen nicht vereinigen, den Nazis die ganze Macht anzuvertrauen. Das war eine Beleidigung. Demgegenüber war zu antworten: ›Ew Exz(ellenz) Gewissen gestattete Ihnen, die ganze Macht viele Jahre lang dem reichs- und hohenzollernfeindlichen mit Roten Sozis, Radikalen, Juden u(nd) Bolschewiki verbündeten Centrum frei zu überlassen und es zu dulden, daß diese Verbrecher das Land in Grund und Boden ruinierten und jede nationale Regung erstickten und bekämpften. Nunmehr kann wohl Ihr Gewissen sich der Nationalen Bewegung zuwenden, die ja siegreich aus den Wahlen hervorging!‹« Im übrigen nannte Wilhelm die Naziführer aber Demagogen.[10]

Erinnert man sich der berserkerhaften Äußerungen Wilhelms aus früheren Jahren – etwa des Telegramms aus dem Jahre 1900, in dem er verlangt hatte, beim Berliner Straßenbahnerstreik müßten von der Armee »mindestens 500 Leute zur Strecke gebracht werden«[11] –, ist man nicht überrascht zu hören, wie der Exkaiser den Terror beurteilte, den Polizei und SA nach der nationalsozialistischen Machtergreifung gegen die Linke ausübten: »Herzerfrischend« nannte er das am 20. März 1933.[12] Die judenfeindlichen Ausschreitungen anläßlich des Pogroms vom 9. November 1938 allerdings mißbilligte Wilhelm, bezeichnete sie als »Gangstertum« und urteilte, die »alten Offiziere und alle anständigen Deutschen müßten protestieren«.[13]

Weiß man, wie Hitler alle jene Kräfte übertölpelt hat, die ihm, von Alfred Hugenberg und Hindenburgs Kanzler Franz von Papen angefangen, den Steigbügel gehalten haben, dann verwundert es nicht, daß schließlich auch die Hohenzollern zu den Düpierten gehörten.

Daß Hitler jemals eine Restauration der Monarchie im Sinn hatte, kann ausgeschlossen werden. Ab 1934 wurden die monarchistischen Verbände im Deutschen Reich unterdrückt. Nachdem 1940 in Potsdam eine Trauerfeier für den im Krieg gefallenen Kaiserenkel Prinz Wilhelm ohne offizielle Bekanntmachung dennoch 50 000 Teilneh-

Bereits während des Ersten Weltkriegs begann Wilhelm II. seinem Tatendrang, den er nun kaum noch sinnvoll verwenden konnte, durch Holzspalten Genüge zu tun. Während der Jahrzehnte seines Exils – hier zu sehen mit Angehörigen der Familie – vernichtete er einen ganzen Wald.

mer angezogen hatte, ordnete Hitler zunächst an, daß die Hohenzollernprinzen nicht mehr an Kampfhandlungen teilnehmen durften. Am 19. Mai 1943 schloß Hitler alle Angehörigen ehemals regierender Fürstenhäuser vom Dienst in der Wehrmacht aus.

SA-Obergruppenführer Prinz August Wilhelm, der noch am 30. Januar 1939 stolz das Goldene Parteiabzeichen der NSDAP hatte in Empfang nehmen können, erhielt 1942 wegen kritischer privater Äußerungen ein Redeverbot. Prinz Louis Ferdinand schließlich, der zweite Sohn des Kronprinzen, nahm schon 1938 Fühlung mit dem Oppositionskreis um Carl Goerdeler auf.

Der gestürzte Kaiser aber ließ sich nicht davon abhalten, in Hitlers

Sieg über Frankreich die Vollendung seiner eigenen gescheiterten Ambitionen von 1914 zu erblicken. So hieß es in seinem Telegramm an Hitler vom 17. Juni 1940:

»Unter dem tiefgreifenden Eindruck der Waffenstreckung Frankreichs beglückwünsche ich Sie und die gesamte deutsche Wehrmacht zu dem von Gott geschenkten gewaltigen Siege mit den Worten Kaiser Wilhelms des Großen vom Jahre 1870: ›Welche Wendung durch Gottes Fügung!‹ In allen deutschen Herzen erklingt der Choral von Leuthen, den die Sieger von Leuthen, des großen Königs Soldaten, anstimmten: Nun danket alle Gott.«[14]

Hitler bedankte sich höflich, aber nichtssagend.

Die Verirrungen der Hohenzollern nach ihrer Entmachtung zeigen, wie unsinnig es wäre, wollte man ausgerechnet im *Sturz der Monarchie* eine Ursache für das Aufkommen des Nationalsozialismus erblicken. Im Gegenteil. Die Verfechter des gesellschaftlichen Status quo hatten schließlich schon in der Regierungszeit Wilhelms II. alles getan, um jene Kräfte zu mobilisieren, die später dem Rechtsextremismus zugute gekommen sind, und haben so der NSDAP das Mistbeet bereitet. Da hatte man sich Mühe gegeben, die schwindende Basis der ostdeutschen Großagrarier durch neue, bäuerlich und mittelständisch argumentierende Massenbewegungen zu füllen: So war der Bund der Landwirte entstanden, eine in Wahrheit vom Großgrundbesitz dominierte, sozialdarwinistisch und antisemitisch auftretende Großorganisation, die später in Hitlers Reichsnährstand aufging. Da hatte man die Krieger- und Veteranenvereine gefördert, hatte den Flottenverein ins Leben gerufen, in dem Gymnasiallehrer und Journalisten unter Führung des Werftbesitzers Krupp für den Ausbau einer Schlachtflotte agitierten, die heute maßgeblich zu den Kriegsursachen von 1914 gerechnet wird; und der rassistische Alldeutsche Verband, der offiziell rechts von der Regierung gestanden hatte, war insgeheim durch das Auswärtige Amt aufgefordert worden, für aggressive Stimmung im Land zu sorgen.

Diese auf Sieg und Eroberung getrimmten Massenbewegungen sind natürlich mit der Niederlage von 1918 nicht verschwunden. Sie entwickelten sich weiter, tauften sich um. Aus diesem Milieu kamen die unsägliche Hetze gegen die »Novemberverbrecher« und das Gejammer über »Versailles«. Wie die Deutschnationale Volkspartei aus der gekränkten Selbstüberhebung einer Elite, die noch zu Anfang 1918 den Sieg in der Tasche zu haben glaubte, den Elan zu einem

In der Hohenzollernfamilie war die Hoffnung verbreitet, die NSDAP werde die Monarchie zurückbringen. So zeigte sich Prinz August Wilhelm, Sohn Wilhelms II., in der Öffentlichkeit in SA-Uniform. Neben ihm Prinz Josias von Waldeck-Pyrmont in der Uniform eines höheren SS-Führers. Aufnahme aus dem Frühjahr 1933.

Lügenfeldzug gegen die Republik bezog, hat die Historikerin Anneliese Thimme schon 1969[15] gezeigt. Der Konzern des Alldeutschen Hugenberg mit seinen Fridericus-Filmen und seinem Zeitungsimperium half, in die erste deutsche Demokratie jene Bresche zu schlagen, durch die Hitler eindringen konnte. Erst wurde durch die verweigerte Loyalität der deutschen Führungsschichten und großer Teile des Bürgertums der Weimarer Staat unterhöhlt. Dann konnten Hitlers Kolonnen das morsche Gebilde zum Einsturz bringen. *So,* und nicht anders, war die Reihenfolge.

Zu der Kunstlandschaft, die die Preußenkönige um Potsdam und Sanssouci anlegten, gehörte auch die von Friedrich dem Großen als Blickfang gegenüber dem Portal von Sanssouci geschaffene künstliche Ruine. Sie ist am Horizont hinter dem Sarg des Königs zu sehen, der am 17. August 1991 im Ehrenhof von Sanssouci aufgebahrt wurde, bevor man ihn auf der Gartenterrasse beigesetzt hat.

Anschließend verhalf die Teilidentität der Ziele der NSDAP mit der sogenannten »bürgerlichen« oder »konservativen« Rechten dazu, den Nazis 1933 die Unterstützung der Reichswehrführung und weiter Kreise des Beamtentums und des Richterstandes zu sichern. Das Erwachen kam erst, als man nur noch unter Einsatz einer Aktentasche mit Sprengstoff hoffen konnte, sich Hitlers wieder zu entledigen.

In diesem Licht ist die Sympathie Wilhelms und seiner Familie für die NSDAP überhaupt nicht verwunderlich. Die Übereinstimmung war bei ihnen nicht vollständig, das war sie aber auch sonst fast nirgendwo.

Die Monarchie deshalb als einen Schutz vor Extremismen anzupreisen, kann nur in die Irre führen. Aber auch abgesehen davon: Wer möchte schon eine Regierung über sich haben, die belastet wäre mit der unendlichen Folge von Vater/Sohn- oder Mutter/Sohn-Konflikten, eine Regierung mithin, in der persönliche Traumata und Neurosen noch viel unverhüllter das öffentliche Leben prägen würden, als dies auch in einer Demokratie unvermeidlicherweise der Fall ist?

Und weiter: Im November 1918 ist nicht nur ein Kaiser und König abgetreten, das deutsche Volk hat insgesamt nicht weniger als 22 regierenden Familien klargemacht, daß es sie nicht mehr benötige. Keinem Monarchen wurde übrigens dabei ein Haar gekrümmt. Man darf ihn nicht aus den Augen verlieren, den Grundtatbestand des deutschen Föderalismus, den Bismarck ausbeutete, wann immer es ihm nützlich schien. Dann wies er darauf hin, daß das Deutsche Reich ein *Fürstenbund* sei. Wilhelm II. sekundierte ihm darin. Auch er drohte, als er noch Kaiser war, damit, durch eine *Kündigung des Fürstenbundes* das ganze Reich aufzulösen. Zweck einer solchen Operation hätte es freilich nur sein sollen, sich auf diesem Weg des störrischen Reichstags zu entledigen. Auf alle Fälle: Man konnte in Deutschland das Reich nicht ohne sämtliche Fürsten haben. Monarchie war in Deutschland nur als eine Monarchie der 22 denkbar. Carl Goerdeler hielt es zwar für notwendig, daß ein Deutschland *nach* Hitler eine erbliche Monarchie entweder unter einem Hohenzollern oder unter einem Wittelsbacher werde. Dabei wollte er den von der nationalsozialistischen »Revolution« herbeigeführten einheitsstaatlichen Zentralismus mit seinen »Reichsstatthaltern« aber beibehalten. Das stellt eine seltsame Mißachtung der Tatsache dar, daß in der Gliederung nach Ländern auch Freiheitsgarantien steckten.

Und heute?

Die zwei größten Könige, die die Hohenzollern hervorgebracht haben, sind wieder an den Ort ihres Wirkens zurückgekehrt. Auf dem Umweg über eine Diktatur sowie die nachfolgende Eroberung und Teilung Deutschlands durch fremde Mächte wurde Friedrich II. schließlich nach über zweihundert Jahren dort begraben, wo er immer hatte beigesetzt werden wollen: auf der Terrasse von Sanssouci. Vielleicht wird auch die unnötigerweise zerstörte Garnisonkirche wieder aufgebaut werden, in der der Sarg seines Vaters schon ruhte, als man 1786, unter Mißachtung seines letzten Willens, Friedrichs Sarg hinzugesellte. Man könnte dies als Teil einer Versöhnung der Deutschen mit ihrer Vergangenheit betrachten. Es bedeutet aber auch etwas anderes: Die Geister sind zur Ruhe gebracht. Die Hohenzollern brauchen nicht zu spuken.

4 *Einem cadetten*: einem jüngeren Sohn.
5 Hinrichs, Friedrich Wilhelm I., S. 632.
6 Hinrichs, Friedrich Wilhelm I. , S. 641.
7 Karl-Heinz Börner (Hg.): Prinz Wilhelm von Preußen an Charlotte. Briefe 1817-1860. Berlin 1993, S. 81, Fußnote.
8 Börner, Briefe, S. 112.
9 Werner Richter: Kaiser Friedrich III. Der tragische Lebenslauf des zweiten Hohenzollern-Kaisers. Erlenbach-Zürich 1938, S. 95.
10 Richter, Kaiser Friedrich III., S. 96 f.
11 Richter, Kaiser Friedrich III., S. 397 f.
12 Vgl. Gustav Berthold Volz: Prinz Heinrich als Kritiker Friedrichs des Großen. Historische Vierteljahrschrift 27 (1932), S. 390-400.
13 Friedrich Wilhelm IV. an Prinz Wilhelm, 24. Mai 1854. In: Peter Rassow: Der Konflikt König Friedrich Wilhelms IV. mit dem Prinzen von Preußen im Jahre 1854. Eine preußische Staatskrise. Akademie der Wissenschaften und der Literatur in Mainz, Abh. der Geistes- und Sozialwiss. Klasse 1960, Nr. 9., S. 742.
14 Friedrich Wilhelm IV. an Prinz Wilhelm, 15. März 1854. Rassow, S. 711.
15 Prinz Wilhelm an den König, 5. Mai 1854. Rassow, S. 720.
16 Der König an Prinz Wilhelm, 6. Mai 1854. Rassow, S. 724.
17 Prinz Wilhelm an den König, 6. Mai 1854. Rassow, S. 726.
18 Rassow, S. 726.
19 In einem Brief an ihren Mann, den Kronprinzen, vom 19. Mai 1879. Röhl, Wilhelm II., S. 104.

4. Familiengefühl und weiblicher Einfluß

1 Hinrichs, Friedrich Wilhelm I., S. 59.
2 Ernst Bleich: Der Hof König Friedrich Wilhelms II. (= Geschichte des Preußischen Hofes, hg. von Archivrat Dr. Georg Schuster, Bd 3, 1. Teil) Berlin 1914, S. 52.
3 GStA Berlin, Hausarchiv, Rep 49 F Nr. 13.
4 Vgl. Röhl, Wilhelm II., S. 102.
5 Börner, Briefwechsel, S. 89.
6 Vgl. Börner, Briefwechsel, S. 163 f.
7 Opgenoorth, Bd. 1, 1971, S. 162.
8 Tessa Klatt: Königin Luise von Preußen in dem Zeitalter der Napoleonischen Kriege (Schriften der kriegsgeschichtlichen Abteilung des Historischen Seminars an der Friedrich-Wilhelms-Universität zu Berlin Heft 20), Berlin 1937.
9 Börner, Briefwechsel, S. 191 f.
10 Bismarck, Erinnerung und Gedanke, Zweites Buch, 21. Kapitel.

5. Religion und Toleranz

1 Opgenoorth, Großer Kurfürst 2, S. 312.
2 Börner, Briefwechsel, S. 88.
3 Erinnerung und Gedanke, Zweites Buch, 21. Kapitel.
4 Röhl, Wilhelm II., S. 425.
5 Willibald Gutsche: Ein Kaiser im Exil. Der letzte deutsche Kaiser Wilhelm II. in Holland. Eine kritische Biographie. Marburg 1991, S. 76.
6 John C.G. Röhl: Kaiser, Hof und Staat. Wilhelm II. und die deutsche Politik. München 1988, S. 22.

6. Staatsdienst und Staatsvernunft

1 Börner, Briefe, S. 331 f.
2 Militärische Schriften weiland Kaiser Wilhelms des Großen Majestät. Hg. vom Königlich Preußischen Kriegsministerium. Bd. 1. Berlin 1897, S. 154.
3 Rulemann Friedrich Eylert: Charakter-Züge und historische Fragmente aus dem Leben des Königs von Preußen Friedrich Wilhelm III. Dritter Theil, Erste Abtheilung, Magdeburg 1846, S. 19 ff.
4 Hinrichs, Friedrich Wilhelm I., S. 597.
5 Reinhold Koser: Friedrich der Große als Kronprinz. Stuttgart 1886, S. 25.
6 Zweites Schema zu "Dichtung und Wahrheit" vom 31. Mai 1810, in: Goethe-Gedenkausgabe, hg. von Ernst Beutler, Bd. 10, Zürich 1948 (Artemis-Ausgabe), S. 875.
7 Emil Ludwig: Wilhelm der Zweite. Berlin 1926, S. 91.
8 Vgl. Röhl, Kaiser, Hof und Staat, S. 82.
9 Ernst Johann: Die Reden des Kaisers. Ansprachen, Predigten und Trinksprüche Wilhelms II. 2. Aufl. 1977, S. 73.
10 Denkwürdigkeiten des Generalfeldmarschalls Alfred von Waldersee. Bd. 2, Stuttgart 1922, S. 77 (13. November 1889).
11 Ludwig, S. 91.

7. Hugenotten und Holländer

1 Rudolph Stadelmann: Preußens Könige in ihrer Thätigkeit für die Landescultur. Bd. 1: Friedrich Wilhelm I. (=Publicationen aus den K. Preussischen Staatsarchiven 2). Leipzig 1878, S. 40.
2 Schilderung nach: Stadelmann, Landescultur, Zweiter Theil, Friedrich der Grosse (Publicationen aus den K. Preussischen Staatsarchiven 11), Leipzig 1882, S. 44 ff. Die Zahlen wurden in Übereinstimmung gebracht

mit Walther Hubatsch, Friedrich der Große und die preußische Verwaltung (Studien zur Geschichte Preußens 18), Köln und Berlin 1973, S. 100.

3 Nachricht von der Bewallung und Urbarmachung der Warthebrüche, vom Director Stubenrauch. Berlin 1787. Zitiert bei Stadelmann, Friedrich der Große, S. 51.

8. Militär und Krieg

1 Anonym [d. i. Rudolf Wilhelm von Kaltenborn]: Briefe eines alten Preußischen Officiers verschiedene Charakterzüge Friedrichs des Einzigen betreffend. Mit Rücksicht auf das Zimmermannsche Werk über eben diesen Gegenstand. "Hohenzollern" [d. i. Braunschweig] 1790, S. 42 f.

2 Friedrich Wilhelm III. an den Oberst von Borstell. Königsberg, 18. April 1809 (Abschrift).GSTA Berlin Rep 92 Nachlaß Vaupel 36, Bl. 196 f.

3 Das Tagebuch des Generals der Kavallerie Grafen von Nostitz. In: Kriegsgeschichtliche Einzelschriften 1884, hg. vom Großen Generalstab, Heft 5, S. 85.

4 Militärische Schriften Kaiser Wilhelms des Großen, S. 341.

5 W. v. Blume: Kaiser Wilhelm der Große und sein Kriegsminister Roon als Bildner des preußischen Heeres. Berlin 1906, S. 147 f.

6 Richter, Kaiser Friedrich III., S. 172.

7 Robert von Zedlitz-Trützschler: Zwölf Jahre am deutschen Kaiserhof, 2. Aufl. Stuttgart 1952, S. 187 (18. Januar 1908).

8 Zedlitz-Trützschler, S. 185 (17. Januar 1908).

9 Röhl, Kaiser, Hof und Staat, S. 22.

10 Fritz Fischer: Krieg der Illusionen. Die deutsche Politik von 1911 bis 1914. Düsseldorf 1969, S. 692.

11 Vgl. Röhl, Kaiser, Hof und Staat, S. 112.

9. Fürstliche Wohnungen und repräsentative Architektur

1 Friedrich der Große, seine Familie, seine Freunde und sein Hof, oder: Zwanzig Jahre meines Aufenthaltes in Berlin. Von Dieudonné de Thiébault, Erster Theil, Leipzig 1828, S. 90-94.

2 Thiébault, S. 5.

10. Ein Denkmal, dauerhafter als Erz

1 Herbert Scurla: Alexander von Humboldt. Berlin 1980, S. 251.

11. Revolution und Nation

1 Gerd Heinrich: Berlin 1848. Das Erinnerungswerk des Generalleutnants Karl Ludwig von Prittwitz und andere Quellen zur Berliner Märzrevolution und zur Geschichte Preußens um die Mitte des 19. Jahrhunderts (Veröffentlichungen der Historischen Kommission zu Berlin 60), Berlin 1985, S. LVI.

12. »Welche Wendung durch Gottes Fügung!«

1 Die deutsche Revolution 1918/19. Dokumente. Hg. von Gerhard A. Ritter und Susanne Miller. Frankfurt/Main 1968 (fischer tb 879), S. 50 f.
2 Die deutsche Revolution 1918/19. Dokumente. S. 64 f.
3 Gutsche, Kaiser im Exil, S. 22. In der Druckfassung der Tagebücher des Flügeladjutanten Sigurd von Ilsemann ist – Bd. 1, S. 39 – dieser Ausspruch unterdrückt, sein Fehlen durch eine Zensurlücke gekennzeichnet. Das – ungedruckte – Tagebuch des Flügeladjutanten von Hirschfeld hat ihn jedoch offenbar aufbewahrt.
4 Gutsche, Kaiser im Exil, S. 24.
5 Willibald Gutsche: Zur Rolle von Nationalismus und Revanchismus in der Restaurationsstrategie der Hohenzollern 1919 bis 1933, in: Zeitschrift für Geschichtswissenschaft 34 (1986), S. 628.
6 Vgl. ebenda.
7 Sigurd von Ilsemann: Der Kaiser in Holland. Aufzeichnungen des letzten Flügeladjutanten Kaiser Wilhelms II. Hg. von Harald von Koenigswald. Bd. 2, München 1968, S. 175 f.
8 Ilsemann, Bd. 2, S. 199.
9 Vgl. Klaus W. Jonas: Der Kronprinz Wilhelm. Frankfurt/M. 1962, S. 230.
10 Gutsche, Kaiser im Exil, S. 146.
11 Zedlitz-Trützschler, S. 76.
12 Vgl. Gutsche, Kaiser im Exil, S. 161.
13 Ilsemann, Bd. 2, S. 313 f.
14 Vgl. Gutsche, Kaiser im Exil, S. 204.
15 Annelise Thimme: Flucht in den Mythos. Göttingen : Vandenhoeck & Ruprecht 1969.

Personenregister

Kursive Ziffern beziehen sich auf Bildunterschriften, gewöhnliche auf den laufenden Text.

Abbildungsverzeichnis

Thomas Stamm-Kuhlmann

König in Preußens großer Zeit

Friedrich Wilhelm III. – der Melancholiker auf dem Thron

784 Seiten mit 75 Abbildungen, Leinen

Preußens große Zeit – das ist die Epoche zwischen der Erbauung des Brandenburger Tors und Schinkels Altem Museum. Für ein halbes Jahrhundert ritt Preußen nach 1813 an der Tête Europas. Vorher, selbst unter Friedrich dem Großen, war es eine nordeuropäische Territorialmacht gewesen; hinterher, unter Bismarck und den drei Kaisern, ist daraus eine europäische Großmacht geworden. Fünf Jahrzehnte lang aber war das geistige Preußen das Staunen der Welt. Der Herrscher, der damals zwischen Spree und Havel regierte – König Friedrich Wilhelm III. –, lebt heute im Bewußtsein vor allem durch Königin Luise weiter, die allerdings in der Tat von bezwingendem Charme gewesen sein muß. Doch es war ihr Mann, dessen Förderung die neue Epoche in der Kunst heraufführte, wie man noch heute an Potsdam und Berlin sieht, und der nach den Befreiungskriegen mit dem russischen Zaren als Triumphator in Paris einzog.

Dann wird sein Leben im äußeren Sinne belanglos. Er führt den Elan der Reformzeit mit gezügeltem Enthusiasmus zuerst noch weiter, danach verfolgt er sehr bald auf Verlangen Metternichs und Rußlands eine restaurative Politik. In seinen letzten Jahren wird Preußen so lähmend für jeden neuen Geist, daß man den Tod des beliebten Königs herbeisehnt. Nicht ein Jahrzehnt wird es noch dauern, bis der große Umsturz von 1848 da ist, die Revolution von Wien, Dresden, Paris und Berlin.

Das große Werk Thomas Stamm-Kuhlmanns ist zugleich eine Biographie und ein umfassendes Gemälde der Epoche. Es wird dem merkwürdigen Mann gerecht, in dessen Lebenszeit die Französische Revolution, der Aufstieg und Untergang Napoleons, aber eben auch der völlige Zusammenbruch Preußens fallen, das in veränderter Gestalt aus dieser ganz Europa erfasssenden Revolution hervorgeht.

Eberhard Straub

Die Wittelsbacher

256 Seiten mit zahlreichen Abbildungen und 40 Farbtafeln, Leinen

Bayern ist das Lieblingsland der Deutschen, München ihre Lieblingsstadt. Daß dies so ist, daran haben die Herrscher des Landes, die Wittelsbacher, ein gut Teil mitgewirkt, vor allem Ludwig I., der seine Landeshauptstadt zu einem Juwel unter den süddeutschen Städten machte, sowie sein Enkel, Ludwig II., jener Ästhet, Sonderling und große Selbstinszenator, dessen Architekturen noch heute Wallfahrtsorte der Bayernreisenden sind. Aber die Anfänge der Dynastie liegen weit früher, gehen zurück bis ins 12. Jahrhundert, als Friedrich Barbarossa den ihm treuen Otto von Wittelsbach mit dem Herzogtum Bayern belehnte. Damit beginnt eine Geschichte voll Ambitionen und großen Plänen, politischer Leidenschaft, Intrigenspiel, weitläufiger Heiratspolitik und gleichsam en passant geschaffener bedeutender Kultur, die Bayern im Kleinleben der deutschen Vielstaaterei bald eine gewichtige Rolle sicherte. Eberhard Straub erzählt in seinem überaus farbig und geistvoll geschreibenen Buch von zahlreichen Erfolgen und Glanzpunkten, aber auch von manchen Schwierigkeiten, welche die bayerischen Herzöge und Könige übewinden mußten, bis sie im Laufe der Jahrhunderte zu einer der großen Familien Europas geworden waren.

Siedler Verlag

Die Deutsche Bibliothek – CIP-Einheitsaufnahme
Thomas Stamm-Kuhlmann:
Die Hohenzollern / Thomas Stamm-Kuhlmann. –
1. Aufl. – Berlin: Siedler, 1995
ISBN 3-88680-485-2

Sonderausgabe 2001

Der Siedler Verlag ist ein Unternehmen
der Verlagsgruppe Bertelsmann.

Lektorat: Wolf J. Siedler jr.
Das Register wurde erstellt von Brigitte Kochmann.
Karten: Dita Ahmadi und Peter Trampusch, Berlin
Schutzumschlag: Brigitte und Hans Peter Willberg, Eppstein
Satz: Bongé + Partner, Berlin
Reproduktionen: COM-Litho, Berlin
Druck und Buchbinderei: Těšínská tiskárna, Český Těšín
Printed in the Czech Republic
ISBN 3-572-01216-3